국제통상론

이 원 복

대구대출판부

머 리 말

오늘날 세계는 WTO체제의 출범과 함께 지구촌이 하나의 경제권이 되면서 국가간의 상호의존성은 점점 심화되고 있으며 세계시장에서 생존하기 위한 경쟁은 더욱 치열해질 것으로 전망되고 있다. 이런 현상은 경제적 의미에서 국경의 개념이 사라지고 세계 경제가 마치 하나의 경제권으로 통합되는 이른바 세계화가 급속히 진전되고 있는 것을 예고하는 것이다.

1990년대 중반이후 급격하게 변화하고 있는 세계화는 개인은 물론 기업, 지방자치단체, 국가에 이르기까지 변화를 이끌어 내고 있다. 그러나 선진국의 보호무역정책에 의해서 대두된 통상환경의 급격한 변화에 대응하지 못한 개도국들은 수출경쟁력이 약화되어 수출증대를 지속할 수 없었다. 수출이 부진하면 경제성장이 둔화되고 국제수지는 적자를 면할 수 없게 된다. 결국 개도국들은 더욱 어려운 통상 환경에 직면하게 된다. 최근 사회주의 국가들도 개혁과 개방정책에 의해서 자본주의 경제노선을 선택하게 되었다. 이러한 세계경제구조의 변화는 각 국간에 무역마찰을 야기시켜 EU, NAFTA, APEC 등과 같은 경제블럭을 탄생시키게 되었다.

본서를 저술하는 데는 무역학과 동료 교수들의 격려가 있었으며, 권정렬 명예교수님께서는 참고 도서까지 주셨기에 지면을 통해 감사를 드린다. 또 책이 완성되기까지 편집과 교정을 도와준 최문환, 이은혜 조교에게 고마움을 전하는 바이다.

끝으로 이 책이 국제 통상을 터득하는데 조금이나마 도움이 된다면 큰 보람이 되겠다. 앞으로 독자 여러분들의 지도 편달을 바라며 잘못된 점이 있으면 비판해 주시면 감사하겠다.

2005. 8.
진량캠퍼스에서 저자

차 례

제 2 편 국제무역이론

제 3 편 국제무역정책

제 4 편 국제무역질서

제 5 편 국제금융과 국제수지

제1편

국제통상론

제1장 국제무역의 개념

1-1. 국제무역의 의의

1. 국제무역의 의미

국제무역의 기원에 관한 연구는 인류 최초의 교환에 관한 연구가 그 효시가 된다. 국제무역의 역사는 아담·스미스(Adam Smith)가 언급한 것처럼 교환이 인간본래의 성향이라고는 할 수 있을지라도 인류와 같이 오랜 역사를 지니고 있으므로 그것을 어디까지 소급하여 현대적의미로 발견하는 가에 있다. 국제무역의 고대 형태는 물물교환(barter trade), 침묵교환(silent trade)이란 형태로서 교환이라는 경험을 반복하고 있었다. 국제무역의 고대 형태는 공동체간의 물물교환까지 생각할 수 있다. 이는 원시생활을 영위한 공동체 상호 간에 처음으로 이루어졌다고 볼 수 있는 물물교환을 말하는 것이다.

국제무역이란 자연적 조건이 이질적이며, 제도·조직·관습 등 사회적 조건이 동질화되어 있지 않는 나라와 나라 사이에서 이루어지고 있는 물품의 교류현상을 말한다. 국제무역은 그 경제주체를 중심으로 한 개별경제적 입장에서 본다면 한 나라의 경제주체가 교환이라는 수단에 의하여 외국에 거주하는 국민을 상대로 경제적 이익을 얻으려고 하는 경제활동이라고 할 수 있다.

국제무역은 넓은 의미와 좁은 의미로 나누어지며 전자는 상품·자본·노동·기술·용역의 국제 이동을 말하며 후자는 상품과 기술·용역의 유상적 교류를 말한다.

2. 국제무역 용어의 의미

국제무역은 거시적 관점에서는 국가와 국가 간에 이루어지는 물품의 교환이라고 말 할 수 있다. 미시적 관점에서는 국제무역은 개별경제주체가 외국 국민을 상대로 물품을 교환하여 경제적 이익을 얻으려고 하는 상행위라고 할 수 있다. 따라서 국제무역은 영어로 Foreign Trade, International Trade, Overseas Trade, Seaborne Trade, Ocean Trade, World Trade, Global Trade 등으로 불리어지고 있다.

1) Foreign Trade

자국과 외국과의 사이에서 이루어지는 국민경제의 대외거래를 의미한다.

2) International Trade

자국과 외국이라는 주체적인 입장을 초월하여 국제 간의 물자교류를 국제경제라고 하는 객관적 입장에서 본 것이다.

3) Overseas Trade

자국과 해양을 사이에 둔 해외 국가와의 사이에 이루어지는 국제무역을 말한다.

4) Seaborne Trade

해양을 주요한 활동 무대로 하는 대외무역이며 유럽에서 법적으로는 해상매매라고 불리어 왔다.

5) Ocean Trade

서유럽 대 동남아 무역, 대서양연안 대 태평양연안 무역 등, 직접적으로 원양항로를 통하여 행하여지는 국제무역을 말한다. 이는 미국 대륙의 발견이나 인도항로의 개척에 의하여 발달되었다.

1-2 국제통상의 성격

국제무역이란 자연적 조건이 이질적이며 제도 · 조직 · 관습 등 사회적 조건이 동질화되어 있지 않는 나라와 나라 사이에서 이루어지고 있는 물품의 교류를 의미하기 때문에 이와 같은 국제무역의 성격도 여러 가지 측면에서 고찰 할 수가 있다. 국제무역의 성격은 국민경제를 구성하고 있는 개별기업이 상행위를 하는 것이다. 왜냐하면 국제무역은 국민경제에 기반을 두고 있으므로 본질적으로 국민경제의 성격을 기본으로 하여 행하여지는 것이지만, 각 국의 국민경제는 복잡한 이해관계로 얽혀진 국제경제를 이루고 있으며, 또한 국제무역을 실행하고 있는 개별기업은 각국의 국민경제와 직접 거래를 체결하고 있기 때문이다. 따라서 국제무역은 개별경제적 성격, 국민경제적 성격, 세계경제적 성격으로 복합경제를 형성하고 있다.

1. 개별경제적 성격

일반적으로 개별기업 간의 국제무역은 인위적인 장애가 없을 때 그 기능을 발휘할 수 있다. 국제무역은 자본주의체제 하에서 개별기업이 무역상대국의 기업과 자유롭게 매매행위를 할 수 있기 때문에 개별경제적 성격을 띠고 있다.

2. 국민경제적 성격

국제무역은 자국과 무역상대국 사이에 물품교류를 의미하므로 이는 개별경제적 성격뿐만 아니라 국민경제적 성격을 나타내고 있다. 국제무역은 개인과 개인 사이의 상품교류를 통하여 마침내 국가와 국가 사이의 경제교류를 확대시키는 역할을 하고 있다.

국제무역은 앞에서 언급한 바와 같이 자국과 외국에 부존되어 있는 자원의 질적 · 양적 차이에서 발생하는 물품을 매매수단을 통해서 상호거래를 체결하는 것이다. 그러므로 국제무역은 근본적으로 한 나라의 대외거래의 방향이 범위를 결정하는 것은 국가이며 개별적인 국제무역은 국민경제적 의도를 벗어나서는 생각할 수 없다.

3. 세계경제적 성격

국가와 국가 사이의 무역협정과 이를 실현하는 단일 경제의 무역거래도 모두 세계경제의 범주 속에서 이루어지므로 한 나라의 무역은 세계무역의 일익을 담당하고 있다. 그러므로 국제무역은 국민경제적 성격을 띠고 있을 뿐만 아니라 국민경제와 국민경제 사이의 연계를 통하여 세계경제적 성격을 갖게 된다.

특히 19세기말부터 영국의 자유무역정책을 중심으로 국제무역이 급속히 발전하여 세계시장은 각각 국민경제간의 유기적 관계를 도모하여 세계경제적 성격을 나타내게 되었다. 그러므로 국제무역은 국민경제적 성격에서 벗어나 세계경제적 성격을 나타내고 있다.

1-3 국제무역의 특수성

상품의 국제교환을 의미하는 국제무역은 다음과 같은 특수성을 가지고 있다.

첫째 국제무역은 바다를 주된 통상경로(route)로 삼고 있으므로 해운에 관한 여러 가지 제도의 경제적 기능에 의하여 이루어진다. 따라서 국제무역은 고도의 해상의존성을 지니고 있다.

둘째 국제무역의 실태를 보면 제도·조직·관습 등이 전혀 다른 외국의 구매자와 매매를 하는 것이므로 계약·인도·결제 등에 있어서 국내거래에서 볼 수 없는 기업위험이 있다.

셋째 국제무역은 세계자원과 세계시장을 활용할 수 있으므로 산업과 상호의존관계를 유지하고 있다.

넷째 국제무역은 세계공통적인 국제관례 내지 통일된 국제규칙에 의하여 실현되므로 특수한 국제관습을 지니고 있다.

1. 국제무역의 해상의존성

국제무역은 대부분 해상운송에 의해서 이루어지고 있으므로 해운과는 깊은 관련이 있다. 해운(shipping carriage by sea, marine transportation)이란 원양항로를 따라 운항하는 선박에 의해 여객과 재화의 공간적 이동현상을 의미한다. 그러므로 해운은 교통경제의 한 분야이다. 일반적으로 해운은 하천·호수 운하 등의 내륙수상운송에서 시작하여 해양으로 진출하게 되었다. 따라서 해운의 수단은 선박이며, 선박의 형태에 따라 재화와 여객을 운송할 목적으로 운항하는 것을 상선이라고 한다.

해운이 발달한 역사를 살펴보면 기원전 28세기경부터 이집트는 페니키아

(phenicia), 소말리랜드(somaliland)와 교통을 개설했으며, 기원전 15세기에 5척의 선박으로 향료 등의 진품을 수입했다고 전해지고 있다. 그러나 기원전 15세기경에는 이집트의 해상세력이 페니키아로 넘어갔다.

페니키아는 농경지가 적어서 자연적으로 해상활동을 강화하였고 이들은 기원전 15세기경부터 조선기술의 발달과 염색・향료・직물・금은・청동・상아・보석・유리등을 수출하는 동시에 시시리섬・아프리카・북한・스페인 연안에 식민지를 건설하고 세계 최초로 식민지무역(colonial trade)을 수행하였다. 또한 이들은 조선기술의 발달에 따라 어로를 통해 그리이스 연안으로 남쪽으로는 이집트까지, 서쪽으로는 지브로울터(Gibralter)에 이르렀으며, 북아프리카에 우디카(Utica)와 칼타고(Carthago)를 건설하였다.

더욱이 이들은 동페르시아와 세이론까지 진출하여 동양문화를 서양에 전파함으로써 해운의 국제적 의의를 최초로 실현하였으며 페니키아 항해자들은 상인인 동시에 국제통상업자로서 지중해를 중심으로 식민지를 건설하여 항해술을 크게 발전시켰던 것이다. 그러나 그 후 국제무역이 해상운송에 의해서 전문화됨에 따라 통상・해운・해상보험으로 분리되어 발전하였다.

2. 국제무역의 기업위험성

국제무역에는 그 특성으로 인해서 국내거래에서는 볼 수 없는 많은 위험을 함유하고 있다. 이러한 위험은 교통과 보험제도가 발달하여 상당한 정도가 줄어들었다. 그러나 국제무역에는 거래위험이 항상 잠재하고 있다. 특히 국내에 장기간 불황이 지속되거나 세계공항이 발생한 때는 심각한 영향을 받게 된다.

1) 상품에 관한 위험

상품의 운송이나 보관 중에 외부에서 발생한 것으로 상품 그 자체에서 생성된 물리적 위험을 의미한다. 해상보험이나 손해보험은 그 위험이 보험업자에게 전가되고 있다. 특히 운송 중의 위험은 바다를 무대로 하는 해외무역에서 가장 많이 발생하고 있으므로 이에 대한 대책을 충분히 고려하지 않으면 대외거래를 지속할 수가 없다. 따라서 국제무역에서 해상보험에 부보하는 것은 거래성립의 필수조건으로 되어 있는 것이 국제무역의 특징이라고 할 수 있다.

2) 신용위험

수출대금에 대한 결제나 환어음에 대한 지급거절이 생긴 경우로서 이는 국제경제에서 가끔 발생하는 채무불이행위험이다. 이에 대해 외국에서는 신용보험제도나 국가의 재보험제도에 의하여 부분적으로 그 위험을 담보해 주고 있는 것이 통상관례이다.

3) 시장위험

재화를 대량으로 선물거래를 한 경우 그 가격의 변동으로 인해 발생한 투기적 위험이다. 외국에서는 선물거래가 보편화되어 국제무역업자가 상품거래소와 연계매매(hedging)를 체결하여 그 위험을 상품거래소에 전가시키는 방법을 채택하고 있다.

4) 환위험

외환시세의 변동에 의해 발생하는 위험을 말한다. 이는 수출업자와 수입업자 사이에 무역계약을 체결한 후 상품을 수출하고 그 대금이 회수될 때까지 외환시세가 변동하면 어느 한 쪽은 손실을 입게 된다. 그러므로 수출업자는 수출계약의 체결과 동시에 외국환은행과 선물환 매도계약을 체결하고, 수입업자는 수입계약의 체결과 동시에 물품의 도착과 대금지급일을 예측하여 외국환은행과 선물환 매입계약을 체결함으로써 외환시세 변동에서 오는 위험을 전가시킬 수 있다.

3. 국제무역의 산업관련성

국제무역은 품질이 우수하고 가격이 저렴한 상품을 생산하여 국제적으로 유통을 원활하게 함으로서 국제경제의 발전에 기여하고 있다.

최근 유통경제에 있어서 상품은 시장에서 판매하기 위해서 생산되며 이윤추구를 위하여 자유경쟁을 통해 판매하는 것을 특징으로 하고 있다. 국제무역은 상품이 거래대상의 주가 되고 있으므로 국제분업을 촉진시키며 가격이 싸고 품질이 우수한 상품을 세계시장에 원활하게 공급하고 있다.

이에 따라 각 국은 자연적인 생산조건과 사회적인 생산요건이 다를 뿐만 아니라, 생산성이나 소득격차에 따라서도 서로 상이하기 때문에 국제 간에 분업이 이루어진다면 자국의 경제발전은 물론 세계경제발전에 크게 기여하게 될 것이다. 또한 국제무역은 수출산업을 발전시키고 국민경제를 고도로 성장시킬 수 있는 특성이 있기 때문에 개도국에 있어서 국제무역은 경제발전을 촉진시키는 기본전략이 되고 있다.

(1) 수출이 국민경제에 미치는 영향

① 고용 및 소득유발효과

특정한 국가의 수출증대는 수출과 직접 · 간접으로 연관성을 갖고 있는 관련산업의 생산활동을 촉진시켜 고용을 창출하게 된다. 이러한 부문의 고용창출효과는 자본집약적 산업보다 섬유 · 조선과 같은 노동집약산업에서 뚜렷하게 나타나고 있다. 고용이 증대하면 이는 곧 소득의 증대로 이어지며 연쇄적인 파급효과를 가져온다.

② 외화조달 및 경기조절효과

일국의 국민경제가 생산에 필요한 재화와 용역을 해외에서 수입하기 위해서는 수출을 통해서 외화를 획득해야 한다. 또한 경기조절기능은 자국 내에서 불경기로 인하여 수요가 줄어들면 정부의 혼합정책을 통해서 민간투자와 고용을 증대시키며 이와 반대로 국내수요가 급격히 증가할 경우 수출증가를 둔화시켜 경기를 조절할 수 있다.

③ 산업구조의 고도화 및 생산유발효과

수출의 증대는 대량생산을 통한 규모의 경제를 실현시켜 산업구조의 고도화를 촉진시킬 수 있다. 수출이 증대하는 것은 생산의 증대로 이어지고 생산의 증대는 원가를 하락시켜 규모의 경제를 실현시킬 수 있다.

수출의 증대는 수출재생산과 관련된 연관산업의 생산증대를 연쇄적으로 발생시킴으로써 전체산업에 걸쳐서 생산증대효과를 가지게 된다.

④ 수입유발효과

한국과 대만처럼 가공무역을 통하여 경제성장을 이룩한 국가들은 수출재생산에 필수적인 원자재 및 시설재의 수입을 필요로 한다. 따라서 수출의 증대는 수입의 증대를 의미하기 때문에 수출을 통한 소득유발효과를 높이려면 수출산업과 연관된 부품 및 소재산업을 적극적으로 육성시켜 원자재도 국내에서 생산할 수 있어야 한다.

(2) 수입이 국민경제에 미치는 영향

① 구입원자재 확보

자국 내에서 산업화를 추진하기 위해서는 국내에서 생산이 불가능한 원자재를 수입하여야 한다. 한국은 경제개발에 필수적인 원유 · 원단 · 원목 · 원면 · 원모와 같은 원료를 수입에 의존하지 않을 수 없다.

② 국내산업의 경쟁력 제고

정부로부터 보호를 받던 국내산업이 경쟁력을 갖추게 되면 국내시장에서 국산품과 수입재 사이에 치열한 경쟁이 벌어지고 경쟁력을 상실한 국내산업은 도산할 수밖에 없다. 그러므로 국내산업들은 기술혁신과 경영합리화를 통하여 세계경쟁에 생존할 수 있는 최첨단 고부가치 산업이 육성되어야 한다.

③ 국민의 복지수준 향상

품질이 우수하며 가격이 저렴한 수입재가 국내시장에서 구입하여 소비할 수 있는 것은 소비자들에게 후생의 증대를 가져다 준다.

1-4 국제무역의 대상

1. 수출입상품

1) 상품의 의미

인간이 생활을 영위하기 위해서는 필연적으로 물품을 소비하게 된다. 이러한 물품이 교환경제의 대상이 되고 상거래의 목적물이 될 때에 상품(commodity, merchandise)이라고 한다. 물품은 결국 인간이 소비하기 위한 목적으로 획득하며 이는 사용가치와 교환가치를 가지고 있다.

상품이란 인간의 소비가 지속되는 한 생산도 계속될 것이다. 인간은 끊임없이 필요와 욕구(needs and wants)를 충족시키고자 노력하며 그러기 위해 품질을 지속적으로 향상시키고 상품자체의 가치를 증대시키려고 경쟁하고 있다. 또한 상품은 화폐와 교환의 대상이 되는 유통과정에 있는 물품이다. 따라서 상품은 시장에서 교환을 목표로 생산하고 생산된 재화를 가격기구를 통하여 최종 소비자의 손에 들어 갈 때까지의 과정에 있는 것을 말한다.

2) 상품의 성질

무역거래에서 주가 되고 있는 것은 상품거래이다. 따라서 상품의 기본적인 성질을 요약하면 다음과 같다.

첫째 상품은 품질에서 디자인·포장에 이르기까지 인간의 물질적 욕망을 충족시킬 수 있는 실질적인 가치를 지녀야 한다.

둘째 상품은 유상적으로 전환할 수 있는 자유로운 이전성이 있어야 한다. 이전성이 없는 토지, 건물, 철도, 교량과 같은 부동산과 선박, 항공기와 같은 준부동산은 매매의 목적물은 될 수 있지만 상품의 범주에 속하지 않는다.

셋째 상품은 직접적으로 상업적인 거래가 가능해야 한다. 현재는 대량생산이 가능한 시대이므로 각종 산업의 생산물은 곧 시장성이 있는 생산물(marketable products)의 성격을 가지고 있지만 그 생산물은 현실적으로 시장에서 거래가 되어야 상품이라고 말 할 수 있다.

2. 기술

상품과 마찬가지로 기술도 무역거래의 대상이 되고 있다. 기술수출과 기술수입을 종합한 형태를 기술무역이라고 하며 이는 단순히 국제수지만의 문제에 그치지 않고 외국기업과 기술제휴나 특허교환도 이 유형에 속한다.

1) 기술수출

⑴ 기술수출의 의의

기술수출이란 자국의 기업과 외국기업 간에 기술제공계약 또는 기술원조계약의 체결로 성립되는 대외거래를 말한다. 여기서 기술제공이란 것은 특정상품의 제조에 필요한 기술상의 노우・하우와 기술자료를 상대방에 제공해서 기술지도를 함으로써 현지에서 조립과 제조를 원조하는 것을 말한다. 또 기술제공은 기술 제휴・기술협력이라고 하며, 기술수입국 측에서는 이를 기술도입이라고 한다.

⑵ 기술수출의 형태

① 공업소유권(특허권・상표권)등의 양도

② 공업소유권에 관한 사용권의 설정

①②는 라이센싱계약(licensing arrangement)에 따라 라이센스료를 받게 되는 경우를 말한다.

③ 제조기술과 공업경영기술의 공여

공여되는 기술내용은 첫째 새로운 공장건설과 경영을 위한 계획의 공여 또는 검토를 한다. 둘째 제품제조용의 설계도면과 기술지도서의 공여를 한다. 셋째 새로운 공장에 설치할 기계설비 등에 관한 조언을 한다. 넷째 기술자의 파견과 이들을 받아들여 기술지도를 한다. 다섯째 공업소유권에 관한 사용권의 설정을 한다는 등의 내용이 핵심을 이루고 있다.

④ 노우・하우계약과 라이센싱계약을 합한 계약에 기인한 경우를 들 수 있다. 노우・하우의 공여자로서는 면허를 수반함으로써 시장점거를 확보하는 것이 용이해지고 이를 잘 보호함으로써 안정된 기업을 경영할 수 있다.

(3) 기술수출의 동기

① 대상국의 외화부족, 자국산업보호, 민족주의의 대두, 경제 블록화의 추진 등의 이유에 의해서 개도국의 수입제한, 수입금지의 장벽을 극복하기 위한 것이다.

② 기술수출은 이를 이용하는 기업으로부터 라이센스료와 노우·하우료 등의 기술제공료를 받을 수 있고, 피공여국이 그 나라의 경쟁상 유리한 입장에 설 수 있게 될 뿐만 아니라, 개도국의 공업발달과 수출진흥에 크게 도움이 된다.

③ 장래 기업진출을 위한 교량적인 역할을 수행하거나 직접투자를 하기 위한 사전준비를 하는데도 유익하다.

④ 기술수출에 따라 해당기업의 부품을 수출할 수 있다.

(4) 기술수출의 특징

기술수출은 계약의 당사자에게 기술상의 노우·하우를 제공하고 있는데 그 특징을 살펴보면 다음과 같다.

① 직접투자 보다 위험부담율이 낮기 때문에 제공자측의 피해란 기업이 당하는 것보다 그 범위가 작다.

② 완제품의 수출이 폐쇄되었을 때 시장에서 자사제품의 브랜드(brand)를 유지할 수 있고, 그 대가로서 로이얼티(royalty)를 받게 된다.

③ 직접투자의 길이 열리기도 하며, 중간재와 기계설비의 수출이 가능하다.

3. 서비스

1) 서비스의 의미

국제무역은 상품이나 기술의 거래만으로 이루어지는 것은 아니다. 서비스가 국제무역 대상이 되는 경우가 많다. 서비스는 단독으로 국제무역의 대상이 되는 경우도 있지만, 오히려 상품의 거래에 수반하여 ① 상품을 외국까지 운송하는 운송서비스와 ② 운송 중의 화물에 보험을 부보하는 보험서비스가 따르게 마련이다. 소위 해상·항공운송(sea and air transportation)과 해상·항공운송보험(sea and air cargo insurance) ③ 대리·중개업무도 국제 간의 매매계약을 성립시키기 위한 수단으로서 서비스와 신용을 제공하는 것이다. 이와 같은 서비스를 제공한 사람은 그 대가로서 운임(freight)· 보험료(insurance premium) 및 수수료(commission)를 받게 된다.

요컨대 서비스거래는 상품과 같이 유형무역이 아니고 상대방에 대하여 서비스를 제공하고 그 대가를 받는 것이다. 그러므로 기술 및 서비스거래는 눈에 보이지 않는 무역 또는 무형무역(invisible trade)이라고 말한다.

제2장 국제무역의 형태

2-1 상품이동의 방향에 따른 분류

1. 수출과 수입

국제무역에 있어서 수출이란 상품을 해외에서 판매하기 위한 수출업자의 활동으로서 무역계약을 체결하고 이에 따르는 실행을 말하며 이러한 상업적 형태가 수출이다. 관세법 상의 수출이란 내국화물을 외국으로 송화 하는데 필요한 신고·심사·검사·허가 등 일련의 수속절차를 통하여 실행하는 것으로 실물을 외국에 보내기 위한 항만 또는 항공기에 적재함으로써 수출이 완료되는 시점으로 보는 것이다.

수입이란 상품을 해외에서 매입하기 위해 수입업자에 의하여 무역계약을 체결하고 이에 따르는 실행을 말하며 이러한 상업적 형태가 수입이다. 관세법 상 수입이란 물품이 외국으로부터 적출 되어 자국의 영역에 들어오고 통관절차를 거쳐 국내에 인수되는 것을 말한다. 구체적으로는 외국으로부터 자국에 도착한 물품이나 수입면허를 받은 물품을 자국에 인취 하는 것을 말하며 신고·검사·관세의 확정신고·징수·면허라고 하는 일련의 수속을 거친 후 국내에 인수된 시점을 수입으로 보는 것이다.

2. 직접무역과 간접무역

1) 직접무역의 의미

직접무역(direct trade)이란 수출자와 수입자의 거래당사자간에 상거래가 이루어질 때 제3국의 무역업자를 개입시키지 않고 직접 매매계약을 체결하는 것을 말한다. 즉 수출국의 생산자가 해외에 있는 수요선(소비자·도매상·소매상·수입상)과 직접 거래교섭을 행하고 자신이 수출재에 대해 책임을 지고 수출하는 것을 말한다.

2) 직접무역의 장단점

장점

① 자기제품에 대한 희망·주문·불평등을 해외거래선으로부터 직접 들을 수 있다.

② 제조업자나 해외거래선과의 직접연결이 가능하므로 그 시장에 대한 지식과 정보를 충분히 얻을 수 있다.

③ 자사제품에 대한 판매계획 제품개량 등에 대하여 신속히 그리고 적절한 배려를 할 수 있다.

④ 자사제품의 직매로 마케팅활동에 적극성을 부여함과 동시에 제조업자에 대한 의욕적인 제조를 가능하게 한다.

⑤ 중간상에 대한 거래구전 및 수수료를 절약할 수 있으므로 기업이윤을 증대시킬 수 있다.

⑥ 사전 서비스와 사후 서비스도 간접 수출의 경우보다 실시하기 용이하다.

단점

① 거래상의 위험을 직접 부담하게 된다.

② 제조업자는 직접수출에 대한 경험이 적고 외국어와 무역실무에 대한 지식이 부족하므로 상대방의 계속된 클레임(claim)으로 불의의 손실을 당하기 쉽다.

③ 상표의 지명도를 높이기 위한 많은 광고비가 지출되어야 한다.

④ 직접수출의 초기단계에서는 채산을 조정하기가 어려울 뿐 아니라 판매 증진을 하기 어렵다.

3) 간접무역의 의미

간접무역(indirect trade)이란 수출입 거래당사자의 직접적인 매매계약에 의하여 이루어지지 않고 제3국의 무역상을 통하여 무역거래가 이루어지는 경우를 말한다. 즉 자국내의 무역상사·수입대리점·제조업자의 수출대리점 등 수출중간상을 통하여 거래되는 것을 말한다.

4) 간접무역의 형태

(1) 중개무역

중개무역(merchandising trade)이란 수출국과 수입국의 중간에서 제3국의 무역상이 중개하여 이루어지는 거래방식이다. 중개업자에게 상품의 소유권이 이전되는 것이 아니라 중개업자는 다만 중개수수료를 목적으로 개입하는 경우가 많다.

(2) 중계무역

중계무역(intermediary trade)이란 수출할 것을 목적으로 물품을 수입하여 수출하는 경우의 수출입을 말한다. 이 거래방식은 수입한 물품을 가공하지 않고 원형 그대로 수출하는 것이 가공무역과 다르다. 중계무역이 발달하기 위해서는 관세의 면제·보세창고의 활용·금융적 편의·양호한 교통시설 등이 마련되어야 한다.

⑶ **통과무역**

통과무역(transit trade)이란 수출국에서 수입국의 화물이 직송되지 않고 제3국을 통과하여 수입국에 송부되는 경우 제3국의 입장에서 본 무역을 말한다. 그러므로 제3국은 화물이 자국을 통과하는데 따른 노임·통과수수료·운임·보험료 등을 얻게 된다.

⑷ **스윗치무역**

스윗치무역(switch trade)이란 물품의 수출입계약은 수출업자와 수입업자가 직접 체결하고 수출입물품도 수출국에서 수입국에서 직접 송부하지만 다만 대금결제에 있어서는 제3국의 업자를 개입시켜 간접적으로 결제하는 경우의 무역을 말한다.

⑸ **우회무역**

우회무역(round about trade)이란 일국이 자국의 외환에 대하여 통제를 심하게 받을 경우 이러한 외환관리를 피하기 위하여 외환통제를 받지 않는 제3국을 통하여 이루어지는 무역을 말한다.

5) 간접무역의 장단점

장점

① 수출업무에 전문성이 있는 수출업자를 이용할 수 있으므로 거래에 따르는 불안감을 제거한다.

② 제조업자가 직접 위험부담을 하지 않을 뿐만 아니라 무역클레임을 해결하는 데도 유리하다.

③ 수출상사를 이용할 때에는 해외지점망을 통해 시장정세와 상황의 정보를 쉽게 입수할 수 있을 뿐만 아니라 회사의 지명도를 이용할 수 있다.

④ 해외에 지점·현주소 등의 설치도 필요 없을 뿐 아니라 수출광고 등의 경비도 별로 지출되지 않는다.

⑤ 해외의 각 시장에 따라 그 시장에 밝은 무역상을 선택할 수도 있고 자사제품을 판매하는 데도 유리하다.

⑥ 금융사정이 악화되었을 때 상사의 자금원조도 받을 수 있다.

단점

① 수출이 간접적이기 때문에 시장정보·상황·소비자의 요구 등이 제조업자

에 전달되기 어렵다.

② 제조업자와 수출상과의 이해가 대립될 때 양자간의 분쟁이 일어나기 쉽다.

③ 판매가 무책임하게 되기 쉽고 판매가격을 통제할 수 없게 될 뿐만 아니라 시황에 따른 임기응변의 대책을 세울 수 없다.

④ 무역상사는 취급상품이 많아 전문적인 상품지식과 판매경험이 없고, 기술지식이 부족하기 때문에 기회를 놓칠 수 있다.

⑤ 무역상사간의 과당수출경쟁이 제조업자에게 불이익을 초래하기도 한다.

2-2 상품형태에 따른 분류

1. 유형무역

유형무역(visible trade)이란 상품을 수출 또는 수입하는 경우, 눈으로 직접 볼 수 있을 뿐만 아니라 형태가 있는 것을 말한다. 이러한 상품을 거래하는 데 있어서는 반드시 통관절차가 뒤따르고 그 상품의 수지를 무역통계에 표시하는 것이 원칙이다. 이 유형무역은 눈에 보이는 무역이라는 의미에서 가시적 무역이라고도 한다. 유형무역은 다시 유형수출(visible exports)과 유형수입(visible imports)으로 나누어진다.

2. 무형무역

무형무역(invisible trade)은 상품 이외의 관광, 보험, 용역(services)등의 거래로서 국제 간에 수취 또는 지급되는 것이 눈에 보이지 않는 무역이라고 말할 수 있다.

2-3 거래주체에 따른 분류

1. 민간무역

민간무역(private trade)이란 개인이나 기업이 무역거래의 주체가 되는 경우를 말하며, 오늘날 가장 많이 이루어지고 있는 것으로 민간업자간에 무역거래가 이루어진다고 해서 무조건 자유롭게 실행되는 것이 아니라 어디까지나 무역관리에 제약을 면치 못하는 것이 대부분이며 단지 무역을 통한 민간무역업자의 영리추구행위만을 권장하고 있다.

2. 국영무역

국영무역(state basis trade)이란 무역거래의 주체가 국가가 되어 그 국가의 경제계획과 무역협정에 따라 이루어지는 무역을 의미한다. 이러한 국영무역은 주체가 정부이므로 정부무역(government trade)이 되는 것이다. 그러나 정부무역이라고 할 때는 비영리를 목적으로 직접무역을 실행하는 경우이고 정부베이스 무역이라고 할 때는 정부가 출자하여 설치한 정부대행기관을 통하여 무역을 실행함을 의미한다.

이와 같은 정부무역은 자본주의 경제체제 하에서 무역형태가 아니고 계획경제하에서 국가가 무역을 관리하는 사회주의 경제체제 하의 무역이다. 그러나 최근에는 자본주의경제가 혼합경제체제이므로 국영무역은 사회주의 무역형태 뿐만 아니라 자본주의 경제에서도 적지 않게 그 비중을 차지하고 있다.

3. 공무역

공무역(public trade)이란 공공기관이 무역거래의 주체가 되어 무역이 실행되는 것을 의미한다. 우리나라에서도 조선시대 때의 이른바 조공무역은 공무역의 일종이며, 해방 이후 미군정청이 수행한 무역도 공무역에 속한다고 할 수 있다.

2-4 대금결제방식에 따른 분류

1. 구상무역

구상무역(barter trade)이란 수출입재의 대금을 그에 상응하는 수입 또는 수출로 상계한 수출입을 말하며 이는 두 국가 간의 수출입 균형을 유지하기 위하여 많이 이용되는 거래방식으로서 대금결제 시 환의 개재여부에 따라서 무환구상무역과 유환구상무역으로 구분된다.

무환구상무역이란 무환방식에 의한 물물교환의 바터무역을 말한다. 즉, 구상무역의 경우 국가 간의 수출입대금을 일정한 기간 내에 대차의 잔액을 내지 않고 완전히 균형 시켜 상호간에 대금결제가 필요하지 않는 무역거래방식이다.

유환구상무역(compensation trade)이란 수출입 국가 간의 대금결제 시 수출, 수입에 상응하는 물품대금을 외화로 지급 또는 수취하는 거래 방식이다. 이 경우 특정한 물품의 수출·수입에는 특정한 물품의 수입·수출의 이행을 조건으로 하는 것으로서, 수출입 국가 간의 무역협정에서 수출입재의 가격과 품목을 정하여 일정기간 내에 실행되는 경우가 많다. 그리고 유환무역을 하는 대표적인 방법으로 동시개설신용장(back to back credit), 기타신용장(escrow credit)에 의한 방법이 있다.

2. 삼각무역

삼각무역(triangular trade)이란 두 나라 사이의 수출 수입이 불균형을 이루어 편무역이 발생하는 경우 특수관계에 있는 제3국을 개입시켜 청산계정에 따라 결제함으로써 3국 간의 국제수지균형을 도모하는 무역패턴이다.

2-5 국가통제에 따른 분류

1. 자유무역

자유무역(free trade)이란 국가의 무역정책상 재화와 용역의 자유로운 수출입을 보장하는 무역을 의미한다. 즉 무역업자의 상행위에 대해 국가가 전연 간섭하지 않고 자유롭게 이루어지는 거래를 말한다. 19세기에는 영국을 중심으로 자유무역이 전개되었고 오늘날 WTO(GATT)체제를 중심으로 하여 자유무역이 추진되고 있으나 완전한 자유무역을 실행하고 있는 나라는 하나도 없다.

2. 보호무역

보호무역(protective trade)이란 국가가 관세와 같은 정책수단으로 외국의 경쟁으로부터 국내산업을 보호할 것을 목적으로 하는 무역제도를 의미한다. 이는 자유무역에 대항하여 18세기 말에서 19세기 초에 걸쳐 신흥 후진국인 미국과 독일에서 유치산업보호라는 주장으로 일어나 미국에서는 해밀톤(A. Hamilton)의 공업보호론, 독일에서는 리스트(F. List)에 의해 구미 각 국에 전파되었다.

3. 관리무역

관리무역(managed foreign trade)이란 외국과의 무역거래를 무역상의 자유에 맡기지 않고 국가 또는 대행기관의 관리 하에 두는 것을 말한다. 이와 같은 이유로 여러 가지 법령을 제정하여 수출 · 수입의 허가, 수입외화의 할당, 결제방법의 지정 등 무역거래는 법률이나 규정으로 규제를 받는다. 예를 들면 자국의 무역이 전시관리체제 하에 있게 되는 경우이다.

4. 협정무역

협정무역(trade by agreement)이란 국가와 국가 간에 무역관계를 긴밀하게 하기 위한 협정을 맺는 무역패턴을 말한다. 이는 두 나라 사이에 무역을 증진시키거나, 무역의 균형을 위하여 협정이나 조약을 체결하고 이에 따라 시행되는 무역을 말하는데 이러한 협정의 방식에는

① 수출입재의 수량이나 종류를 협정하는 무역협정(trade agreement)

② 수출입결제방식을 협정하는 지급협정(payment agreement)

③ 상호관세상의 혜택을 주는 호혜무역협정(reciprocal trade agreement)등이 있다.

④ 주요상품의 수출국과 수입국의 관계를 원활하게 하기 위한 국제상품협정(international commodity agreement)등이 있다.

2-6 수탁·위탁에 따른 분류

1. 수탁판매무역

수탁판매무역(indent sale trade)은 수탁자가 외국의 위탁자로부터 위탁을 받아 그 위탁자의 비용과 위험 하에 물품을 무환으로 수입하여 자국에서 판매하고 그

대금을 결제하는 형태로서 위탁자로부터 일정한 수수료를 수취한다.

2. 위탁판매무역

위탁판매무역(consignment sale trade)이란 수출업자가 외국에 거주하고 있는 위탁상에게 수수료를 지불하고 위탁판매 하는 것을 말한다.

우리나라에서 위탁판매무역은 위탁판매제도에 따라서 실시하고 있는데 무역업자가 해외의 판매업자를 수탁자로 하여 물품의 판매를 위탁하고 그것이 매각되었을 때 대금을 수취하는 거래방식이다.

2-7 상품가공방식에 따른 분류

가공무역(processing trade, improvement trade)이란 가득액(가공비, 운임)을 획득하기 위하여 원재료의 일부 또는 전부를 외국에서 수입하여 이를 가공하여 다시 외국에 수출하는 거래를 말한다.

1. 일반가공무역

일반가공무역(improvement or processing trade)에 의한 수출입이란 가공무역의 일종으로서 외화획득을 위하여 수출할 것을 목적으로 원료의 전부 또는 일부를 수입하여 가공 후에 수출하는 거래를 말한다. 이는 원자재를 수입하여 가공한 후 원자재를 수입한 국가에 다시 수출하느냐 또는 제3국에 수출하느냐에 따라 능동적 가공무역(active processing trade)과 통과적 가공무역(transit processing trade)으로 구분할 수 있다.

능동적 가공무역이란 대상 원자재를 수입 가공하여 대상 원자재를 수입한 국가에 다시 수출하는 거래를 말하고 통과적 가공무역이란 대상 원자재를 수입 가공하여 수입국 이외의 제3국에 수출하는 것을 말한다.

2. 수탁가공무역

수탁가공무역(improvement or processing trade on consignee)에 의한 수출입이란

가공무역의 일종으로 가득액을 획득하기 위하여 대상 원자재의 전부 또는 일부를 수입하여 가공한 후 수탁자 또는 그가 지정하는 자에게 수출하는 거래를 말한다.

3. 위탁가공무역

위탁가공무역(improvement or processing trade on consignment)은 외국의 위탁자가 국내 제조업자 또는 무역상을 통하여 위탁가공계약을 체결하고 원재료를 국내의 제조업자에게 보내면 국내 제조업자는 지정된 물품을 제조하여 재수출의 형식으로 외국 위탁자에게 보내는 것을 말한다.

2-8 지역간 무역에 따른 분류

1. 남북무역

남북무역(north-south trade)은 개도국과 선진국 간의 무역을 의미한다. 개도국에서는 1차산품을 선진국에서는 공산품수출이 무역거래의 대부분을 이루고 있으며 이로 인한 개도국과 선진국 간의 경제적 격차는 점점 심화되어 국제적으로 큰 문제로 등장하였는데 이 문제를 일반적으로 남북문제(north-south problems)라고 한다.

경제적 측면에서 볼 때 일반적인 특징으로 나타나고 있는 것은 선진국과 중진국의 위치는 주로 지구 상의 북반부를 차지하고 있는 저개발국가는 동남아 · 중동 · 중남미 아프리카 등은 주로 남반부를 차지하고 있다.

전후에 개도국들은 경제기초(economic basis)가 1차산품에만 의존하고 있는 단일경제체제에 머물고 있어 국제분업에 의한 무역이익을 획득하지 못하고 있을 뿐만 아니라, 최근 1차산품은 가격하락 및 수출불안 등으로 인하여 교역조건이 악화되어 선진국에 대한 수출신장률은 크게 둔화되었다. 이에 비하여 선진국은 신보호주의에 의하여 개도국의 수출을 제한함으로써 이 국가들의 무역환경은 점점 어려움이 가중되었다. 이런 요인은 결국 개도국의 수출증가율의 정체와 이에 따른 세계총수출에서 차지하는 수출비중을 저하시키고 말았다.

이와 같은 남북간의 경제적 격차를 해소하기 위해서는 무엇보다 개도국에 대한 원조나 또는 무역에서 협력하지 않을 수 없었다. 그래서 개도국들은 마침내 1964년 제1차 국제연합통상개발회의(UNCTAD)에서 선진국에 대하여 원조보다 무역(trade before aid)을, 또는 원조와 더불어 무역(trade and aid)을 강력하게 주장하였다. 그 이유는 첫째 증여나 차관을 통해 공업화를 실현해도 생산자체가 국제경쟁력이 약하고 둘째 개도국의 채무가 누적되고 이에 따른 원리금 상환부담이 가중되는 문제점을 지적할 수 있다.

최근 개도국들은 이러한 어려움을 극복하기 위하여 원조보다 무역을 통한 지원을 요청하고, 선진국에 대하여 개도국의 제품 및 반제품 수입에 대하여 관세를 경감 내지 면제시킬 것을 강력하게 주장하고 있다.

2. 동서무역

동서무역(east-west trade)이란 동유럽에 위치하고 있는 사회주의 제국과 서유럽에 위치하고 있는 자본주의 제국 간에 이루어지는 무역을 의미한다. 즉 이는 동쪽의 공산권 제국과 서쪽의 자본주의 제국의 대립을 말한다. 이 대립을 물류교류를 통해서 타개하려고 하는 것이 동서무역이다. 최근 동서무역이 확대되고 있는 이유로서 ① 평화공존의 분위기 조성 ② 두 진영 간의 정치적 접근 ③ 두 진영 간의 상품구조의 이질성 ④ 두 진영 간의 기술의 불균형 때문이다.

2-9 기타 무역패턴

1. 플랜트수출

플랜트수출(plant export)이란 기계설비 · 철도 등의 자본재수출을 말한다. 이는 경제발전의 단계가 낮은 나라가 선진국에 대하여 공장설비나 기술도입을 요구함으로써 이루어지는 것이다.

오늘날 플랜트수출이라고 하는 것은 플랜트의 구성부분인 기계기구 · 자재의 제작 및 판매와 병행하여 기술지식 · 공업소유권 · 노하우 등을 포함한 유형 · 무형의 수출을 의미한다.

2. 턴키이 방식수출

턴키이 방식수출(export by turnkey contract)이란 특수기계류를 중심으로 하는 플랜트를 수출할 때 설계·제작·조립 등은 물론 플렌트의 건설에 있어서도 공장부지의 조성으로부터 공장을 완성하는데 이르기까지 필요한 각종 기술의 수출, 제작, 시운전 테스트 등을 포함한 수출계약을 턴키이 방식수출이라고 한다.

3. 기술수출

1) 기술수출의 의의

기술수출(export of techniques)이란 자국에서 발명·발견 및 완성된 기술을 외국에 제공하여 그 대가를 받는 것을 말한다. 즉 이는 자국의 기업과 외국기업 간에 기술제공계약(technical supply agreement) 또는 기술원조계약(technical assistance agreement)의 체결로 성립되는 대외거래를 의미한다. 또 기술제공이란 특정한 상품을 제조하는데 필요한 노우·하우와 기술지도를 함으로써 현지에서 조립과 제조를 지도하는 것을 말한다. 그리고 기술제공을 기술제휴·기술공여·기술협력이라고 하며, 기술수입을 기술도입이라고 한다.

2) 기술수출의 특징

(1) 직접투자보다는 위험부담률이 낮기 때문에 제공측의 피해란 기업체가 입는 것보다 그 범위가 작다.

(2) 기술수출은 시장에서 자사제품의 상표유지도 가능할 뿐만 아니라 그 대가로 로이얼티를 받게 된다.

(3) 직접투자를 할 수 있는 기회가 제공되며 중간재(intermediate goods)와 기계설비의 수출이 가능하다는 것이다.

4. 넉다운 수출방식

넉다운 수출(knock-down export)이란 조립할 수 있는 설비와 능력을 가지고 있는 수입업자에 대하여 완제품이 아닌 부품 또는 반제품을 수출하는 방식이다.

5. 관광무역

관광무역(tourist trade)이란 외국으로부터 많은 관광객을 유치하여 외화를 획득하는 것을 말한다. 이는 국제수지표 상으로는 보이지 않는 항목(invisible item)을 구성하고 있으며, 스위스 · 이탈리아 · 프랑스 · 스페인 등이 대표적인 관광무역국이라고 할 수 있다. 관광무역은 관광수입 이외에 그 부산물로서 토산물을 판매하는 등 국산품의 대외 선전효과도 기대할 수 있다.

6. 식민지무역

식민지무역(colonial trade)이란 본국과 그 주권 하에 있는 속령 · 식민지 · 보호국 간의 무역을 말한다. 예를 들면 영국본토와 홍콩 및 다른 속령과의 관계를 지적할 수 있다. 이러한 식민지 또는 속령에 대하여 제3국의 입장에서 볼 때 본국과 속령 간의 무역은 각각 별개로 취급되고 있다.

7. 링크제무역

링크제무역(link system)이란 수출입 링크제라고 하며 이는 외국상품의 수입허가를 자국상품을 수출하여 외화를 획득할 때 인가하도록 하는 무역제도로서 제품의 수출과 연계시켜 원료수입이 가능하도록 하는 것이 이에 해당된다.

제3장 국제통상기구

3-1 국제경제기구

1. IMF

국제통화기금(International Monetary Fund : IMF)은 1944년 브레튼우즈(Bretton Woods)회의에서 채택된 국제통화기금협정(Articles of the Agreement of the International Monetary Fund)에 의거하여 설립된 전후 국제금융기구를 말한다.

1930년대에 나타난 각 국의 경쟁적인 외환조작과 무역통제를 제거하고 2차에 걸친 세계대전을 통해 경험한 국제통화와 외환의 불안정을 지양함으로써 단기적으로 국제수지 불균형을 초래하는 국가에 대하여 외화자금을 공여하고 국제수지의 균형을 도모하는 한편 환율의 조정, 외환제한의 실시를 제한함으로써 다국적 결제제도의 확립과 세계무역의 발전에 기여하는데 그 목적이 있다. 1947년에 본 기금의 업무가 시작되었으며, 협정의 내용은 크게 3가지로 나눌 수 있다.

(1) 할당액과 출자액(IMF협정 제3조) - 가맹국은 그 나라의 국민소득·무역규모·외환준비고 등을 기준으로 산정 된 할당액에 따라 출자하는데 이 할당액은 IMF자금 이용한도의 기준으로 또는 투표권수 산정의 기준이 됨을 의미한다. 출자방법은 원칙적으로 할당액의 25%는 금으로 나머지 75%는 자국통화를 불입하여야 한다.

(2) 기구(IMF협정 제2조) - IMF관리운영 상 총회·이사회·전무이사 및 사무국이 있다. IMF의 의사결정은 특별한 규정이 없는 한 투표의 과반수로 결정한다.

(3) 가맹국의 행동규범

① 평가(IMF협정 제4조) : 가맹국은 자국통화에 포함된 금 또는 1944년 7월1일 현재의 순금함유로써 표시한 미달러에 의한 환평가를 설정하여 환평가의 상·하 1% 범위 내에서 유지해야 한다. 또 이 평가의 변경은 가맹국의 국내경제가 기초적 불균형을 시정할 필요가 있을 경우를 제외하고는 IMF의 인가를 받아야 한다.

② IMF협정 제8·14조 : IMF협정 제8조는 가맹국의 일반적 의무로서 첫째 기금의 동의없이 경상적 국제거래를 위한 지급 또는 자본이전에 대하여 제한을 가하지 못한다. 둘째 가맹국은 차별적인 통화조치를 실시할 수 없다. 셋째 각 가맹국은 타가맹국이 동국보유 자국통화잔액을 매입할 것을 요청하면 이를 매입하여

야 한다.

IMF협정 제14조에서는 전후 과도기에 가맹국은 본 협정의 제조문의 규정에도 불구하고 국제적 경상거래를 위한 지급 및 자금이전에 대한 제한을 계속하거나 또는 사정의 변화에 따라 이를 개정할 수 있다.

2. IBRD

국제부흥개발은행(International Bank for Reconstruction and Development : IBRD)을 세계은행(World Bank)이라고 하며, IMF와 더불어 1944년 7월 브레튼우즈협정에서 채택된 전후 국제금융기구를 말한다. IBRD는 전쟁으로 파괴된 경제의 부흥과 저개발지역의 개발원조를 목적으로 하는 국제적인 장기투자기관으로서 이는 국제민간자본의 원활한 이동과 국제 투자의 합리적 촉진을 기하려는 것이다. 가맹국은 반드시 IMF가맹국이어야 하며, 출자는 응모형식으로 응모자본액의 불입은 20%까지 가맹국통화로 나머지 80%는 IBRD의 불입통고시 금·달러 중 자유로 선택하여 불입한다. 융자대상은 주로 부흥계획과 개발계획을 원칙으로 하며 장기대부로 이율은 3.75~6.25%이다. 융자조건은 정부의 보증이 필요하다.

3. GATT

관세 및 무역에 관한 일반협정(General Agreement on Tariffs and Trade : GATT)은 1945년 미국이 제안한 국제무역기구 설치안에 따라 1947년 10월 제네바에서 열린 준비회의에서 23개국이 조인한 후 1948년 1월부터 발효되었다. GATT의 목적은 가맹국 간의 관세장벽과 수출입 제한을 제거하고 국제무역과 물자교류를 증진하여 고용과 생활수준을 향상시키는데 있다.

이러한 GATT는 국제무역의 확대를 위하여 상호주의 및 무차별주의를 표방하고 있으며, 국내산업의 보호는 관세에 의하여 이루어져야 하고, 기타의 방법 특히 수입수량제한으로 해서는 안 된다는 것이다. 그러므로 GATT는 ① 가맹국 상호 간에 관세 상의 차별대우를 금지하고 ② 가맹국 상호 간에 관세교섭을 진행하여 관세율을 가능한 한 인하하게 하고 있다.

한편 최혜국 대우의 공여의무는 양허 목적에 한정되지 않고 비양허품목에 대한 관세에도 적용하게 되어 있다. 그러나 무차별대우의 원칙에 대한 예외규정으로 GATT설립 당시 존속하고 있던 특혜관세는 인정하고 있으며, 일정한 요건을 구비하면 각 국은 자유무역지역이나 관세동맹(Customs Union)을 형성할 수 있는 자유를 주고 있다.

GATT의 관세교섭은 일반교섭, 가입교섭 및 재교섭으로 구분되며 교섭의 방법은 가맹국 상호간의 다각적인 교섭으로 가맹국 상호간에 차별대우를 해서는 안되는데 이를 최혜국대우라고 한다. 관세의 일괄인하교섭으로서 GATT의 관세교섭 중 가장 중요한 협상은 6차의 케네디 라운드와 7차의 동경 라운드 그리고 8차 우루과이 라운드라고 할 수 있다.

4. OECD

경제협력개발기구(Organigation for Economic Cooperation and Development : OECD)는 1960년 1월 빠리에서 열린 대서양경제회의에서 유럽경제협력기구(OEEC)를 개편하여 미국과 캐나다를 포함한 대서양 21개국으로 새로운 경제협력기구를 결성하기로 결의하고, 1960년 12월 빠리에서 동 조약에 조인한 후 1961년 9월 30일 자로 발족하였다. 주요목적은 가맹국의 협력에 의한 경제의 고도성장과 세계무역의 확대, 개도국에 대한 원조 등이다.

5. OEEC

유럽경제협력기구(Organization for European Economic Cooperation : OEEC)는 제2차 세계대전 후 유럽경제부흥을 목적으로 하여 1947년 6월 당시 미국 국무장관인 마아샬(G. C. Marshall)의 제안으로 이루어진 소위 마아샬·플랜(Marshall plan)을 기초로 하여 유럽 16개국이 1947년 12월 빠리에서 유럽부흥에 관한 회의를 개최하고 유럽공동계획을 작성하였던 것이 이 기구의 시초가 되었다. 그 후 1948년 4월 16개국 대표와 미·영·불 3국의 점령기구 사령관이 모여 유럽경제협력기구협정에 조인함으로써 정식으로 발족하였다.

6. EEC

유럽경제공동체(European Economic Community : EEC)는 프랑스·서독·이탈리아·벨기에·네델란드·룩셈부르크 등 6개국으로 구성된 국제적인 경제통합체를 말한다. 처음에는 구주공동시장(European Common Market)라고 불렀으며, 이는

1957년 3월 로마에서 가맹국간에 조인된 로마조약에 기초를 두고 1958년에 성립되었다. EEC의 경제통합계획 가운데 중요한 점은 ① 가맹국 간의 수출입 제한을 철폐한다. ② 공동체 외의 국가들에 대한 공통관세를 부과하는 무역정책을 실시한다.

그리고 이 EEC는 현재는 EU(European Union)으로 부르고 있지만 발전과정을 살펴보면 다음과 같다.

구주공동체(European Community : EC)는 ① 1952년에 발족한 구주석탄 및 철강공동체(European Coal and Steel Community) ② 1958년에 발족한 구주경제공동체(European Economic Community)와 ③ 구주원자력공동체(European Atomic Energy Community)등 3개의 공동체를 한데 묶어 부르는 명칭으로 이는 1967년 7월에 세 공동체의 중앙집행기관을 통합시키는 조약이 발족한 이후부터 사용 되어왔다.

7. UNCTAD

국제연합무역개발회의(United Nations Conference for Trade and Development : UNCTAD)는 1967년 12월 30일 제19회 국제총회결의에 의하여 국제연합의 한 상설기관으로서 승인을 받아 설립되었다. 이는 처음에 개도국의 경제적 곤란을 해결하려는 문제가 제기됨에 따라 비롯되었으며, 종래 까지 개도국에 대한 원조만으로 경제적 문제를 해결하려 했던 것에서부터 개도국은 선진국과 무역 면에서 실마리를 풀어야 한다는 필요성이 국제연합에서 논의되기 시작하였다. 이에 따라 1961년 16차 총회에서 개도국과 선진국 간의 경제 격차의 폭을 줄이기 위해서 1960년 말부터 개도국의 경제성장률을 최소한 연 5% 이상 증가시키기 위한 구체적 목표를 세우고 경제개발 10년(U. N. Development Decade)을 정하는 한편 사무총장은 각 국에 대해 개도국의 무역문제에 관한 국제회의 개최에 관하여 여론을 수집하였다. 이 회의에서 개도국들은 개도국의 무역확대, 무역이익의 증대를 위한 GATT의 원칙과는 별도로 신무역체제가 필요함을 역설하였다. 또한 UNCTAD는 선진국이 일반특혜관세(Generalized System of Preferences : GSP)제도를 채택할 것을 추진하였다. 주로 선진국으로 구성된 동가맹국은 개도국으로부터 농수산물, 광공업제품을 수입하는 경우 다른 국가로부터 수입하는 상품에 부과하는 관세율보다 낮은 관세율을 적용하도록 하였다. GSP는 1971년 EC와 일본이 채택하였고, 1976년 영국이 이를 채택함으로써 본격적인 단계에 들어갔다가 최근에 각 국이 이를 축소하는 추세에 있다.

8. EFTA

유럽자유무역연합(European Free Trade Association : EFTA)은 영국・스웨덴・노르웨이・덴마크・스위스・오스트리아・폴투칼의 7개국으로 결성된 자유무역지역을 말한다. 유럽공동시장에 자극되어 발족된 것으로 영국을 중심으로 하는 가맹국 상호 간의 역내관세동맹이며 정치적 통합은 아니다. 그리고 역외에 대한 관세도 가맹국 각자의 자주적인 결정에 일임하고 있다.

9. ICC

국제상공회의소(International Chamber of Commerce : ICC)는 국제무역의 개선, 상공관습법의 국제적인 통일, 상공업에 관한 국제분쟁의 조정 및 각 국 상공단체 친선 협조를 목적으로 한 국제단체로 ICC라 약칭한다.

1919년 미국상공회의소가 실업가와 제휴하여 세계평화를 증진시키기 위한 목적으로 전세계 상공회의소의 결합을 제창하여 1920년 빠리에 본부를 창설한 이래 세계무역에 관한 장해요인을 제거하기 위하여 여러 가지 노력을 기울여 왔다.

10. COMECON

코메콘(COMECON)은 1949년 1월 모스크바에서 결성된 공산권 상호경제원조기구를 의미하며 이는 "Council of Mutual Economic Assistance"의 약자이다. 이 기구는 유럽의 마아샬플랜에 대항하는 한편, 사회주의제국 간의 무역관계를 강화하고 발전시키기 위한 경제협력기구로서, 1955년 말 제6차 회의 이후 각 국 경제계획의 상호조정, 사회주의 국제분업체제를 수립하여 추진하는 것이다. 그리고 경제교류를 강화하고 더욱 발전시키기 위한 경제협력기구로서, EEC에 대항하는데 그 목적을 두고 있다.

이 기구는 소련・불가리아・폴란드・루우마니아・체코슬로바키아・동독의 6개국을 주축으로 경제협의회가 개최되어, 1963년 9월 제9차 회의에서 유고슬라비아와 몽고 양국의 가입을 협정하고 조인하여 정식 회원국은 8개국으로 구성되어 있다.

11. CHINCOM

친콤(CHINCOM : China Committee)은 서구측의 대 공산권 전략무역통제기구인 CG(Consultative group : 자문위원회) 하부기구의 하나로, 대중국무역의 통제를 다른 공산권과의 무역보다 더욱 엄격히 할 필요에서 1952년 9월에 조직된 것으로 CG가맹국이 참가하였다. 이는 동서해빙무드와 더불어 그 의의는 거의 상실되고 있다.

3-2 우리나라 통상기구

1. 산업자원부

산업자원부는 산업, 무역, 에너지 및 지하자원에 관한 정책을 책임지고 있는 실물경제의 주무부처로서, 한국 경제의 발전사에 따라 역할과 기능도 변해왔습니다.

1948년 정부수립 시에는 수산업, 광업 등 1차 산업에서부터 공업, 상업 등 2·3차 산업까지 망라하는 실물경제의 총괄부처로 출범하였습니다. 70년대 석유 위기를 맞이하여 동력자원부가 별도의 부처로 분리되기도 하였으나, 산업청책의 효율적인 추진을 위하여 에너지 및 자원정책 기능이 다시 통합되었습니다.

1998년에는 IMF 경제위기 극복과 공공부문의 생산성 제고를 위한 정부조직 개편에 따라 대외통상기능과 중소기업정책기능이 각각 외교통상부와 중소기업청으로 이관된 바 있습니다.

그 결과 산업자원부에 부여된 기본적인 임무는 산업·대외무역·투자의 진흥 및 공정한 거래질서의 확립, 산업경쟁력의 강화 및 균형있는 발전의 도모, 에너지 수급의 안정 및 합리적·효율적 에너지 이용의 증진을 통해 국민경제의 발전과 복지의 증진을 도모하는 것으로 요약될 수 있다.

주요업무로는 ① 수출의 지속적 증대와 무역의 확대균형을 위한 정책의 수립·시행 ② 외국인투자의 유치와 외국과의 산업·통상협력 증진 ③ 에너지절약, 대체에너지, 에너지안전 및 국내외 자원개발정책의 수립·시행 ④ 석유, 가스, 전력, 원자력, 석탄 등 에너지의 안정적 공급확보와 에너지산업의 경쟁력 강화를 위한 정책의 수립·시행 ⑤ 산업의 경쟁력 강화 유통산업, 서비스산업의 선진화, 전자상거래의 확산 및 산업의 정보화 촉진 등 미래지향적 산업발전 ⑥ 산업의 효율적인 배치와 국가 균형발전 전략의 수립 ⑦ 기술개발 · 이전 및 사업화 산업표준화, 디자인산업의 육성 등 산업기술정책의 수립 · 추진

2. 외국환은행

대외지급수단의 매매, 발행을 주로 하여 외국간의 지급과 추심 및 이에 부대하는 업무를 취급하는 은행을 말한다. 재무부장관의 인가를 받아야 하며 단, 한국외환은행 및 한국은행은 각 은행법에 의하여 업무를 수행하므로 재무부장관의 별도 인가가 필요 없다. 외국환은행의 장은 다음과 같은 통상관리에 관한 권한을 산업자원부장관으로부터 위탁받고 있다. ① 수출입의 허가 또는 승인 및 그 허가사항 또는 승인사항의 변경허가 ② 수출대금 회수기간 연장의 승인에 관한 권한 및 미회수대금처리의 허가에 관한 사항 ③ 수출대금초과영수금액 처리의 허가에 관한 권한 ④ 수출 또는 수입의 실행을 보증하기 위한 담보물 제공에 관한 권한 ⑤ 외화획득용 원료의 수입에 따른 수출 · 이행 상황의 관리 및 양도 · 양수의 승인에 관한 권한 등이다.

3. 세관

세관은 관세청장의 소관업무를 시행하기 위한 관세청 소속의 관서이다. 세관은 주로 개항에 설치되어 ① 관세 등의 부과와 징수 ② 수출입물품의 통관 및 반송 ③ 수출입 · 화물 선박 · 항공기의 단속 ④ 화물의 수용 예치 및 수용화물의 처리 ⑤ 지정보세구역 및 특허보세구역에 관한 사항 ⑥ 통관업의 신고 및 감독 ⑦ 밀수감시 등의 업무를 담당하고 있다. 세관장은 다음과 같은 통상관리에 관한 권한을 산업장원부장관으로부터 위탁을 받고 있다. ① 수출입의 허가 또는 승인사항 중 허가 또는 승인의 유효기간연장(1개월 이내의 범위에서 연장하는 경우에 한한다.)의 승인에 관한 권한 ② 수출입허가사항 또는 승인사항의 사용목적 변경승인에 관한 권한 ③ 외화획득용 기재의 수입에 따른 수출이행상황의 권리

4. 한국은행

한국은행은 1950년 5월 한국은행법에 의하여 ① 국민경제발전을 위한 통화가

치의 안정 ② 은행 신용제도의 건전화와 그 기능향상에 의한 경제발전과 국가자원의 유효한 이용의 도보를 목적으로 설립된 우리나라의 중앙은행으로서 무자본 특수법인이다. 한국은행은 ① 은행권 발행 ② 금융기관의 예금과 지급준비 ③ 은행업무에 대한 특별통제 ④ 금융기관에 대한 대출 ⑤ 정보의 대행기관 ⑥ 공개시장에서 증권의 매매 ⑦ 통화 신용정책과 환업무 등의 업무를 수행한다. 한국은행 총재는 다음과 같이 통상관리에 관한 권한을 위탁받고 있다. ① 수출 또는 수입이 법령대로 실시되었는지 여부의 심사에 관한 권한 ② 해외지사 또는 출장소와 설치신고의 수리 또는 승인에 관한 권한 등이다.

5. 공업진흥청

공업진흥청은 공업에 관한 기술진흥과 공산품의 품질관리, 공업표준화 계량에 관한 업무 · 수출공산품에 대한 검사 및 광업등록에 관한 업무 · 수출공산품에 대한 검사 및 광업등록에 대한 검사 및 광업등록에 관한 업무를 관장하는 상공부장관 소속 하의 행정관청이다. 공업진흥청장은 다음과 간은 통상관리에 관한 권한을 위임받고 있다. ① 외화획득용 원료 · 기계의 사용목적 변경승인에 관한 권한 ② 외화회득용 시설 · 기계의 양도 및 양수의 승인에 관한 권한.

6. 한국무역협회

한국무역협회(Korea Traders Association : KTA)는 수출진흥을 목적으로 1946년 7월 31일 설립된 사단법인으로서 상공부의 허가를 받은 수출업자들로 구성된 민간경제단체이다. 한국무역협회는 ① 통상에 관한 행정관청과 회원간의 연락 ② 통상에 관한 알선 · 지도 및 시설 ③ 통상에 관한 업무대행 ④ 통상에 관한 외국과 연락 및 선전 ⑤ 통상에 관한 조사 및 선전 ⑥ 통상에 관한 건의 및 자문에 대한 회답 ⑦ 통상에 관한 정기간행물 발행사업 ⑧ 수출품의 생산장려 ⑨ 기타 통상 진행에 필요한 사업 등을 수행하고 있다. 한국무역협회장은 수출입업자의 등차별 구분에 관한 권한을 위탁받고 있다.

7. 수출검사기관

수출검사기관이란 법령에 의하여 수출검사를 하는 기관과 정부 또는 민간검사기관으로서 산업자원부장관의 지정에 의하여 지정된 물품의 수출검사를 담당하는 기관을 말하나. 수출검사기관에는 정부기관으로 ① 국립공업표준시험소 ② 경북공산품검사소 ③ 충남공산품검사소 ④ 전남공산품검사소 ⑤ 부산・경남지구공산품검사소 ⑥ 임업시험장 ⑦ 국립보건원 ⑧ 농산물시험검사소 ⑨ 중앙수산물시험검사소 ⑩ 국립서울생사 ⑪ 동물검역소 ⑫ 국세청기술연구소 등이 있고 민간으로는 ① 한국수출잡화시험검사소 ② 한국섬유시험검사소 ③ 대한메리야스시험검사소 ④ 한국직물시험검사소 ⑤ 대한화학제품시험검사소 ⑥ 한국수출포장검사소 ⑦ 대한광산물시험검사소 ⑧한국조명공업시험검사소 ⑨ 한국전기기기시험검사소 ⑩ 한국선박협회 등이 있다.

8. 수출산업공업단지개발공단

수출산업공업단지개발공단(수출산업공단이라고도 약칭한다)은 공업단지의 조성・운영 해외교포 재산반입의 유치, 입주기업체에 대한 융자알선과 해외시장개척을 위한 조사 등을 목적으로 상공부장관의 허가를 얻어 설립된 비영리단체이다. 수출산업공단은 ① 수출산업공업단지의 개발조성과 운영관리 ② 입주기업체의 시설 및 원자재도입 ③ 입주기업체의 공장시설 및 생산 가동을 위한 융자지원 ④ 입주기업체의 수출을 위한 해외시장 개척 및 조달 ⑤ 입주기업체의 수출입업무의 대행 ⑥ 외국인투자업체의 투자 승인업무 대행 ⑦ 입주기업체의 유치 및 입주정착 등의 사업을 하고 있다.

9. 대한무역투자진흥공사

대한무역투자진흥공사(Korea Trade Promotion Corporation : KOTRA)는 수출진흥을 위한 해외시장의 조사・개척과 수출입거래의 알선 등을 담당하게 하여 국제수지의 개선과 자립경제의 확립에 기여함을 목적으로 설립된 정부투자기관으로서 ① 해외시장의 조사・개척을 하며, 그 성과를 국내에 보급시키는 사업 ② 국내산업과 상품을 해외에 소개・선전하는 사업 ③ 무역거래의 알선 ④ 무역에 관한 박람회, 전시회 개최 또는 이에 참가하거나 그의 알선 ⑤ 해외교역관의 운영 및 지도에 관한 사항 ⑥ 기타 무역진흥에 부대 되는 사업 등을 수행하고 있다.

10. 대한상공회의소

대한상공회의소(Korea chamber of Commerce and Industry)는 상공업의 개선·발전과 국민경제의 성장을 도모하고 국제경제에 기여할 것을 목적으로 하는 대한상공회의소 법에 의하여 설립된 경제단체로서 현재 서울상공회의소를 비롯한 37개 상공회의소를 대의원으로 하고 있다. 이는 상공업자의 이익을 위하여 ① 원산지증명 발급 ② 회원과 경영상담, 무역에 관한 알선 ③ 국제기구와의 경제협력 ④ 경제문제에 관한 연구 및 자료 발간 ⑤ 경제시책에 대한 여러 가지 건의 ⑥ 산업합리화운동의 전개 ⑦ 국제무역 영어, 부기 등 각종 기능검정시험 등의 업무를 취급하고 있다.

11. 대한상사중재원

한국무역협회 산하기관으로 종래는 중재협회로 독립되었다. 대한상사중재원은 상사의 중재, 조정 및 알선에 의하여 상사분쟁의 해결을 도모하고 외국무역을 촉진하며 우리나라 산업경제의 발전에 기여할 목적으로 설립된 관계기간으로 ① 상사분쟁의 중재·조정·알선 ② 외국중재기관의 중재 협정체결 ③ 상사분쟁의 예방사업과 이를 위한 상담시설의 설치운영 ④ 중재제도에 관한 전문가의 양성 ⑤ 국내외 상사중재에 관한 조사연구 ⑥ 상사중재에 관한 자료의 수집과 간행 등의 업무를 취급하고 있다.

제2편

국제무역이론

제4장 국제경제와 국제무역

4-1 국제경제의 의의

국제경제(international economy)란 국가 간에 이루어지는 모든 경제활동을 의미한다. 여기서 말하는 국가는 정치적 의미에서의 국가가 아니라 경제적 의미에서의 국가이다. 경제적 의미에서 국가는 동일한 경제제도와 경제정책을 실시하고 있는 지역을 의미한다.

국가 간의 경제교류를 크게 나누면 첫째 상품 및 서어비스거래가 있고 둘째 자본 및 기술거래가 있다. 국제적으로 이루어지는 상품거래를 유형무역(visible trade)이라고 하며 생산요소인 자본·노동이나 용역 등은 무형무역(invisible trade)이라고 말한다.

1. 국제경제의 특성

국제경제는 국가를 기본단위로 하기 때문에 국제경제와 국내경제의 차별성이 있으며 그 특징은 다음과 같다.

1) 화폐제도의 차이

국제경제가 국내경제와 상이한 것은 각 국이 서로 다른 화폐제도를 채택하고 있는 점이다. 국내거래는 동일한 화폐를 결제수단으로 사용하고 있지만 국제거래에서는 자국통화를 사용할 때 여러 가지 제약조건이 발생하게 된다.

한편 국제결제를 원활하게 하기 위해서는 자국통화와 외국통화 간의 교환이 보장되어야 하며 외환시장이 발달해야 한다. 또한 외환시장에서는 각 국가 국민통화 간의 교환비율인 외환시세(exchange rate)가 결정되며 변동환율제를 채택하고 있는 국가에서는 외환시세가 외환의 수요 · 공급에 따라 매일 변동하고 있다.

2) 경제정책의 차이

각 국은 서로 다른 경제제도와 서로 다른 경제정책을 실시하고 있으므로 거래는 법, 제도의 제약을 받게 된다. 각 국의 경제정책은 자국의 이익을 추구하기 위해 전개되고 있으므로 상대국과 마찰을 야기할 수 있다. 즉 국제수지불균형을 조정하기 위한 수입제한정책이나 관세정책 등은 이런 정책을 실시하는 나라의 국민경제에는 유리한 정책수단이 될 수 있지만 무역상대국은 소득이 줄어들고 실업이 늘어나게 된다.

3) 생산요소이동의 차이

고전학파경제학자(classical school)[1]들은 생산요소가 국내에서는 자유롭게 이동하지만 국제적으로 이동하는 것은 불가능하다고 주장하였다. 왜냐하면 언어, 관습, 문화, 법, 제도 등이 서로 상이하므로 생산요소가 이동하는데 제약을 받기 때문이다. 그러나 근래에는 생산요소들이 비교적 자유롭게 이동하고 있으므로 국내와 국제 간의 차이가 점점 줄어들고 있다.

4-2 국제경제학의 연구

1. 연구대상

개방경제체제에서 모든 국가는 다른 국가와 관계를 맺어야 생존할 수 있다. 국가 간의 경제관계는 무역량이 증대할수록 상호의존성이 높아지기 때문에 이들 국가들이 받는 국제경제의 영향은 지대하다.

국제경제학은 국가 간에 이루어지는 경제교류 전체를 연구대상으로 하기 때문에 그 범위는 매우 넓다. 지금까지 국제경제학의 연구대상 가운데 주류를 이루고 있는 것은 국제무역론이다. 고전학파경제학에서도 국제무역을 강조하였으며 특히 무역의 발생원인이나 무역이 국내외경제에 미치는 효과, 그리고 무역정책(commercial policy)에 관한 연구가 주류를 형성하고 있다.

---

1) 고전학파 경제학은 A. Smith, D, Ricardo, J. S. Mill에 의해 체계화되었다.

그 후 국제경제의 연구대상은 점점 확대되어 상품거래뿐만 아니라 노동, 자본과 같은 생산요소가 국제무역과 밀접한 관계를 맺고 있다는 사실을 인식하게 되었다. 국가 간의 자본이동에 관한 연구는 국제자본이동에서 접근되고 있다. 또한 국제결제의 근간을 이루고 잇는 통화문제는 국제통화제도의 주요한 내용이 되고 있다.

2. 연구방법론

국제경제학은 다수국의 개방경제에 관한 경제여건들을 연구하는 학문이다. 그러므로 두 국 만의 경제를 연구하는 학문보다 그 범위가 넓다. 최근 국제경제학에도 계량경제학적인 분석방법을 도입하여 모형을 구성하여 분석하는 더욱 정치한 이론으로 발전하여 왔다.

국제경제학은 국제무역론과 국제금융론으로 분류할 수 있다. 국제무역론은 화폐개념을 도입하지 않고 오로지 실물경제만을 대상으로 하는 이론이며 접근방법은 미시경제학을 기초로 하고 있다. 국제금융론은 국제금융에 관한 현상을 통화론적인 관점에서 연구하며 분석방법은 거시경제학을 기초로 하고 있다.

1) 순수이론

전통적으로 국제경제현상은 실물부문과 화폐부문으로 나누는 이분법을 사용하여 왔다. 그러나 오늘날 국제경제현상 가운데 국제무역과 국제금융에 포함시킬 수 없는 많은 문제들이 노정되고 있다. 예를들면 경제구조, 자원민족주의, 남북문제 그리고 국제정치와 연관된 현상들은 연구대상에서 중요시 되고 있는 분야이다.

⑴ 무역의 발생원인

국제무역은 왜 발생하며 국제분업은 무엇 때문에 이루어지는 가를 규명하는 것으로 이는 국제무역의 가장 기초적인 연구대상이며 국제무역론의 중심과제이다. 무역이 발생하는 원인을 규명하기 위해서는 리카도(D. Ricardo)의 비교생산비설에서 유례를 찾아 볼 수 있다. 그 후 Heckscher-ohlin 정리에 의해 더욱 정치화 되었으며 근래에 와서 대표적 수요이론, R&D이론, 기술격차설 등 새로운 무역이론이 등장하고 있다.

⑵ 무역패턴

무역패턴이 어떻게 결정되는가 하는 것은 개방경제체제에서는 일국이 어떤 상품을 수출하고 어떤 상품을 수입하는가를 의미한다. 무역패턴이 결정되는 것은 무역이 성립되는 요체이며 국제무역의 중심적 과제이다.

⑶ 교역조건

국제시장에서 수출품과 수입품의 교환비율(교역조건)이 어떻게 결정되는 가를 연구대상으로 하고 있다. 교역조건은 무역이익을 나타내 주는 지표이며 이는 무역이익이 무역상대국에게 어떻게 배분되는 가를 설명해 주고 있다. 교역조건이 결정되는 것은 J. S. Mill의 상호수요균등의 법칙에 의해 처음으로 규명되었다.

2) 화폐이론

⑴ 외환에 의한 결제

국제무역은 내국환거래와 다르게 통화제도가 다른 국가 간에 이루어지는 통화제도가 다른 국가 간에 이루어지는 외국환을 매개로 하여 결제하고 있다. 국가간의 수출입에 의해 발생하는 채권 채무는 송금환과 전신환 역환 직물환과 선물환에 의해 결제하며 최근에는 통화선물 선물옵션 통화옵션과 같은 다양한 파생상품이 등장하고 있으므로 이 시장의 기능을 이해해야 한다.

⑵ 외환시세 변동과 국민경제

외환시장에서는 외환의 수요와 공급에 따라 외환시세가 변동하며 환율이 변동하면 국민경제는 물론 국제경제에 까지 미치는 영향은 지대하다. 그러므로 외환당국에서는 외환시세를 안정시키기 위해서 적절한 외환보유고(foreign reserve holdings)를 유지해야 하며 외환관리를 해야 한다.

⑶ 국제수지 변동과 조정정책

일국이 일년동안 상품거래, 자본거래, 이전거래 등으로 집계하여 발표하는 국제수지는 해마다 변동하고 있으며 흑자나 적자 심화될 때 이를 어떻게 조정해 나가느냐 하는 것이 국내정책에서 주요한 과제가 되고 있다.

일국의 국제수지는 일시적으로 경기변동에 의해 불균형 상태에 빠질 수도 있으며 장기적으로 구조적인 요인에 의해 불균형 상태에 빠지기도 한다. 그러므로 국제수지 불균형을 균형으로 회복하는 것이 국내 경제안정은 물론 해외로부터 신뢰성을 회복할 수 있는 관건이 된다.

3. 무역이론을 전개하는데 필요한 제 가정

⑴ 정태분석과 동태분석

고전학파 경제학자들이 체계화한 국제무역론에서는 시간의 흐름이 일어나도 경제여건(economic data)은 불변의 상태를 지속하고 있는 정태적 분석(static analysis)방법을 채택하였다. 그 후 근대 경제학에서는 경제여건이 변화함에 따라 무역량이나 교역조건이 어떻게 변동하는 가를 구명하는 동태적 분석(dynamic analysis)방법을 채택하고 있다.

⑵ 2국·2재화·2생산요소

두 국가만이 존재하고 있으며 두 국가는 두 가지 생산요소(자본, 노동)를 투입하여 두 가지 재화를 생산한다고 가정한다.

⑶ 생산요소 국내외 이동

생산요소는 국내에서 자유롭게 이동하지만 국가 간에는 이동하지 않는다고 가정한다. 여기서 생산요소가 자유롭게 이동한다는 의미는 국내 어느 지역에도 이동할 수 있다는 것이 아니고 산업간이동(inter-industry migration)이 가능하다는 것이다.

⑷ 불변생산비

생산량은 변동하더라도 생산원가는 변동하지 않는다고 가정한다. 이는 1차동차 생산함수(linear homogeneous production function)를 의미한다. 1차동차의 생산함수는 생산요소의 투입량을 m배 증가시키면 생산량도 m배 증가하는 생산함수이므로 이는 규모에 대한 수확(constant returns to scale)이 불변하다는 것을 의미한다.

⑸ 완전경쟁과 완전고용

많은 생산자와 많은 소비자가 시장에서 자유경쟁하면서 구매와 판매 행위를 하는 것을 가정하고 있다. 그리고 생산요소는 완전이용(full utilization)되어 실업이 존재하지 않는 완전고용을 가정하고 있다.

⑹ 물물교환거래

국제무역이론에서는 실물과 화폐는 서로 독립되어 있다는 화폐의 중립성을 믿고 있었다. 그러므로 수출품과 수입품의 가치는 절대가격이 아닌 상대가격으로 표시된 교환비율로 거래되는 물물거래(barter trade)를 가정하였다.

⑺ 자유무역

관세나 비관세와 같은 인위적인 무역장애요인이 없으며 무역은 완전히 자유롭게 이루어지는 자유무역을 전제로 하고 있다.

⑻ 수송비와 거래비용

현실적으로 무역거래에는 수송비와 같은 거래비용이 차지하는 비중이 크지만 무역이론에서는 이론을 단순화하기 위해 수출품과 수입품을 운송하는데 수반되는 운임, 보험료 용선료와 같은 비용은 무시되고 있다.

4. 실증적 분석과 규범적 분석

국제무역이론은 실증적 분석(positive analysis)과 규범적 분석(normative analysis)으로 나누고 있다.

실증적 분석이란 현실사회에 실제로 존재하는 경제현상을 사실(whatis) 그대로 서술하고 분석하는 방법을 의미한다. 실증적 분석의 대상이 되는 것은 무역의 발생원인과 무역이 국내외경제에 미치는 효과(Causes and effects of trade)이다. 즉 국가 간에 무역이 발생하는 원인과 무역패턴의 결정, 교역조건, 경제성장과 국제무역 무역수지 등은 실증적 분석의 영역에 해당한다.

규범적 분석은 후생분석(welfare analysis)을 의미하는데 이는 경제현상을 비교하여 그 중에서 어느 것이 바람직한것(what ought to be)인가를 규명하는 분석방법이다. 이 분석대상에 해당하는 것은 자원배분의 효율성, 자유무역과 보호무역을 실시할 때 정책효과 그리고 국민경제에 어떤 영향을 미치는 것인가 하는 것이다. 규범적 분석은 경제정책에 대한 가치판단(value judgment)을 요구하고 있다.

4-3 고전학파 무역이론

1. 생산비차이와 국제무역

1) 절대생산비차이와 무역

절대생산비차이(absolute difference of cost)가 발생하는 경우에 국제무역이 발생하는 원리를 처음으로 주장한 학자는 스미스(A. Smith)였다. 여기서 국제무역이론의 근간이 되고 있는 스미스의 국제분업론에 관해 살펴보기로 하자.

<표 3-1> 절대적 생산비차 (1단위 생산에 필요한 노동량)

상품 \ 국가	영 국	폴투칼
나 사	100인	110인
포도주	120인	80인

<표 3-1>에서는 영국과 폴투칼이 나사와 포도주를 생산하는데 소요되는 생산

비를 나타내고 있다. 영국에서 나사 1단위를 생산하는데 필요한 노동량은 100인 그리고 포도주 1단위를 생산하는데 필요한 노동량은 120인이며, 폴투칼에서는 1단위의 나사를 생산하는데 110인 노동량이 필요하고 포도주를 생산하는데 80인의 노동량이 필요하다고 가정한다.

이런 경우 영국은 나사생산에 절대우위(absolute advantage)가 있는데 비해 포도주 생산은 절대열위(absolute disadvantage)가 있다. 그러나 폴투칼은 포도주생산에 절대우위가 있는데 비해 나사생산에는 절대열위에 있다. 따라서 양국은 서로 절대우위에 있는 나사와 포도주를 각각 특화(specialization)하여 서로 교환하게 되면 양국의 생산량은 <표 3-2>에서 도시된 바와 같이 특화하기 전보다 증대된다.

<표 3-2> 절대 생산비차이와 무역이익

상품 \ 국가		영 국	폴투칼	양국합계
특화전	나 사	1단위 100인	1단위 110인	2단위
	포도주	1단위 120인	1단위 80인	2단위
특화후	나 사	2.2단위 220인		2.2단위
	포도주		2.375단위 190인	2.375단위

<표 3-2>에서 예시된 바와 같이 양국은 절대우위에 있는 품목을 특화하면 특화하기 전에 비하여 나사 0.2단위 포도주 0.375단위 더 생산할 수 있을 뿐만 아니라 소비량도 증대시킬 수 있다.

결국 양국은 국제분업에 의해 무역이 이루어질 수 있으며, 생산량이 증대되는 것은 물론 생산요소가 절약되고 소비자의 후생수준이 상승하게 된다. 스미스는 국제분업이 양국모두 무역이익(gains from trade)을 실현시킬 수 있으므로 무역이 필요하다는 것을 역설하고 있다.

2) 비교생산비차이와 무역

여기서는 리카도(D. Ricardo)의 비교생산비원리에 의해 양국이 비교생산비차이가 발생하는 경우 무역이 이루어지는 원리에 대해 살펴보기로 한다.

<표 3-3> 비교 생산비차 (1단위 생산에 필요한 노동량)

국가 상품	영 국	폴투칼
나 사	100인	90인
포도주	120인	80인

<표 3-3>에서 폴투칼은 영국에 비하여 2가지 상품 모두 절대우위에 있으므로 절대생산비차이에 의하면 무역이 성립될 수 없다. 그러므로 새로운 무역원리가 필요하였다.

<표 3-3>에서 영국은 나사 1단위를 생산하는데 100인의 노동량이 필요하고 포도주를 생산하는데는 120인의 노동량이 필요하다. 그러나 폴투칼은 나사를 생산하는데 90인의 노동량이 필요하고 포도주를 생산하는데는 80인의 노동량이 필요하다고 가정하면 영국과 폴투칼의 2가지 상품에 대한 생산비는 다음과 같이 설명할 수 있다.

폴투칼은 영국보다 2상품 모두 노동량이 적게 투입되므로 생산비는 모두 유리하지만 나사보다 포도주가 더 유리하다. 영국의 생산비에 대해 폴투칼의 생산비를 비교해 보면 나사는 90%($\frac{90}{100}\times100$)이지만 포도주는 66.7%($\frac{80}{120}\times100$)에 지나지 않는다. 그러나 영국은 폴투칼에 비하여 2상품 모두 노동량이 많이 투입되므로 생산비가 불리하지만 나사가 포도주보다 덜 불리하다. 폴투칼에 대한 영국의 생산비를 비교해보면 나사는 111%($\frac{100}{90}\times100$) 이지만 포도주는 150%($\frac{120}{80}\times100$)나 된다.

<표 3-4> 비교생산비차이와 무역이익

국가 상품	영 국	폴투칼	양국합계
나 사	100인 1단위	90인 1단위	2단위
포도주	120인 1단위	80인 1단위	2단위
나 사	220인 2.2단위		2.2단위
포도주		170인 2.125단위	2.375단위

<표 3-4>에서 두 국가의 비교생산비차이가 발생할 때 각 국은 2상품을 모두

생산하기 보다 자국에 보다 유리한 상품을 각각 특화하여 서로 교환한다면 무역이익이 발생할 수 있다는 원리를 설명하고 있다. 즉 폴투칼은 포도주생산만을 특화하여 이를 수출하는 대신에 영국으로부터 나사를 수입하고, 영국은 나사생산만을 전문화하여 이를 수출하는 대신에 폴투칼로부터 포도주를 수입하면 두 국가의 생산량은 증대되고 생산요소가 절약되며 소비량도 증가한다.

<표 3-4>에서는 두 국가의 무역이익을 다음과 같이 도출하였다. 영국은 특화하기 이전보다 나사를 0.2단위 더 생산할 수 있으며 폴투칼은 포도주를 0.125단위 더 생산할 수 있다. 또 영국은 특화하기 전에는 1단위 포도주를 생산하는데 120인의 노동이 필요하지만 특화후에는 100인의 노동으로 가능하기 때문에 20인의 노동이 절약될 수 있다. 폴투칼에서는 특화하기 전에 나사 1단위를 생산하는데 90인의 노동이 필요하지만 특화후 80인의 노동으로 가능하기 때문에 10인의 노동이 절약될 수 있다. 그리고 두 국가의 소비량이 동일하고 특화 품목인 나사와 포도주의 국제교환비율이 1:1이라면 영국은 나사를 0.2단위 더 소비할 수 있고 폴투칼은 포도주를 0.125단위 더 소비할 수 있다.

리카도(D. Ricardo)는 두 국가의 생산비를 비교하여 절대열위가 낮은 쪽이 비교우위(comparative advantage)가 있으며 절대열위가 높은 쪽은 비교열위(comparative disadvantage)가 있다고 기술하면서 무역이익이 발생할 수 있는 원리를 발표하였는데 이 원리가 비교생산비의 법칙(law of comparative cost)이다.

3) 국제가치론

리카도(D. Ricardo)는 국제무역이론을 발전시키는데 큰 기여를 하였지만 공급측면을 중요시하고 수요측면은 무시하는 우를 범하였다. 리카도(D. Ricardo)이론은 국제교역조건이 국내상대가격에 의해 결정된다는 사실을 규명하였을 뿐 구체적인 결과는 제시하지 못하였다. 국제교역조건에 대한 명확한 설명은 밀(J. S. Mill)에 의해 이루어졌는데 그는 국제무역이 성립되려면 두 국가의 상품에 대한 국민들의 상호수요가 균등한 점에서 결정된다고 주장하였다.

<표 3-5> 근로자 1인당 생산량

상품 \ 국가	영 국	독 일
나 사	10인	10인
린 넨	15인	20인

<표 3-5>에서는 영국의 1인당 생산량이 나사 10단위 린넨 15단위를 각각 생산하고 독일은 나사 10단위 린넨 20단위를 각각 생산한다고 가정하고 있다.

그러므로 영국은 나사생산에 독일은 린넨 생산에 특화하게 된다 이리하여 영국은 나사를 수출하고 린넨을 수입할 것이며, 독일은 린넨을 수출하고 나사를 수입함으로써 무역이 이루어지게 된다.

그런데 여기서 문제는 영국의 나사와 독일의 린넨의 교환비율이다. 즉 교역조건은 나사 10야드에 대하여 린넨 15야드를 하한선으로 그리고 린넨 20야드를 상한선으로 하여 그 중간 어디에서 결정될 것이다. 교역 조건이 상한선과 하한선 어느 쪽에 접근하느냐 하는 것은 두 국의 수입수요 크기에 의해 결정될 것이다.

여기서 교역조건의 결정과정을 예를 들어 설명하면 다음과 같다. 영국의 나사 10야드에 대해 독일의 린넨 16야드가 교환된다고 가정하자, 이 10:16의 교역조건은 영국에 비해 독일이 더 유리하다. 왜냐하면 무역이전에는 독일은 나사 10야드를 구입하기 위해 린넨 20야드와 교환해야 하는데 이 조건대로 교환하게 되면 10야드의 나사를 16야드의 린넨으로 구입할 수 있기 때문이다. 그래서 영국은 17야드의 린넨에 대해 900명의 수요가 있고, 독일은 10야드의 나사에 대해 1100명의 수요가 있다고 가정하자.

이 경우 나사와 린넨의 상호수요는 일치하지 않으므로 독일은 부족한 나사를 구입하기 위해 린넨의 교역조건을 인하하지 않을 수 없게 된다. 그 결과 교역조건이 10:17이 되면 영국에서는 전보다 유리하게 되어 독일의 린넨에 대한 수요가 증가하게 될 것이다.

이와 같이 교역조건이 변동함에 따라 영국에서는 수입수요량이 900명에서 1000명으로 상승하고, 독일에서 나나의 수입수요량은 교역조건이 인하되어 1100명에서 1000명으로 감소했다고 가정하면, 두 국가의 수요량은 서로 균형을 이루게 된다.

여기서 두 국가가 두 가지 상품을 교환할 때 교환비율은 수입수요량이 상호 일치하는 점에서 결정됨을 알 수 있다. 이것이 밀의 상호수요균등의 법칙(law of equation of reciprocal demand) 또는 국제가치론(theory of international value)이다. 그러나 밀(Mill)도 스미스(Smith)나 리카도(Ricardo)처럼 노동가치설(labor theory of value)을 믿고 있었으며 모든 노동은 동질적(homogeneous)인 것으로 가정하였다.

제5장 신고전학파 무역이론

5-1 기회비용과 비교우위

고전학파무역이론은 노만만이 유일한 생산요소이며 재화를 생산하는 비용은 불변한다고 가정하였다. 그러나 신고전학파는 노동이외에 자본까지 생산요소에 포함시켜 생산이론을 일반화하였으며 생산물의 가치를 실질비용(real cost theory of value)으로 측정하려고 시도하여 마침내 고전학파의 노동가치설(labor theory of value)을 배척하였다. 그리고 무역의 발생원인을 규명하는데 있어서도 공급측면에서 벗어나 수요측면을 강조하였다.

신고전학파무역이론은 사회무차별곡선, 생산함수, 기회비용의 개념을 도입하여 더욱 정치화된 이론으로 발전하여 왔으며 타우시그(T. W. Taussig)에 의해 집대성되었다.

하벌러(G. Haberler)는 기회비용설을 도입하여 생산비원리를 설명하였다. 그는 두 재화의 상대가격을 기회비용으로 측정할 수 있다는 것이다. 즉 X재를 생산하는데 소요되는 비용은 X재생산 때문에 희생된 Y재의 생산량으로 나타낼 수 있다는 것이다.

1. 생산가능곡선

생산가능곡선(production possibilities curve)은 생산요소를 투입해서 두 가지 상품을 생산할 수 있는 조합을 나타내는 곡선을 의미한다. 이 생산가능곡선은 생산변형곡선(production transformation curve)혹은 기회비용곡선(opportunity cost curve)이라고 말하기도 한다. 이 생산가능곡선은 생산비가 불변의 상태로 있는가 혹은 체증하는가, 체감하는가에 따라 세 가지 형태로 도시할 수 있다.

2. 불변비용 하의 생산가능곡선

[그림 4-1]에서는 X재나 Y재중에서 어느 재화의 생산을 증가시키더라도 기회비용은 불변하는 것으로 그려져 있다. 이 생산비를 불변기회비용 또는 불변생산

비라고 하며, 불변생산비 하에서 생산가능곡선은 직선으로 표시되며 이때 생산요소는 완전 대체가 가능하다.

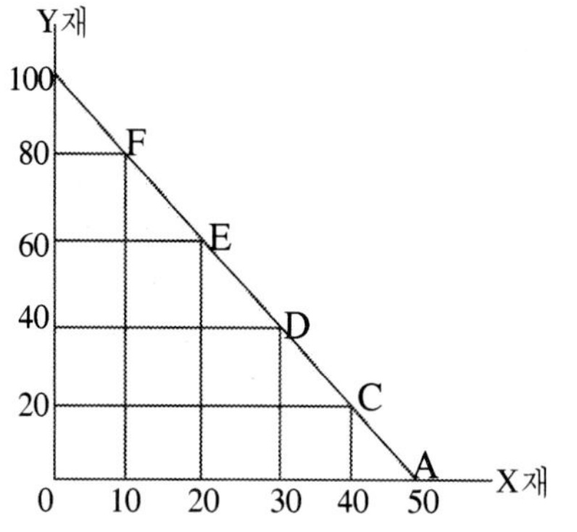

[그림 4-1] 불변생산비 하의 생산가능곡선

3. 체증생산비 하의 생산가능곡선

체증생산비 하의 생산가능곡선은 원점에 대해 오목(concave to the origin)한 곡선으로 그려져 있다. [그림 4-2]에서 A점에서 C점, D점으로 이동해 가면 희생되는 X재 보다 증가되는 Y재는 점점 감소하게 된다. 왜냐하면 체증기회비용 하에서는 단위당 생산비가 점점 증가하기 때문이다. 이런 생산비를 체증생산비 또는 체증기회비용이라고 말한다.

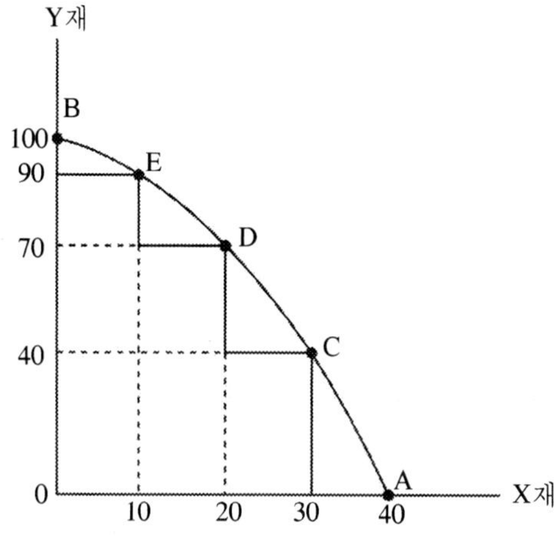

[그림 4-2] 체증생산비 하의 생산가능곡선

4. 체감생산비 하의 생산가능곡선

체감생산비 하의 생산가능곡선은 원점에 대해 볼록(convex to the origin)한 형태로 그려져 있다. [그림 4-3]에서는 X재의 생산량을 증가시켜 가면 Y재의 생산량은 점점 줄어든다. 왜냐하면 X재의 단위당 생산비는 생산량이 증가할수록 체감하기 때문이다.

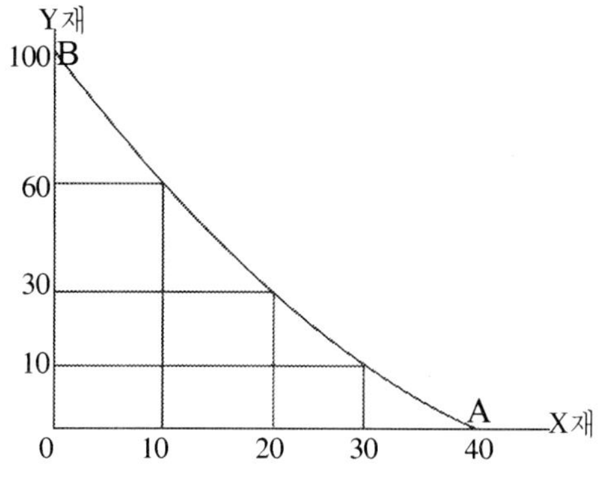

[그림 4-3] 체감생산비 하의 생산가능곡선

5. 한계변형율

한계변형율(marginal rate of transformation)은 기술수준이 불변인 상태에서 일정한 생산요소를 투입하여 X재와 Y재를 생산할 때 X재를 1단위 더 생산하기 위해서 Y재를 몇 단위 희생해야 하는가를 나타내는 비율을 의미한다. [그림 4-4]에서 그려져 있는 바와 같이 X재 생산량의 증가분을 △X라 하고 Y재 생산량의 감소분을 △Y라 하면 X재로 표시한 Y재의 한계변형률은 $\frac{\triangle Y}{\triangle X}$로 표시할 수 있다.

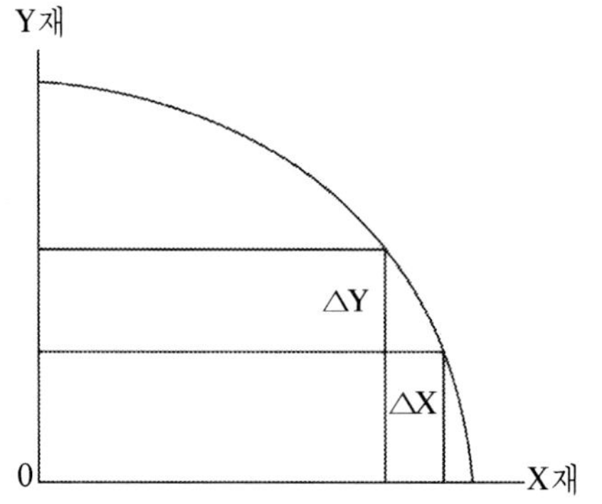

[그림 4-4] 생산의 한계변형률

5-2 소비무차별곡선

1. 소비무차별곡선의 의의

소비무차별곡선(consumption indifference curve)은 소비자가 동일한 수준의 효용(utility)을 얻을 수 있는 X재와 Y재의 조합을 표시하는 곡선을 말한다. [그림 4-5]서 그려져 있는 바와 같이 소비자가 일정한 소득을 가지고 X재와 Y재를 구입할 때 효용수준은 소비무차별곡선상의 A, B, C, D 어느 점에서나 동일하다는 것을 의미한다.

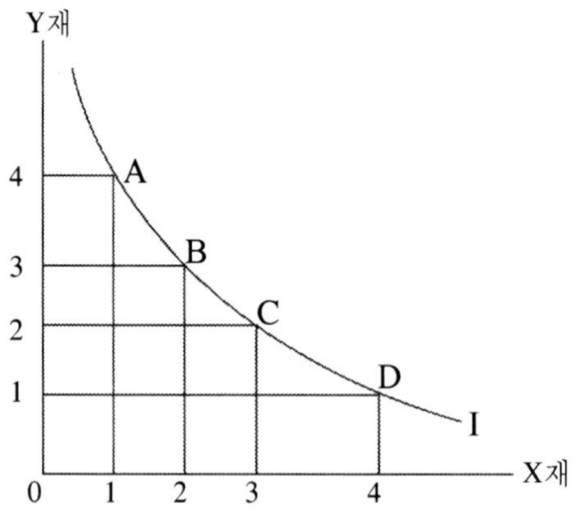

[그림 4-5] 소비무차별곡선

2. 소비무차별곡선의 성질

소비자무차별곡선은 다음과 같은 성질이 있다. ① 소비무차별곡선은 오른쪽 아래로 기울어지는 형태를 나타내고 있다. 이는 X재의 소비량이 증가할 때 동일한 무차별곡선 상에 있기 위해서는 Y재의 소비량은 감소되어야 한다. ② 소비무차별곡선은 원점에서 멀어질수록 더 큰 효용수준을 나타내고 있다. ③ 소비무차별곡선에서 접선의 기울기는 한계대체율(marginal rate of substitution)을 의미하며 이는 소비자가 효용수준을 일정하게 유지하기 위해서는 X재의 소비량을 1단위 증가시키는 대신에 Y재의 소비량을 몇 단위 포기해야 하는가를 나타내는 비율을 의미한다. 한계대체율은 무차별곡선을 따라 오른쪽으로 이동하면 감소하게 되는데 이는 한계대체율이 체감하기 때문이다.

[그림 4-6]에서 그려져 있는 바와 같이 X재 소비량을 1단위 증가시키면 Y재로 표시한 X재의 한계대체율은 체감하므로 소비무차별곡선은 원점에 대해 볼록한 곡선이 된다.

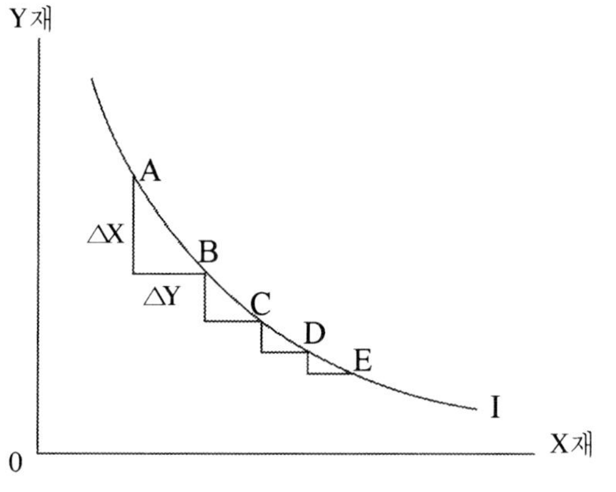

[그림 4-6] 소비의 한계대체율

3. 생산 및 소비의 균형조건

생산가능곡선과 소비무차별곡선 그리고 가격선을 이용해서 생산 및 소비의 균형조건을 구할 수 있다. [그림 4-7]에 그려진 바와 같이 생산가능곡선, 소비무차별곡선, 가격선이 만나는 P점에서 생산 및 소비의 균형조건이 성립된다. P점에서 생산가능곡선의 기울기는

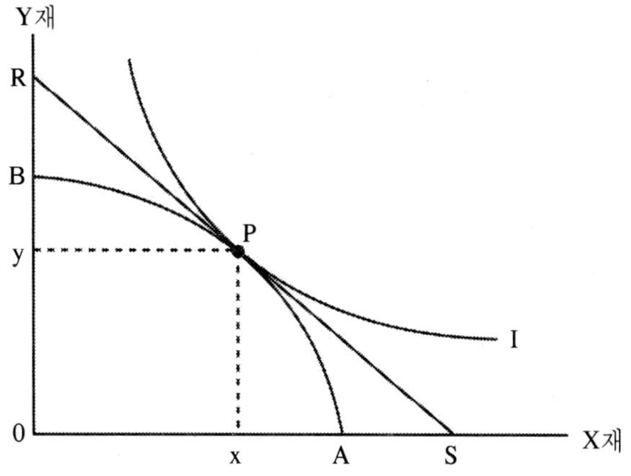

[그림 4-7] 봉쇄경제체제에서 생산 및 소비균형

생산의 한계변형률을 의미하며 소비무차별곡선의 기울기는 소비의 한계대체율, 그리고 가격선의 기울기는 X재와 Y재의 상대가격비율을 나타내고 있다. 그러므로 생산 및 소비의 균형조건은 다음과 같다.

$$\frac{\triangle Y}{\triangle X}(\text{생산의 한계변형률}) = \frac{\triangle Y}{\triangle X}(\text{소비의 한계대체률})$$
$$= \frac{Px}{Py}(\text{두 재화의상대가격비율})$$

[그림 4-7]에서 이해할 수 있는 것은 X재를 ox만큼 생산하여 ox만큼 소비하며 Y재는 oy만큼 생산하여 oy만큼 소비하고 있는 것이다. 이 P점에서 X재와 Y재의 생산과 소비는 균형이 이루어지므로 이를 자급자족점(autarky point)이라고 말한다. 이 점은 빠레또(pareto)가 처음으로 찾아내었다고 하여 빠레또 최적점(pareto optimum point)이라고 말한다.

5-3 무역의 기본원리와 무역이익

1. 불변생산비 하의 무역패턴과 무역이익

A국가와 B국가만 존재하고 두 국가 모두 X재와 Y재를 생산한다고 가정하자.

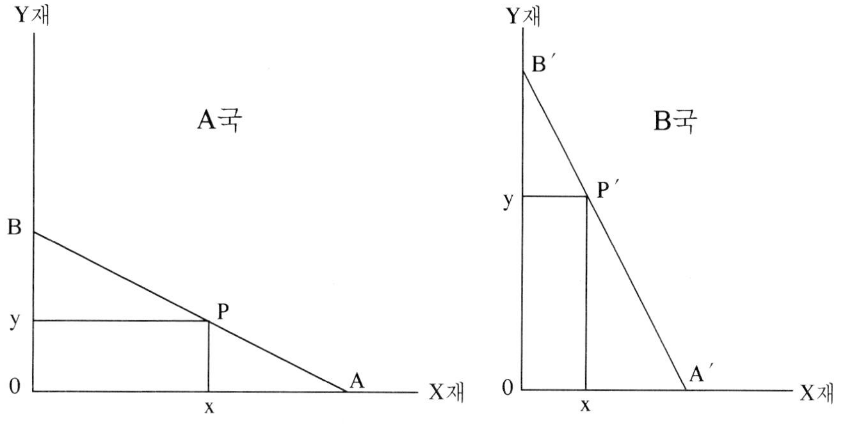

[그림 4-8] 두 국가의 생산가능곡선

[그림 4-8]에서 그려진 바와 같이 AB와 A′B′는 A국가와 B국가의 불변생산비 하의 생산가능곡선이며 동시에 X재와 Y재의 상대가격을 의미하고 있다. 여기서 A국가와 B국가의 생산가능곡선을 비교해 보면 A국가의 생산가능곡선 AB가 B국가의 생산가능곡선 A′B′보다 기울기가 완만하다. 그러므로 A국가의 X재생산비는 B국가의 X재생산비보다 상대적으로 싸고 B국가의 Y재생산비는 A국가의 Y재생산비 보다 상대적으로 싸다는 것을 의미하고 있다.

봉쇄경제체제 하에서 A국가와 B국가는 자급자족을 해야 되므로 생산가능곡선 AB와 A′B′에서 두 재화를 동시에 생산하고 소비해야 된다. [그림 4-9]에서 그려진 바와 같이 A국은 생산가능곡선 AB선의 P점에서 생산한다면 X재를 48단위 Y재는 20단위 생산할 수 있다. B국은 생산가능곡선 AB′선의 P′점에서 X재생산에 B국은 Y재생산에 각각 전문화하게 된다.

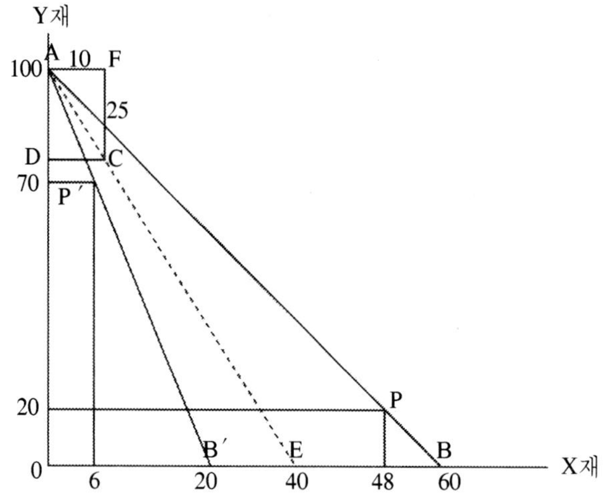

[그림 4-9] 불변생산비 하의 무역이익

[그림 4-9]에서 A국의 생산과 소비점을 P, B국의 생산과 소비점을 P′라하고 무역이 이루어진 후 교역조건선은 AE라고 가정하자. 그리고 두 국이 모두 교역조건선에 있는 C점에서 소비를 한다고 가정하면 X재와 Y재의 소비량이 증대하는 것을 나타내고 있다. 이는 A국과 B국이 자국에 기회비용이 싼 X재와 Y재를 완전특화(complete specialization)하여 서로 교환한다면 무역이익이 발생한다는 것이다.

<표 4-1> A국과 B국의 국내생산, 국내소비, 무역량과 무역이익

A국과 B국의 무역량과 무역이익

		생산		소비		수출		수입		무역이익	
		X재	Y재	X재	Y재	X재	Y재	X재	Y재	X재	Y재
A국	무역전	48	20	48	20						
	무역후	60		50	25	10			25	2	5
B국	무역전	6	70	6	70						
	무역후		100	10	75		25	10		4	5

<표 4-1>에서 A국과 B국의 국내생산과 수출량, 수입량 그리고 무역이익을 나타내고 있다. 여기서 A국과 B국이 무역이 이루어지기 전과 무역이 이루어진 후

를 비교해 보면 A국은 X재 2단위와 Y재 5단위 B국은 X재 4단위와 Y재 5단위만큼 소비량이 증가한 것을 나타내고 있는데 이를 무역이익이라고 말한다. 그리고 두 국가의 수출량과 수입량은 점선(dotted line)으로 표시한 교역조건선에서 삼각형 ACD를 도출할 수 있는데 이를 무역삼각형(trade triangle)이라고 호칭한다.

2. 체증생산비 하의 무역패턴과 무역이익

체증생산비 하에서 A국 B국이 국내에서 X재와 Y재를 생산하는 경우 생산가능곡선은 [그림 4-10]과 같다.

무역이 이루어지기 전에 A국은 P점에서 B국은 P′점에서 X재와 Y재를 생산하고 동시에 소비하게 되며 이때 두 재화의 국내교환비율은 α과 β선의 기울기와 같다.

체증생산비 하에서 생산가능곡선은 원점 0에 대해 오목하게 그려져 있다. 체증생산비 하에서는 완전특화는 불가능하고 불완전특화 (incomplete specialization)가 가능하다. 왜냐하면 체증생산비 하에서

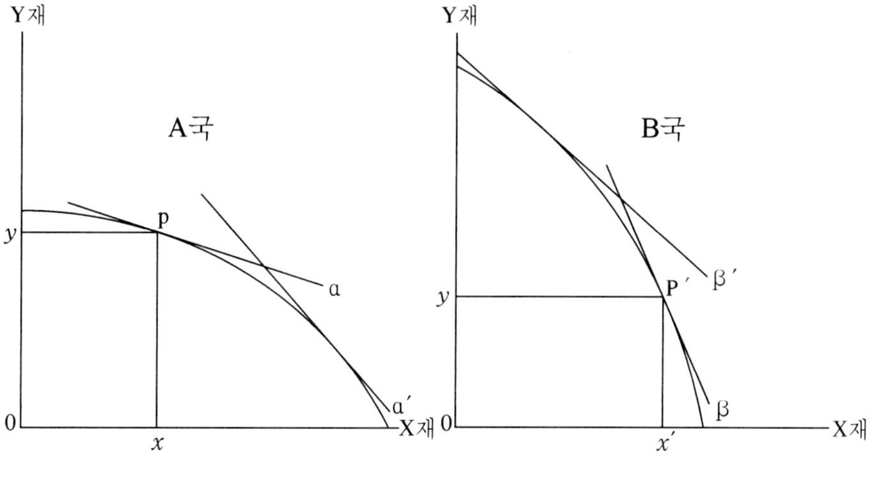

[그림 4-10]

어느 재화의 생산량을 증가시키면 그 재화의 생산비는 점점 증가하기 때문이다. 여기서 불완전특화란 유리한 산업의 생산은 증대시키고 불리한 산업의 생산은 감소시키는 것이다.

체증생산비 하에서 A국과 B국이 X재와 Y재를 각각 전문화하여 수출하고 수입하는 경우 무역이익이 발생하는 원리는 다음과 같다.

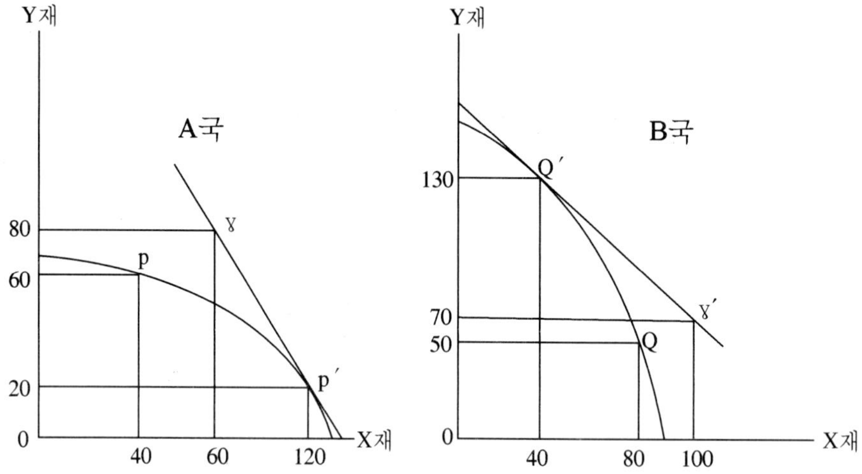

[그림 4-11] 체증생산비 하의 무역이익

[그림 4-11]에 그려져 있는 바와 같이 체증생산비 하에서도 ɣ의 교역조건에 의해 두 국이 무역을 하면 무역이익을 얻을 수 있다. 즉 무역이 이루어지면 A국의 생산점은 P점에서 P′점으로 이동하고 이 P′점에서 120단위의 X재와 20단위의 Y재를 동시에 생산할 수 있다. A국은 교역조건 상에 있는 ɣ점에서 60단위의 X재를 수출하고 60단위의 Y재를 수입하면 X재와 Y재를 각각 20단위 소비량이 증대된다.

B국에서도 무역이 이루어지면 생산점이 Q점에서 Q′점으로 이동하게 되며 이 Q′점에서 130단위의 Y재와 40단위의 X재를 생산할 수 있다. B국은 교역조건 상에 있는 ɣ′점에서 Y재 130단위 가운데 60단위를 A국으로 수출하고 60단위의 Y재를 수입하면 X재와 Y재를 각각 20단위 소비량이 증대된다.

3. 체감생산비 하의 무역패턴과 무역이익

체감생산비가 발생하는 경우 A국과 B국의 생산가능곡선은 원점 0에 대해 볼록하게 그려져 있다. [그림 4-12]에서는 무역이 이루어지기 전 A국과 B국의 생산점은 P점과 P′점이다. 그러나 무역이 이루어지면 A국은 A점에서 X재만 생산하고

B국은 B′점에서 Y재만 생산하게 된다. 왜냐하면 체감생산비 하에서는 완전특화가 가능하기 때문이다.

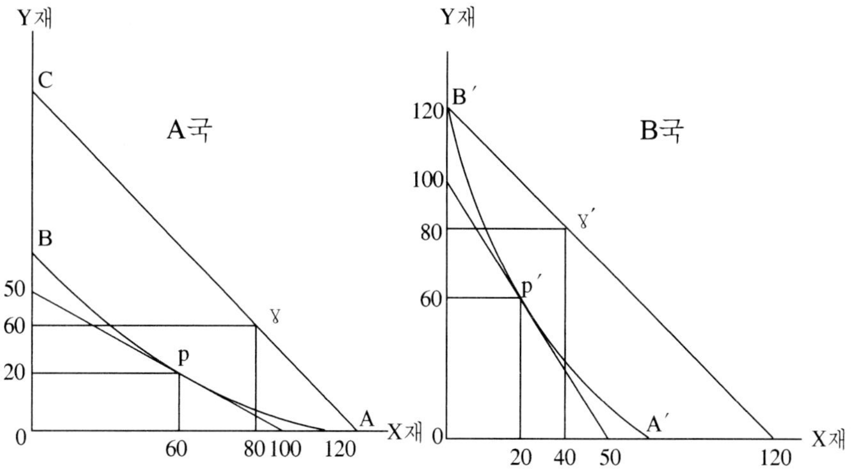

[그림 4-12] 체감생산비 하의 무역이익

A국과 B국간에 무역이 이루어지면 A국은 X재를 120단위까지 생산할 수 있으며 Y재생산은 포기하게 된다. A국은 국내에서 생산한 120단위 가운데 80단위를 소비하고 40단위는 B국으로 수출하는 동시에 40단위의 Y재를 수입하면 소비는 교역조건선 상의 γ점에서 가능하다. 그러므로 무역이 이루어진 후 A국은 80단위의 X재와 40단위의 Y재를 소비할 수 있으므로 무역이 이루어지기 전 보다 두 재화를 각각 20단위 소비량이 증가한다.

B국에서도 Y재생산만 완전전문화하면 생산점은 P′점에서 B′점으로 이동하게 되며 Y재생산은 120단위까지 생산할 수 있다. 이 가운데 80단위는 국내에 소비하고 40단위는 A국에 수출하며 A국으로부터 40단위의 X재를 수입하면 교역조건선 상에 있는 γ′점에서 소비가 가능하다. 그러므로 B국에서도 무역이 이루어진 후 X재와 Y재를 각각 20단위씩 소비량이 증가하게 된다.

5-4 생산 및 소비와 무역균형

1. 상이한 생산패턴과 동일한 소비패턴 하의 무역

제3절에서는 생산가능곡선과 소비무차별곡선 그리고 교역조건선을 이용하여 무역이 이루어지는 기본원리와 무역이익이 어느 정도 발생하는가를 살펴보았다. 이 절에서도 생산가능곡선과 소비무차별곡선 그리고 교역조건선을 이용하여 무역이 어떻게 이루어지고 무역이익이 얼마나 발생하는가를 살펴보고자 한다.

[그림 4-13]에서 A국과 B국의 가격선은 α선과 β선으로 그려져 있으며, 무역이 이루어지기 전 양국 국민들의 자급자족점(autarky point)은 생산가능곡선 상의 P점과 P′점이다. [그림 4-13]에서 그려져 있는 바와 같이 A국의 가격선 α의 기울기가 B국의 가격선 β의 기울기보다 완만(flatter)하므로 A국에서는 X재의 상대가격이 하므로 A국에서는 X재의 상대가격이 Y재의 상대가격보다 싸다. 그러므로 A국은 X재가 수출재(exports)가 된다. B국에서는 가격선 β의 기울기가 A국의 가격선 α의 기울기보다 급(steeper)하므로 B국에서는 Y재의 상대가격이 X재의 상대가격보다 싸다. 그러므로 B국은 Y재가 수출재(exports)가 된다.

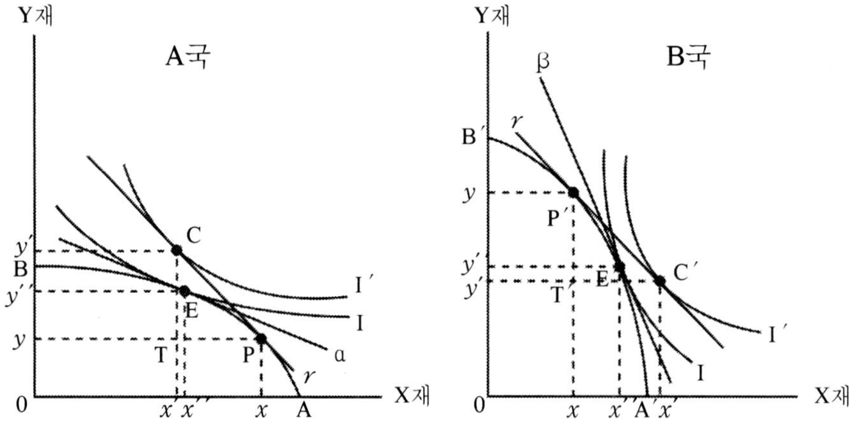

[그림 4-13] 무역량과 무역이익

A국과 B국간에 무역이 이루어지면 A국은 생산가능곡선 상의 P점에서 X재를 ox만큼 Y재를 oy만큼 생산하여 교역조건선과 만나는 C점에서 X재를 ox′만큼 Y재를 oy′만큼 소비가 가능하다. 그러면 A국에서는 X재 xx′만큼 생산이 초과공급

(excess supply)이 발생하고 Y재는 yy′만큼 초과수요(excess demand)가 발생하게 되어 마침내 A국에서는 X재의 초과 공급량 xx만큼은 수출하고 Y재의 초과수요량 yy′만큼은 수입하게 된다. 이때 CTP를 무역삼각형(trade triangle)이라고 한다.

B국에서도 무역이 이루어지면 생산가능곡선 상의 P′점에서 Y재를 oy만큼 X재를 ox만큼 생산하지만 소비는 교역조건선과 만나는 C′점에서 Y재를 oy′만큼 X재를 ox′만큼 소비가 가능하다. 왜냐하면 B국에서는 Y재를 oy만큼 생산하지만 초과공급량 yy′만큼은 수출하고 X재의 초과수요 xx′만큼 수입하게 된다. 이때 C′T′P′를 무역삼각형이라고 말한다. A국과 B국의 무역삼각형이 합동이 되면 A국의 X재 수출량과 B국의 X재 수입량이 같고 B국의 Y재 수출량과 A국의 Y재 수입량이 같기 때문에 두 국가는 무역균형이 이루어진다.

2. 상이한 생산패턴과 상이한 소비패턴 하의 무역

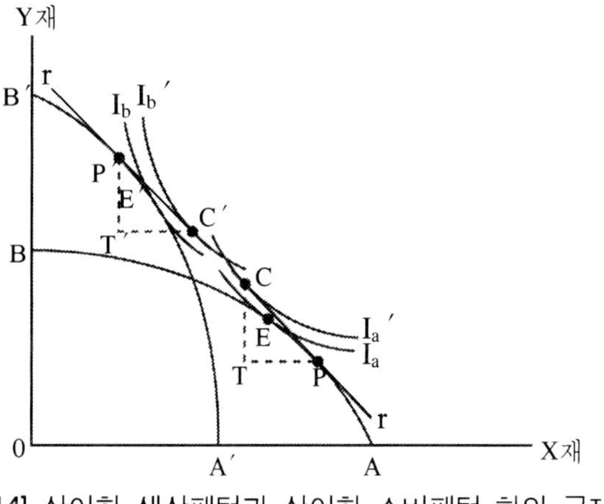

[그림 4-14] 상이한 생산패턴과 상이한 소비패턴 하의 국제무역

[그림 4-14]에 그려진 바와 같이 A국과 B국은 생산패턴이 다른 것으로 가정하고 있으므로 두 국가의 생산가능곡선의 형태도 다른 기울기를 나타내고 있다. 또 여기서 표시된 AB와 A′B′는 두 국가의 생산가능곡선을 나타내고 있다.

여기서 두 국가의 소비패턴은 서로 다른 것으로 가정하고 있으므로 두 국가의 사회무차별곡선의 기울기는 서로 다르다. Ia와 Ib는 각각 무역이 성립되기 전 A국과 B국의 사회무차별곡선을 표시하고 있다.

그러나 두 국가 간에 무역이 이루어져 교역조건선이 r로 결정되면 A국의 무역삼각형은 CTP B국의 무역삼각형은 C′T′P′가 된다. 따라서 A국에서는 PT의 Y재를 수출하고 CT의 X재를 수입하며 B국에서는 P′T′의 X재를 수출하고 C′T′의 Y재를 수입하게 된다. 두 국가의 무역삼각형이 합동이 되면 X재와 Y재의 수출량과 수입량이 동일하기 때문에 무역균형이 성립됨은 물론 두 국가 국민들의 효용수준도 증대된다.

5-5 무역무차별곡선

1. 무역무차별곡선의 의미

무역무차별곡선(trade indifference curve)은 각 국의 국민이 무역을 통해서 얻을 수 있는 효용수준을 수출량과 수입량의 조합으로 표시한 곡선을 의미한다. 이 곡선은 미드(J. E. Meade)에 의해 처음으로 국제무역이론에 도입되었으며 각 국의 효용수준을 비교하는데 이용되는 유용한 분석도구이다.

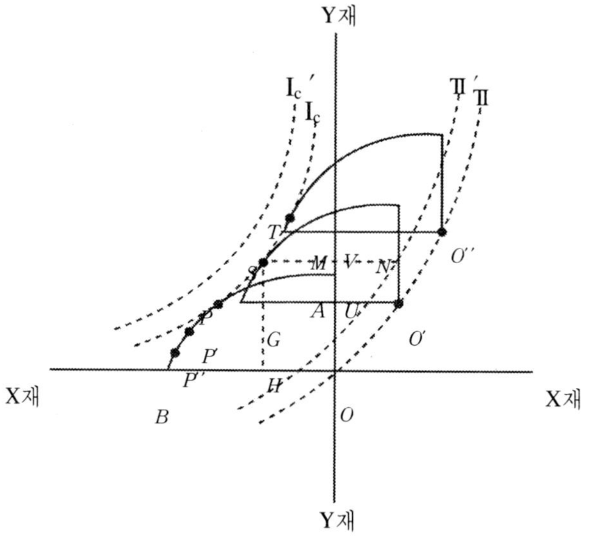

[그림 4-15] 무역무차별곡선

[그림 4-15]에 그려진 바와 같이 생산가능곡선 AB와 사회무차별곡선 Ic로부터 무역부차별곡선 TI를 도출할 수 있다. 즉 [그림 4-15]에서 부채꼴과 같은 생산팬(production fan)을 사회무차별곡선 Ic에 외접시키고 밑변인 OA를 수평으로 유지

하면서 우상향으로 이동시키면 생산팬이 OO′O″와 같이 하나의 궤적을 형성하는데 이 궤적 TI가 무역무차별곡선이다.

2. 무역무차별곡선의 성질

무역무차별곡선의 성질은 다음과 같다.

1) 무역무차별곡선과 사회무차별곡선 간에는 1:1의 대응관계가 있다. 그러므로 보다 위쪽에 있는 사회무차별곡선과 대응하는 무역무차별곡선은 효용수준이 높다.

2) 무역무차별곡선의 기울기는 이와 대응하는 사회무차별곡선의 기울기와 같으며, 이와 대응하는 점은 생산가능곡선의 기울기와 같다.

3) 사회무차별곡선이 우상향 하면 무역무차별곡선도 우상향 한다.

4) 사회무차별곡선은 원점에 대하여 볼록하므로 무역무차별곡선은 이와 동일하다.

3. 무역무차별곡선과 효용수준

[그림 4-15]에서 그려져 있는 것처럼 무역이 이루어지기 전에 생산과 소비는 P점에서 균형이 유지되고 있으며, 효용수준은 사회무차별곡선 Ic로 표시되어 있다. 그러나 생산점이 P점에서 P′점으로 이동하면 X재 생산량은 증가하고 Y재 생산량은 감소하게 된다. 이 때 무역이 이루어지지 않는다면 P′점은 사회무차별곡선 Ic보다 낮기 때문에 국민의 효용수준은 하락하게 된다. 그러므로 전과 똑같은 효용수준을 유지하기 위해서는 X재의 초과생산량을 수출하고 Y재의 초과수요량을 수입해야 한다.

우선 이러한 이유를 살펴보면 다음과 같다. 생산팬을 사회무차별곡선 Ic에 외접시키면서 우상향으로 이동시켜 나가면 사회무차별곡선 Ic와 만나게 되는 점이 S점이며 P′점과 S점은 생산패턴이 동일하다. 또 이 S점에서 X재의 생산량은 SN이고 소비량은 SM이므로 나머지 MN은 수출하게 된다. 그러나 Y재 생산량은 SG, 소비량은 SH이므로 GH만큼 수입해야 한다. 생산점 P가 P″로 이동하는 경우도 이와 동일하다. 이때 VO″의 X재를 수출하고 OV의 Y재를 수입한다면 생산점이 이동하기 전과 동일한 만족도를 얻을 수 있다.

5-6 오퍼곡선과 무역균형

1. 오퍼곡선의 의미

오퍼곡선(offer curve)은 A, Marshall과 F. Y. Edgeworth에 의하여 발전되어 왔으며 이는 교역조건이 변동함에 따라 예상되는 수출량과 수입량을 나타내는 조합의 궤적이라고 말할 수 있다. 이러한 오퍼곡선은 생산가능곡선, 사회무차별곡선 그리고 상대가격선을 이용하여 도출할 수 있다.

[그림 4-16] ⓐ의해 오퍼곡선을 도출하는 과정을 살펴보면 다음과 같다. 교역조건선이 α_1에서는 X재와 Y재의 균형생산점과 균형소비점이 P점이 되므로 무역이 이루어질 수 없다. 그러나 교역조건선이 α_2로 변동하면 X재의 상대가격은 인상되고 Y재의 상대가격은 인하 되어 생산은 P′점에서 소비는 C′점에서 각각 이루어지고 있으므로 X재의 수출량은 P′T Y재의 수입량은 C′T로 나타낼 수 있다.

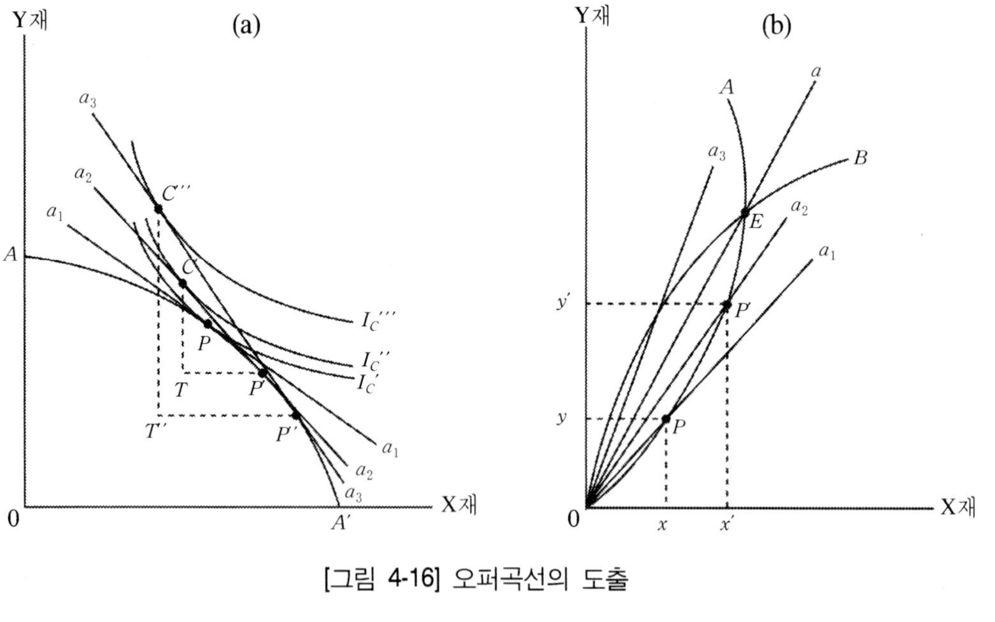

[그림 4-16] 오퍼곡선의 도출

[그림 4-16] (b)에서도 수출량과 수입량이 그려져 있는데 무역이 이루어지지 않을 때는 원점 O가 되며 α_2의 교역조건에서는 X재 수출량은 ox, Y재 수입량은 OY가 된다. 또 α_3의 교역조건으로 이동하면 X재의 수출량은 ox′ Y재 수입량은 oy′로 증가한다. 이렇게 하여 X재와 Y재의 수출입량을 표시하는 O, P, P′, P″점들을 연결하면 OA와 같은 기울기를 가진 커브가 그려지는데 이를 오퍼곡선이라고 한다. 같은 방법으로 교역상대국인 B국의 오퍼곡선도 도출할 수 있는데 이는 OB와 같다. 오퍼곡선위의 모든 점들은 수출재를 얼마나 수출하고 수입재를 얼마나 수입할 수 있는가를 나타내고 있다.

2. 무역무차별곡선과 교역조건선에 의한 오퍼곡선 도출

[그림 4-17]에서 그려져 있는 바와 같이 무역무차별곡선과 교역조건선을 이용하여 오퍼곡선을 도출할 수 있다. 여기서 A국의 오퍼곡선을 도출하는 과정을 나타내고 있는데 교역조건선 TOT_1은 A국이 무역을 개시하기 전 상대가격비율을 나타내며, 무역무차별곡선 It_1과 원점에서 만나고 있다.

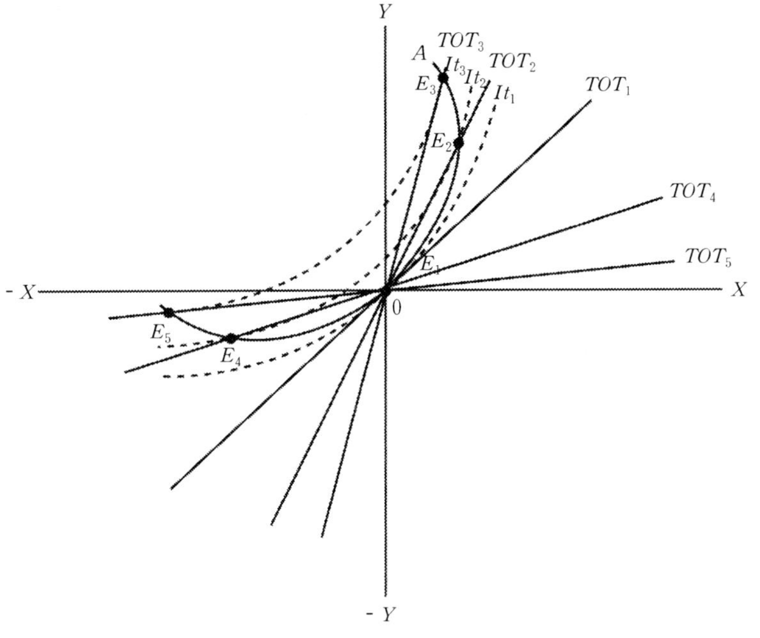

[그림 4-17] 무역무차별곡선을 통한 오퍼곡선 도출

그러나 해외시장에서 X재 상대가격이 점차적으로 상승하게 되면 교역조건선 TOT_2, TOT_3는 기울기가 점점 급하게 된다. 이와 반대로 X재 상대가격이 하락하면 교역조건선 TOT_1은 TOT_4 TOT_5선으로 이동하게 된다. 이와 같이 교역조건선과 무역무차별곡선 It_1, It_2, It_3와 만나는 O, E_1, E_2, E_3, E_4점들을 연결한 선이 A국의 오퍼곡선이 된다.

3. 오퍼곡선의 탄력성

오퍼곡선의 탄력성은 수출량이 변화율에 대한 수입량의 변화율을 의미한다. 오퍼곡선의 탄력성을 Σ, 수출량을 X, 수입량을 Y로 표시할 때 Σ는 다음과 같다.

$$\varepsilon = \frac{\text{수입량의변화율}}{\text{수출량의변화율}} = \frac{\frac{dY}{Y}}{\frac{dX}{X}} = \frac{\frac{dY}{dX}}{\frac{Y}{X}} \cdots\cdots (1)$$

(1)식에서 $\frac{Y}{X}$는 평균교역조건(average terms of trade)을 의미하는데 이는 수출재(X) 한 단위에 대해서 수입재(Y) 몇 단위가 교환되는가를 나타내고 있다. 그리고 $\frac{dY}{dX}$는 한계교역조건(marginal terms of trade)으로서 수출재의 변화율에 대한 수입재의 변화율을 의미하고 있다. 오퍼곡선의 탄력성은 한계교역조건을 평균교역조건으로 나눈 것을 의미하며 이는 다음과 같이 표시된다.

$$\varepsilon = \frac{\text{한계교역조건}}{\text{평균교역조건}} \cdots\cdots (2)$$

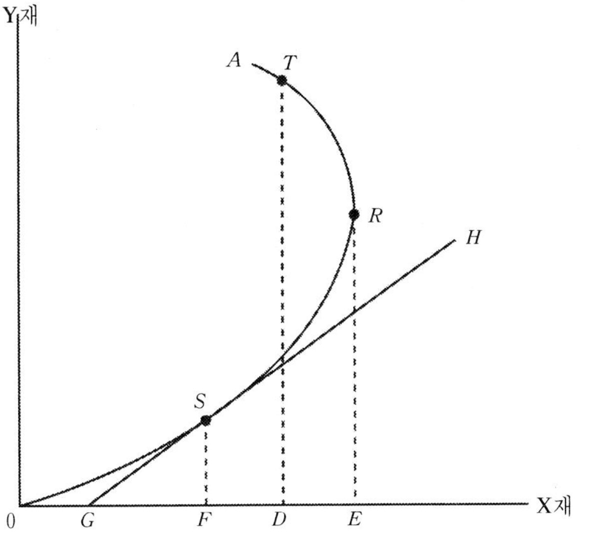

[그림 4-18] 오퍼곡선의 탄력성

오퍼곡선의 탄력성은 [그림 4-18]에 그려져 있다. 여기서 OA오퍼곡선의 상의 S점에서 탄력성을 구하면 다음과 같다. 여기서 오퍼곡선 상의 S점을 지나는 접선과 횡축과 만나는 점을 G로 표시하고 S점에서 횡축에 수직으로 만나는 점을 F로 표시하면 $\frac{dY}{dX}$는 접선 GH의 기울기와 같기 때문에 (1)식은 (3)식과 같다.

$$\varepsilon = \frac{\frac{dY}{dX}}{\frac{Y}{X}} = \frac{\frac{SF}{GF}}{\frac{SF}{OF}} = \frac{OF}{GF} \cdots\cdots (3)$$

[그림 4-18]에 G가 원점 O와 F점 사이에 있는 한 오퍼곡선의 탄력성은 1보다 크다. 동일한 방법으로 R점의 탄력성도 구할 수 있다. 오퍼곡선 R점에서 횡축에 수직선 RE를 그으면 R점의 접선은 수평축의 길이와 같기 때문에 R점의 탄력성은 1이다. 그러나 오퍼곡선이 뒤쪽으로 굴절된 오퍼곡선 상에 T점의 탄력성은 1보다 작다.

4. 무역균형의 안정성과 불안정성

A국과 B국 간에 무역수지를 균형시키는 균형점은 두 국가의 오퍼곡선이 서로

교차하는 점에 결정된다. 그러나 무역은 반드시 균형점에서 이루어지는 것은 아니다. 무역균형이 안정되어 있는가 아니면 불안한가 하는 문제는 교란요인에 의해 균형점으로부터 이탈될 경우 시장의 힘이 균형점으로 수렴하는가 아니면 균형점에서 벗어나 점점 확산되는가 하는 것이 관건이다.

[그림 4-19]에서 그려진 바와 같이 A국과 B국의 오퍼곡선이 교차하는 P점에서 두 국가의 수출량과 수입량이 일치하고 있으며 이때 교역조건은 γ선에서 결정된다.

그러나 교란요인에 의해 교역조건이 β로 변동되면 χχ′만큼 X재 초과공급이 발생하고 Y재는 yy′만큼 초과수요가 발생하게 된다. 이리하여 가격메카니즘에 의해 X재 가격은 하락하고 Y재 가격은 상승

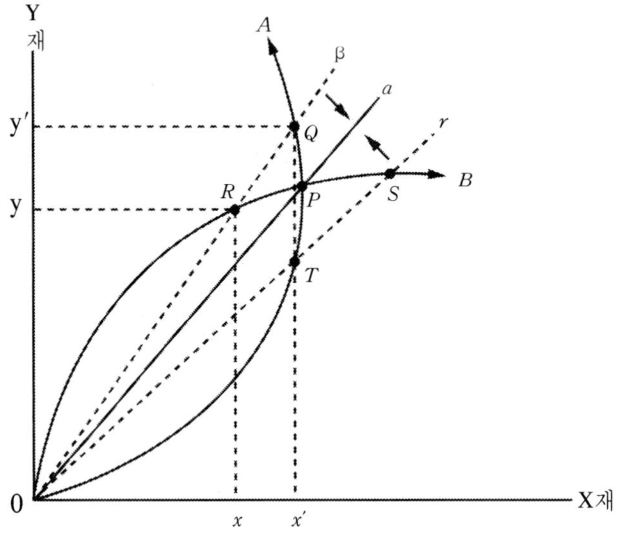

[그림 4-19] 무역 균형

하게 된다. 이에 따라 교역조건선β는 α로 회전 이동하여 P점에서 균형을 이루게 된다. 그러나 교역조건이 γ로 변동하면 두 재화의 초과공급과 초과수요가 발생하지만 시장력(market forces)에 의해 교역조건은 α로 다시 회복된다.

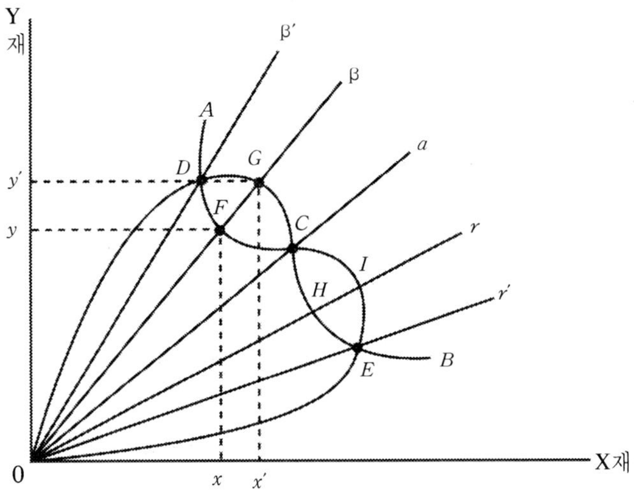

[그림 4-20] 안정균형과 불안정균형

[그림 4-20]에서 A국과 B국의 오퍼곡선이 교차하는 경우는 앞에서 설명한 내용과는 다르다. 여기서 그려진 것을 살펴보면 균형점이 C, D, E 세 개가 있는데 이 가운데 C점은 안정된 균형점이 되지 않는다. 왜냐하면 교역조건이 β선처럼 변동하면 수출재인 X재에 대해서 xx′만큼 초과수요가 발생하고 Y재에 대해서는 yy′만큼 초과공급이 발생하여 X재 가격은 상승하고 Y재 가격은 하락하여 교역조건은 α선으로 복귀하지 않고 β′교역조건과 만나는 D점으로 이탈된다. 또 교역조건이 γ처럼 변동하는 경우 α선으로 복귀하지 않고 E점 쪽으로 이탈되기 때문에 C점은 불안정한 균형점이라고 말할 수 있다.

5. 무역균형의 안정과 마샬-러너조건

무역균형의 안정조건은 다음과 같다.

$$e + e* > 1 \quad \cdots\cdots (4)$$

위의 식은 자국의 수입수요탄력성과 무역상대국의 수입수요탄력성의 합계가 1보다 커야 무역균형이 안정된다는 것을 의미한다. 이를 마샬-러너조건(Marshall-Lerner condition)이라고 한다.

6. 무역의 일반균형

1) 사회무차별곡선

각 국에서 발생하는 상대가격차는 두 국가 간의 무역을 발생시키는 원인이 되고 있으며 이는 상대가격비율이 같아 질 때까지 계속된다. 여기서는 생산가능곡선과 소비무차별곡선을 이용하여 무역균형과 교역조건이 어떻게 성립되는가를 살펴보고자 한다.

국제무역이 이루어지는 근원은 국민의 복지를 향상시키는 것이므로 무역균형을 이해하기 위해서는 사회무차별곡선(Social Indifference Curve)에 대한 정의가 선행되어야 한다.

신고전학파에서 언급하고 있는 사회무차별곡선은 소비무차별곡선과 차이가 없다고 가정하고 있다.

① 사회무차별곡선은 원점에 대해 볼록하며 우하향의 기울기를 나타내고 있다.

② 사회무차별곡선은 원점으로부터 멀리 떨어져 있는 곡선일수록 국민의 후생수준이 높다.

③ 사회무차별곡선은 국민소득이 증가하거나 감소하면 서로 교차하게 된다.

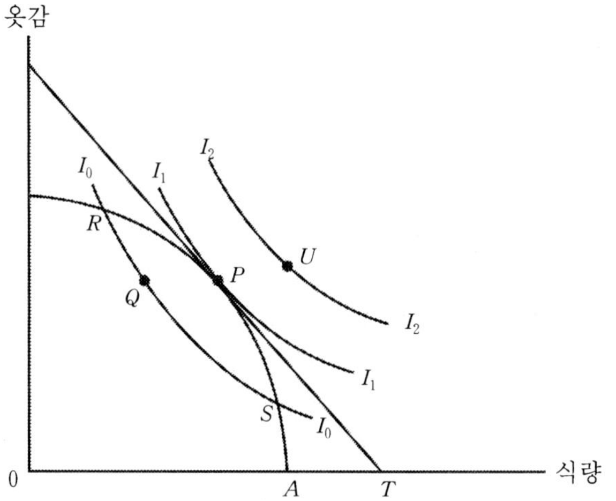

[그림 4-21] 사회무차별곡선

동일한 사회무차별곡선 상에서 이동이 이루어지더라도 국민의 효용수준(utility level)에는 변함이 없다. [그림 4-21]에서 일국의 사회무차별곡선과 생산가능곡선이 함께 그려져 있는데 여기서 두 상품에 대한 수요와 공급 그리고 수출량과 수입량을 쉽게 이해 할 수 있다.

무역이 이루어지기 전 일국이 소비할 수 있는 식량과 옷감의 생산은 생산가능곡선 AA′선 상에 있는 어느 점에서나 가능하다. 또 일국의 생산이 사회무차별곡선과 생산가능곡선이 만나는 P점에서 가능하다면 국민들은 만족을 극대화할 수 있다. 왜냐하면 생산가능곡선 위쪽에 위치하면서 사회무차별곡선과 만나는 U점에서는 생산가능곡선과 접하지 못하기 때문에 소비가 불가능하다. 그러나 보다 아래쪽에 있는 사회무차별곡선 I선과 만나는 R점이나 S점에서 소비가 이루어지면 국민의 만족도가 떨어지기 때문에 비합리적인 소비방법이 된다.

한편 P점과 만나는 TT선은 두 재화의 상대가격비를 나타내고 있으며 사회무차별곡선 I′와 접하므로 기울기도 같다. 그러므로 P점은 최적생산점인 동시에 최적소비점이 되며 동시에 무역이 이루어지기 전 일국의 균형생산과 균형소비 조건을 나타내고 있다.

제6장 근대무역이론

6-1 요소분존량과 무역

국가마다 부존하고 있는 생산요소(토지, 노동, 자본)는 그 양에 따라 비교생산비 차이에 결정적으로 영향을 미친다고 주장한 학자는 헥셔와 오린(E.F. Heckscher-B. Ohlin)이다. 이 두 학자들이 주장하고 있는 내용을 요약하면 다음과 같다.

첫째 각국은 생산요소 부존량이 서로 상이하다. 노동이 풍부한 국가는 임금이 싸고 자본이 풍부한 국가는 이자가 싸다. 또 토지가 풍부한 국가는 지대가 싸다.

둘째 생산물을 생산하는데 소요되는 생산요소의 투입비율은 국가마다 차별화되어 있다. 예를 들면 노동이 풍부한 나라에서는 노동의 투입비율이 자본보다 높고 자본이 풍부한 나라에서는 자본의 투입비율이 노동보다 높다. 이에 따라 노동집약재(labor intensive goods)를 생산하는 나라도 있고 자본집약재(capital intensive goods)를 생산하는 나라도 있다.

셋째 노동이 풍부한 나라에서는 노동집약재를 전문화하여 이를 노동이 희소하고 임금이 비싼 나라로 수출하게 된다. 또 자본이 풍부한 나라에서는 자본집약재를 전문화하여 이를 자본이 희소하고 이자가 비싼 나라로 수출하게 된다.

넷째 국가 간에 비교생산비차이에 따라 무역이 이루어지면 생산요소는 국가 간에 이동하지 않더라도 생산요소의 상대가격은 균등하게 된다.

1. 생산부문의 분석도구

1) 생산함수

기업이 상품을 생산하는 목적은 이윤을 극대화하기 위한 것이다. 그러므로 기업은 상품을 생산할 때 소요되는 비용을 최소화해야 한다. 이를 설명하는 것이 생산함수(production function)이다. 생산함수는 생산요소의 투입량과 생산량간의 기술적 관계를 의미한다. 어떤 상품을 생산하는데 노동과 자본이 투입된다면 생산함수는 다음과 같이 표시된다.

$$Y = f(L, C)$$

생산함수에서 생산물 한 단위를 생산하기 위해 투입되는 생산요소의 양을 생산계수(production coefficients)라고 하며 이는 생산요소의 투입비율이 항상 고정되어 있는 고정계수의 생산함수와 변동하는 가변계수의 생산함수가 있다.

2) 등량곡선

등량곡선은 균등생산량곡선(isoquant, equal product curve)이라고 하는데 이는 일정한 재화를 생산할 수 있는 노동과 자본의 여러 가지 조합을 연결한 궤적을 말한다. 그러므로 등량곡선 상의 모든 점들은 동일한 양의 상품을 생산하는 생산요소의 배합을 의미한다. 예를 들면 노동과 자본을 사용하여 100단위의 상품을 생산할 수 있다고 가정하면 이런 조합은 몇 가지 있다.

[표 5-1]에서는 생산요소의 배합이 네 가지 방법이 있는 것으로 표시되어 있다. 즉 1단위의 노동과 6단위의 자본, 2단위의 노동과 3단위의 자본, 3단위의 노동과 2단위의 자본, 그리고 6단위의 노동과 1단위의 자본으로 100단위의 상품을 생산할 수 있는 경우이다. [그림 5-1]에 그려진 곡선을 등량곡선이라고 말한다.

<표 5-1> 등량곡선 상의 생산요소 배합

	노 동	자 본
A	1	6
B	2	3
C	3	2
D	6	1

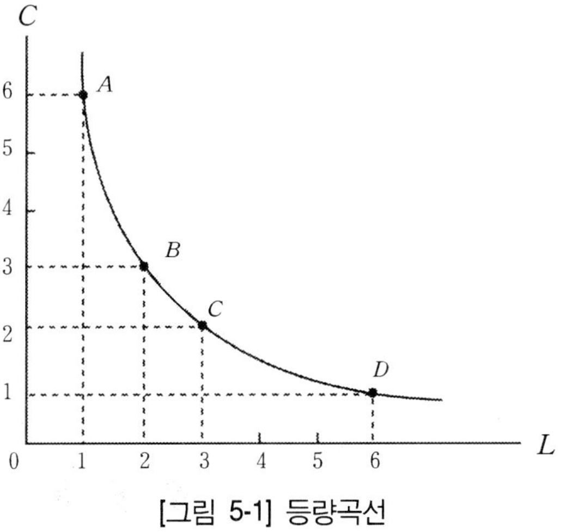

[그림 5-1] 등량곡선

등량곡선 생산요소의 투입량이 증가하면 생산량도 증가하기 때문에 [그림 5-2]에 그려진 것처럼 Q_1에서 Q_2선으로 이동하게 된다. 여기서 노동량과 자본량을 두 배로 투입하면 생산량도 두 배로 증가하고 노동량과 자본량을 세 배로 투입하면 생산량도 세 배로 증가하는 것을 나타내고 있다.

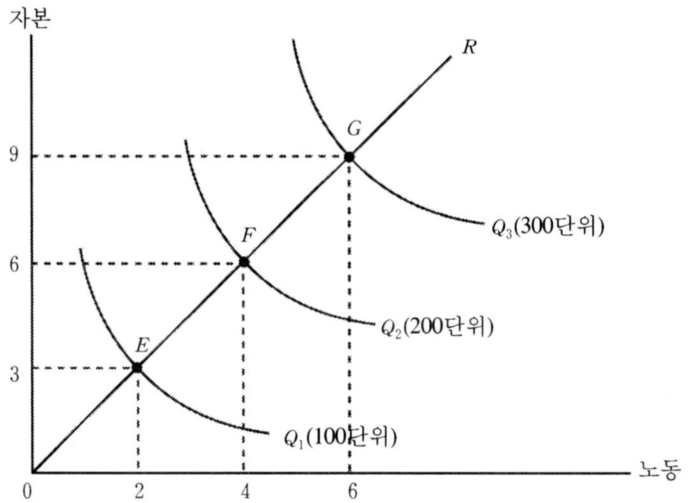

[그림 5-2] 1차동차의 생산함수

이와 같이 생산요소의 투입량을 두 배로 증가시키면 생산량도 두 배, 요소투입량을 세 배로 증가시키면 생산량도 세 배로 증대하는 생산함수를 일차동차의 생산함수(linear homogeneous production function)라고 말한다. 일차동차의 생산함수란 생산요소의 투입량을 t배 증가시키면 생산량도 t배 증가하는 생산함수를 의미하므로 이는 규모에 대한 수확이 불변하는 것을 의미한다.

3) 등량곡선의 성질

등량곡선은 오른쪽 아래로 기울어지는 기울기를 가지고 있으며 원점에 대하여 볼록하다. 이는 생산요소의 기술적한계대체율(marginal rate of technical substitution)이 체감하는 것을 의미한다. 생산요소의 한계대체율은 동일한 양의 상품을 생산하는데 소요되는 노동의 투입량을 한 단위 증가시키는 대신에 자본의 투입량을 몇 단위 감소시켜야 하는가를 나타내는 비율을 의미한다. 예를 들면 노동투입량의 증가분을△L자본투입량이 감소분을△C라고 하면 생산요소의 한계대체율은

$(-\frac{\triangle C}{\triangle L})$로 표시할 수 있다.

만약 노동 투입량을 △L만큼 증가시키면 생산량은 노동의 한계생산물 × 노동투입량의 증가분(MPL × △L)만큼 증가되며 자본 투입량을 △C만큼 감소시키면 생산량은 자본의 한계생산물 × 자본투입량의 감소분(MPL×△C)만큼 감소하게 된다. 등량곡선 상에서는 생산량이 일정하기 때문에 노동투입량증가에 의한 생산량 감소분이 일치해야 한다. 따라서 다음 식이 성립하게 된다. △L · MPL = -△C · MPC 또는 △L · MPL + △C · MPC = 0 이다. 이를 정리하면 $MRTS = -\frac{\triangle C}{\triangle L} = \frac{MPL}{MPC}$ 이다.

등량곡선은 소비무차별곡선과 유사하므로 원점에서 바깥쪽으로 이동할수록 더 많은 양의 상품을 생산할 수 있다는 것을 의미하며 이는 서로 교차하지 않는다.

4) 등비선

등비선(iso cost line) 또는 요소가격선(factor price line)은 일정한 비용으로 구입할 수 있는 노동과 자본의 여러 가지 수량적 배합을 표시한다. 총비용을 TC, 자본 가격을 P_C, 노동 가격을 P_L이라고 하면 다음과 같은 식이 성립한다.

$$TC = P_C C + P_L L$$

여기서 총비용(total cost)은 기업이 생산을 위해서 지출하여 구입할 수 있는 노동과 자본의 양과 동일하며 위의 식을 변형하면 다음과 같다.

$$C = \frac{TC}{PC} - \frac{PL}{PC} L$$

등비선의 기울기는 요소의 상대가격을 나타내고 있으며 등비선 상의 모든 점은 일정한 비용을 지출하여 구입할 수 있는 노동과 자본의 배합을 표시하고 있다.

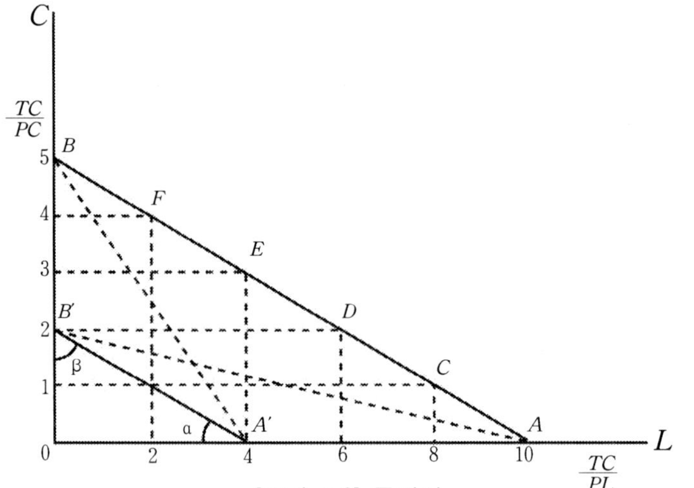

[그림 5-3] 등비선

[그림 5-3]에 그려진 바와 같이 노동의 가격(PL)이 자본의 가격(PC)에 비해 상승하면 등비선의 기울기는 급하게 된다. 이와 반대로 자본의 가격이 노동의 가격에 비해 상승하면 등비선의 기울기는 완만하게 된다. 또 요소가격은 불변이나 총비용이 증가하면 등비선은 오른쪽 위로 평행 이동하게 되고, 총비용은 불변인데 요소가격이 상승하면 등비선은 왼쪽 아래로 평행 이동하게 된다.

한편 자본 가격은 불변이나 노동 가격만 상승하면 등비선은 A′B로 이동하고 노동가격은 불변이지만 자본가격만 상승하면 등비선은 AB′로 이동하게 된다. 이와 같이 요소가격이 변동하면 등비선의 기울기도 변동한다. 위의 그림에서 등비선의 기울기는 $\frac{OB}{OA}$이다. $OA=\frac{TC}{PL}$, $OB=\frac{TC}{PC}$이므로 $\frac{OB}{OA}=\frac{PL}{PC}$이 된다. 따라서 등비선의 기울기는 요소가격비율을 의미한다.

5) 요소의 최적배합

등량곡선과 등비선을 이용하여 기업이 최소의 비용으로 생산량을 극대화할 수 있는 노동과 자본의 배합점을 규명할 수 있다. [그림 5-4]에 그려진 것처럼 최적 생산을 위한 배합점은 등량곡선과 등비선이 만나는 점에서 이루어진다.

여기서 기업이 100단위의 상품을 생산할 수 있는 노동과 자본의 조합은 많지만 가장 최소비용으로 생산할 수 있는 점은 등량곡선과 등비선이 만나는 R점에서만 가능하다. R′점이나 R″점은 R점과 동일한 등량곡선 상에 있으므로 생산량은 같지만 보다 상위에 있는 등비선 M′N′선과 접하기 때문에 더 많은 비용을 지출하여야 생산이 가능하다.

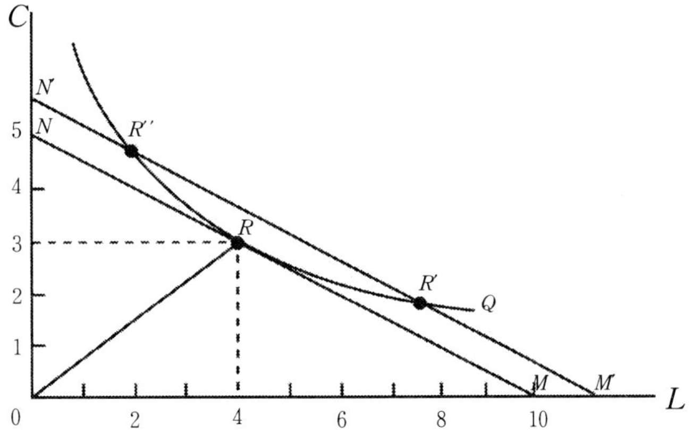

[그림 5-4] 요소의 최적배합

6) **요소집약도**

요소집약도(factor intensity)는 상품을 생산하기 위해 생산요소를 투입하는 비율을 의미한다. 또 이는 자본장비율(capital labor ratio)이라고 하며 $\frac{C}{L}$로 표시한다. 요소집약도는 X재나 Y재를 생산할 때 노동과 자본의 투입비율에 따라 노동집약재(labor intensive goods)와 자본집약재(capital intensive goods)로 구별하고 있다.

요소부존량(factor endowment)은 국가마다 서로 상이하며 요소가격도 차별화되어 있다. 즉 노동의 투입량이 자본의 투입량보다 더 많으면 노동집약재이고 자본의 투입량이 노동의 투입량보다 더 많으면 자본집약재이다. [그림 5-5]에 그려진 것처럼 X재의 등량곡선은 X로 Y재의 등량곡선은 Y로 표시되어 있으며 이 때 X재의 요소집약도는 $(\frac{C}{L})X$로, Y재의 요소집약도는 $(\frac{C}{L})Y$로 나타내고 있다. 여기서는 Y재의 요소집약도가 X재의 요소집약도 보다 자본장비율이 더 높다. 즉 $(\frac{C}{L})X<(\frac{C}{L})Y$이므로 Y재는 자본 집약재가 되고 X재는 노동집약재가 된다.

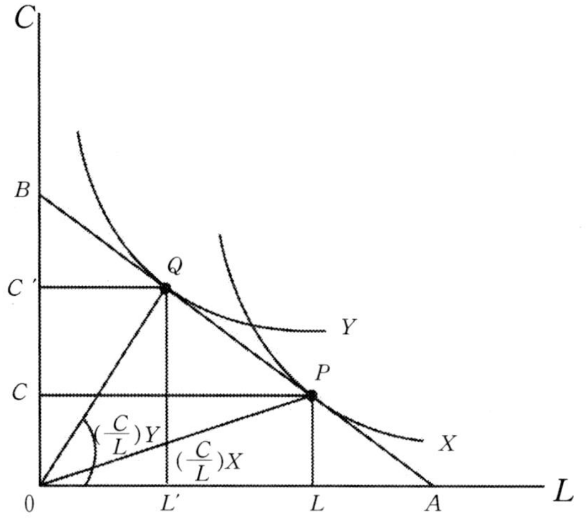

[그림 5-5] 요소집약도

7) **상형도표**

상형도표(Box diagram)는 에지워스(F.Y. Edgeworth)에 의해 처음으로 도입되었으며 이는 생산함수와 요소부존량과의 상관관계를 나타내고 있을 뿐만 아니라 생산요소의 최적 투입과 최적 생산과의 관계도 나타내고 있다. 상형도표는 자국이 보유하고 있는 총노동량과 총자본량을 의미한다.

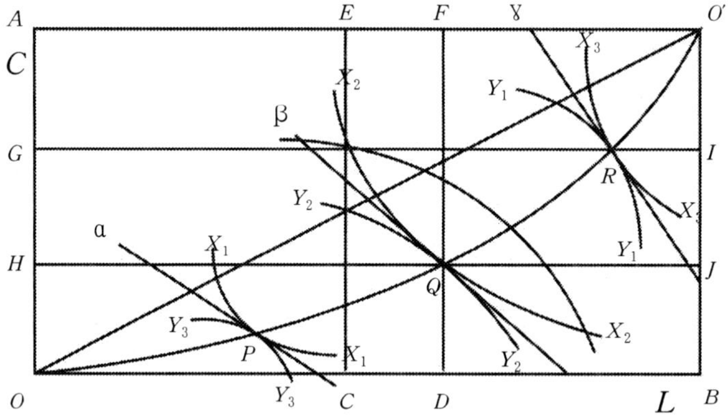

[그림 5-6] 상형도표와 계약곡선

[그림 5-6]에 그려진 것처럼 이 상형도표에서는 OA만큼의 자본과 OB만큼의 노동을 보유하고 있으며, 원점 O를 기준으로 하여 X_1 X_2 X_3는 X재의 등량곡선(iso quants)을 표시하고 있으며 원점 O′를 기준으로 하여 Y_1 Y_2 Y_3는 Y재의 등량곡선을 표시하고 있다. 여기서도 생산함수는 1차동차의 생산함수를 가정하고 있다.

X재와 Y재의 등량곡선은 원점에 대해 볼록하며 P, Q, R점에서 서로 만나고 있으며 이 등량곡선의 접점 P, Q, R을 연결한 OO′선이 계약곡선(contract curve)또는 최적 효율궤적(optimum efficiency locus)이라고 한다. 계약곡선 상의 모든 점은 노동과 자본을 투입하여 가장 효율적으로 생산할 수 있는 X재와 Y재의 생산량을 나타내고 있다.

8) 생산량과 요소집약도

상형도표에서 X재와 Y재의 생산량은 원점을 기준으로 등량곡선이 만나는 점까지 직선의 거리로 측정되고 있다. [그림 5-7]에서 그려진 바와 같이 OQ는 X재의 생산량을 표시하고 요소가격선의 기울기는 요소집약도를 의미한다. 즉 OQ는 X재의 자본장비율 $(\frac{C}{L})X$이며 O′Q′는 Y재의 생산량을 표시할 뿐만 아니라 Y재의 자본장비율 $(\frac{C}{L})Y$을 의미한다.

한편 시장에서 소비자들이 X재를 선호하면 X재의 가격은 상승하므로 X재의 생산량은 증가하는 반면에 Y재의 생산은 감소하게 된다. 이런 현상은 계약곡선 상에 생산점이 Q에서 Q′로 이동하는 것과 같다. 결국 두 재화의 요소집약도는 더욱 자본집약적이 된다. 왜냐하면 생산점이 Q′점으로 이동하면 Y재 생산량은 줄어들면서 Y재생산에 투입되었던 자본과 노동이 X재생산으로 이동하기 때문에 X재생산은 한층 자본집약적이 된다.

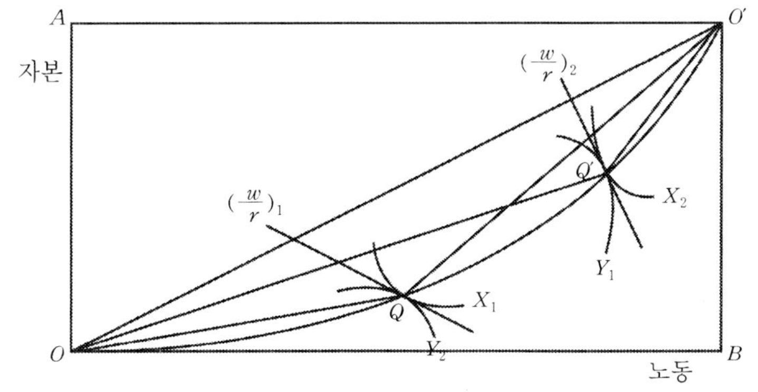

[그림 5-7] 요소집약도와 요소가격

이와 같이 계약곡선 상에 생산점이 이동하면 생산요소의 상대가격도 변동하게 된다. 이런 현상은 계약곡선을 따라서 위쪽으로 이동할수록 기울기가 점점 급하게 되어 노동의 상대가격은 인상되고 자본의 상대가격은 인하되는 것을 의미하는데 이 때 요소가격선 $(\frac{w}{r})_1$은 $(\frac{w}{r})_2$로 바뀌게 된다. 그 이유는 노동집약재인 X재 생산량을 증가시키기 위해서는 노동에 대한 수요가 자본에 대한 수요보다 더 많기 때문에 노동에 대한 초과수요가 발생하여 노동가격은 인상되기 때문이다. 또 상대적으로 비싼 노동대신에 싼 자본을 더 많이 투입하게 되므로 두 재화의 요소집약도는 더욱 자본집약적이 된다.

2. 헥셔-오린 정리

1) 비교생산비의 결정요인

헥셔-오린정리는 일국에 부존해 있는 요소량에 의해 비교생산비가 결정되는 요인을 분석하고 있으며, 무역에 의해 요소가격이 어떻게 변동하는가를 규명하는 이론이다. 리카도는 무역이 발생하는 원인을 비교생산비의 차이라고 서술하였을 뿐 비교생산비의 차이가 왜 발생하는가에 대해서는 밝혀내지 못했다. 비교생산비의 차이가 발생하는 원인에 관한 연구는 헥셔에 의해 처음으로 시도되었으며 그 후 오린에 의해 더욱 발전시켰는데 이를 헥셔-오린정리(Heckscher - Ohlin theorem)라고 한다.

2) 헥셔-오린 정리의 가정

헥셔-오린 무역모형은 다음과 같은 몇 가지 가정을 전제로 하고 있다.

첫째 2국, 2재, 2생산요소(노동과 자본)만 존재한다.

둘째 두 국가는 기술수준이 동일하며, 기호도 동일하다.

셋째 두 국가의 시장은 완전경쟁상태에 있으며, 완전고용수준을 유지하고 자유무역을 지속한다.

넷째 두 국가의 생산요소는 동질적이다.

다섯째 두 재화는 노동집약재와 자본집약재로 요소집약도의 차이가 있으며 요소가격이 변동하더라도 집약도는 역전되지 않는다.

여섯째 두 재화의 생산함수는 규모에 대해 수확불변이며 일차동차함수이다.

일곱째 두 국은 요소부존량이 서로 다르기 때문에 불완전특화를 하고 있다.

여덟째 생산요소는 국내에서 이동이 자유롭지만 국가 간에는 불가능하다.

3) 헥셔-오린의 두 명제

⑴ 요소부존이론

요소부존이론은 헥셔-오린정리 가운데 제1명제이며 이 이론의 근간은 국가 간에 생산요소 부존량의 차이(difference in factor endowments)가 존재하며 또 상품에 투입되는 생산요소 비율이 다르기 때문에 국가 간에 비교생산비는 상이하다는 것을 주장하고 있다.

요소부존이론을 부연해서 설명하면 다음과 같다. A국과 B국이 노동과 자본을 투입하여 X재와 Y재를 생산한다고 하자. A국은 노동이 풍부하고 자본은 희소하게 부존되어 있다고 하면 임금은 싸고 이자는 비싸다. B국은 자본이 풍부하고 노동은 희소하게 부존되어 있다고 하면 이자는 싸고 임금은 비싸다.

한편 X재를 생산하는 국가와 Y재를 생산하는 국가는 요소집약도가 다르다는 사실이다. X재를 생산하는데 노동을 더 많이 투입하면 X재는 노동집약재가 되며 Y재를 생산하는데 자본을 더 많이 투입하면 Y재는 자본집약재가 된다. 이리하여 A국과 B국은 상품을 생산하는데 생산비 차이가 발생하게 되어 A국은 X재생산이 유리하고 B국은 Y재생산이 유리하다. 결국 A국은 노동집약재인 X재를 생산하여 수출하고 B국은 자본집약재인 Y재를 생산하여 수출하게 된다.

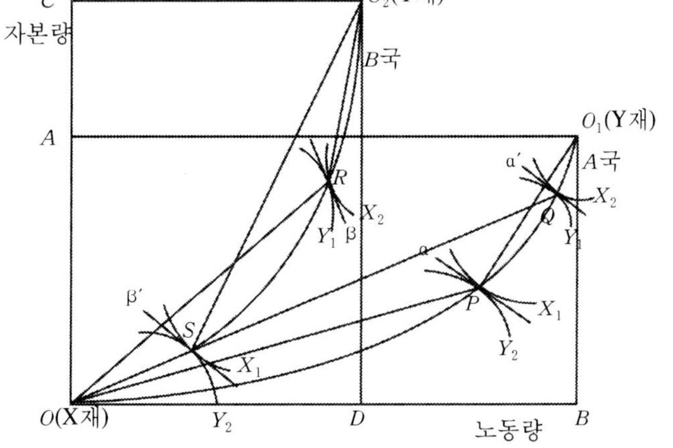

[그림 5-8] 헥셔 - 오린 정리

[그림 5-8]에 그려진 바와 같이 A국과 B국은 박스다이어그램(Box diagram)은 OAO_1B와 OCO_2D로서 A국은 노동풍부국이고 B국은 자본풍부국임을 식별할 수 있다. 그 이유는 A국의 박스다이어그램 OAO_1B는 수평축이 수직축보다 길고 B국

의 박스다이어그램 OCO_2D는 수직축이 수평축보다 길기 때문이다. 또 A국의 요소가격비를 나타내는 X선은 B국의 요소가격비를 나타내는 β선보다 기울기가 완만한데 이것은 A국의 임금이 B국보다 싸고 이자는 B국보다 비싸다는 것을 의미한다. 결국 A국은 노동집약재인 X재를 전문화하고 B국은 자본집약재인 Y재를 전문화하게 된다.

(2) 요소가격균등화이론

요소가격균등화이론은 헥셔-오린정리가운데 제2명제인데 이는 국가 간에 생산요소는 자유롭게 이동하지 못할지라도 재화만이라도 자유롭게 이동한다면 무역은 요소의 상대가격을 균등화시킨다는 내용이다. [그림 5-8]에서 쉽게 이해 할 수 있는 것은 A국은 노동이 풍부하기 때문에 노동집약재를 특화하게 되므로 노동의 수요는 상대적으로 증가하고 자본의 수요는 감소한다. 그 결과 임금은 상승하고 이자율은 하락하여 노동과 자본의 가격은 점차 균등화되는 것이다. 이와 유사한 경우가 B국에서도 발생하게 된다. B국은 자본이 풍부하기 때문에 자본집약재를 특화하게 되므로 자본의 수요는 상대적으로 증가하고 노동의 수요는 감소한다. 따라서 이자율은 상승하고 임금은 하락하여 자본과 노동의 가격은 점차 균등화되는 것이다.

4) 헥셔-오린정리에 대한 검증

(1) 레온티에프역설

레온티에프(W. W. Leontief)는 헥셔-오린정리의 제1명제인 비교생산비의 결정요인이 무역의 발생원인과 무역패턴을 올바르게 설명하고 있는가를 검증하기 위해 1947년 미국의 산업연관표를 이용하여 1954년에 실증분석을 하게 되었다. 이 분석에 의하면 레온티에프는 헥셔-오린정리와 정반대의 결론을 도출하였다. 헥셔-오린정리에 의하면 당시 미국은 세계에서 자본이 가장 풍부한 국가이므로 자본집약재를 수출하고 노동집약재를 수입해야 한다. 그러나 레온티에프는 자본이 풍부하고 노동이 부족한 미국이 오히려 자본집약재를 수입하고 노동집약재를 수출하고 있다는 반대논리를 발표하였다. 이를 레온티에프역설(Leontief paradox)이라고 말한다.

1947년 미국의 산업연관표를 이용하여 레온티에프가 실시한 검증은 [표 5-2]과 같다. 이 표에 의하면 미국의 수출산업과 수입대체산업의 요소 투입비율이 1.29이기 때문에 미국의 수출산업은 수입대체산업 비해 노동집약적이라고 말 할 수 있으므로 헥셔-오린정리와 반대되는 결과를 얻어냈다. 그 후 그는 1956년에도 1951년 미국의 산업연관표를 이용하여 똑같은 방법으로 실증분석을 한 결과 수출산업과 수입대체산업의 요소투입비율이 1.06이 되어 비롯 차이는 줄었지만 수출산업이 수입대체산업보다 노동집약적인 결과여서 레온티에프역설은 계속되었다.

<표 5-2> 미국의 수출재와 수입대체재 각 100만 달러 생산에 필요한 노동량과 자본량

항 목	1947		1951	
	수출재	수입대체재	수출재	수입대체재
자본(달러 가격)	2,555,780	3,091,339	2,256,800	2303,400
노동(연노동 인원)	181.31	170.00	173.91	167.81
자본/노동(C/L)	14,068	18,184	12,976	13,726
비율	1	1.29	1	1.05

⑵ 레온티에프역설에 대한 합리화

레온티에프 역설에 대한 합리화가 다른 학자들에 의해서 계속되었는데 주요한 내용은 다음과 같다.

① 미국은 노동자의 생산성이 다른 국가보다 높아 실질임금은 더 싸기 때문에 노동이 풍부한 국가라고 말할 수 있다.

② 미국은 다른 국가보다 자본이 풍부하게 부존되어 있다고 할지라도 국민의 소비패턴이 지나치게 자본집약재에 편향되어 그 재화의 상대가격이 국제가격보다 높으면 수입하게 된다. 이런 경우를 수요의 반전(demand reversal)이라고 한다. 이리하여 레온티에프역설에 대한 해명으로 소비의 편향 때문에 발생할 수 있다는 가설이 제기되었다.

⑶ 요소집약도의 역전

레온티에프역설을 합리화하는 논리적 근거로 제시되고 있는 주장이 바로 요소집약도의 역전(factor intensity reversal)이다. 이와 같은 현상이 발생하는 것은 요소가격비율 ($\frac{w}{r}$)이 일정한 수준까지 자본집약적으로 생산하지만 그 이상으로 상승하면 노동집약적인 생산방법으로 역전될 수 있다는 것이다.

⑷ 인간자본

미국의 수출재는 수입재 보다 인적자본(capital human)이 더 많이 함유되어 있으므로 인적자본을 자본에 포함시키면 레온티에프역설은 다시 반전된다. 레온티에프는 물적자본을 강조하면서 인적자본은 무시하였다. 인적자본은 교육, 연수,

숙련 등이 인간에 체화(embodiment)될 때 이를 인적자본이라고 하며 이러한 인적자본을 물적자본에 포함시킨다면 미국은 자본집약재를 수출한다는 결과가 나올 수 있다는 것이다.

⑸ 천연자원

미국의 수입재들도 천연자원을 집약적으로 투입하여 생산한 재화들이 있다. 이를 천연자원집약재라고 하는데 레온티에프역설에서는 이런 문제를 고려하지 않고 계산하였다. 왜냐하면 미국도 철강석, 석유와 같은 천연자원을 수입하고 있기 때문에 이러한 자원이 부족할 뿐 만 아니라 실제로 천연자원집약재는 자본이 상대적으로 많이 투입되므로 이를 수입하는 것은 자본집약재를 수입하는 것과 같다. 이리하여 레온티에프교수는 바넥(J. Vanek), 다이어브(M. A. Diab)와 같은 학자들로부터 비판을 받았다. 왜냐하면 자본과 노동이외에 천연자원까지 투입하여 계산하면 수입재의 요소집약도는 반드시 자본집약재라고 하는 레온티에프의 역설은 성립하지 않는다는 점이다.

⑹ 스톨퍼-사무엘슨정리

스톨퍼와 사무엘슨(W. F, Stolper - P. A. Samuelson)은 1941년에 발표한 보호무역과 실질임금이라는 논문에서 근로자에 대해 높은 임금을 지불하고 있는 미국이 낮은 임금을 지불하고 있는 개도국과 자유무역을 실시하면 미국의 근로자는 실질임금이 하락할 수 밖에 없다. 그러므로 근로자의 실질임금을 보장하기 위해서는 개도국으로부터 수입하는 제품에 대해 관세를 부과해야 한다고 주장하였다.

한편 스톨퍼-사무엘슨은 상형도표를 이용하여 이를 설명하고 있다. [그림 5-9]에 그려진 것처럼 노동량은 횡축에 자본량은 종축에 표시되어 있으며 OPQO′는 계약곡선을 의미하고 있다. 무역이 이루
어지지 않는 봉쇄경제체제 하에서 이 국가는 계약곡선 상의 P점에서 X재와 Y재를 동시에 생산한다고 가정하면 X_2의 등량곡선과 Y_1의 등량곡선이 이 점에서 접하므로 이는 일정한 생산요소를 투입하여 두 재화를 생산하는 비율을 의미한다. 그리고 OP선은 X재를 생산하는데 소요되는 요소투입비율을 나타내고 있으며 O′P선은 Y재를 생산하는데 소요되는 요소투입비율을 나타내고 있다.

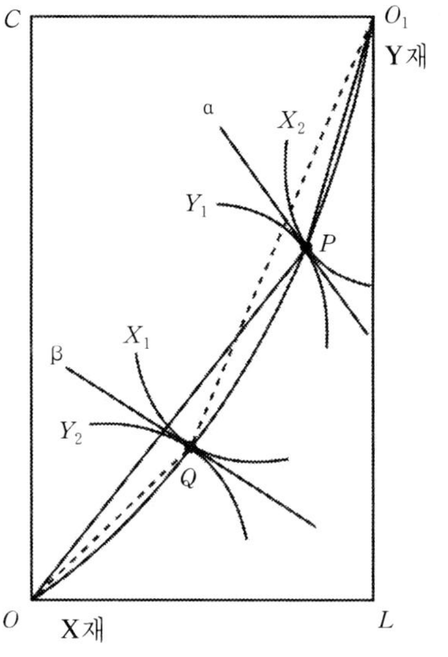

[그림 5-9] 자유무역과 소득배분

그러나 무역이 이루어지면 이 국가에서는 자본이 풍부하고 노동이 희소하므로 자본집약재인 Y재를 수출하고 노동집약재인 X재를 수입하게 된다. 이리하여 생산점은 P점에서 Q점으로 이동하여 무역이 이루어지기 전보다 Y재의 생산량은 증가하고 X재의 생산량은 감소하게 된다. Y재 생산을 증가시키기 위해서는 X재 생산에 투입되었던 생산요소를 Y재 생산으로 대체하게 된다. 결국 자본에 대한 수요는 상대적으로 증가하지만 노동에 대한 수요는 감소한다. 자본집약재인 Y재 산업에서는 자본가격은 상대적으로 인상되며 노동가격은 상대적으로 인하된다. 이런 현상은 무역이 이루어진 후 요소가격선 α선의 기울기가 β선의 기울기로 변동하게 되는 것을 의미한다.

이와 같이 자유무역이 이루어지면 자본가격은 상승하고 노동가격은 하락하기 때문에 자본가는 유리하게 되고 근로자는 불리하게 된다. 그러므로 근로자의 실질임금이 하락하는 것을 방지하기 위해서는 정책수단이 필요하다. 즉 노동집약재인 X재를 수입할 때 관세를 부과하면 생산점은 Q점에서 P점으로 이동하여 노동집약재인 X재 생산량이 증가하게 되어 근로자의 실질임금이 상승하게 된다.

이와 같이 노동이 희소한 국가에서 관세를 부과하면 근로자의 실질임금이 상승하여 복지수준이 향상된다. 스톨퍼-사무엘슨정리는 보호관세제도가 소득배분에 미치는 영향을 명확하게 규명하여 보호무역정책의 이론적 지주 역할을 하고 있다.

6-2 국제무역의 신이론

1. 신무역 패턴 이론

고전학파 무역이론은 노동가치설을 신봉하고 있었기 때문에 무역이 발생하는 원리를 명확하게 설명하지 못했으며 그 후에 발표한 헥셔-오린정리도 몇 가지 가정에서 이루어졌으므로 현실적으로 발생하는 무역원리를 충분히 설명할 수 없었다. 최근에 와서는 국가 간에 생산비 차이가 발생하지 않더라도 무역은 실행되고 있으며 기술혁신을 통해 무역량은 계속 증가하고 있다.

2. 특수요소이론

국가 간에 생산비 차이가 발생하는 원인은 단순히 노동과 자본의 부존량에 있는 것이 아니라 각 국이 보유하고 있는 특수요소(specific factor)가 주요한 역할을 하고 있다고 주장한 학자가 해롯드(R. F. Harrod)이다. 여기서 언급하는 특수요소는 ① 기후・천연자원과 같은 자연환경의 차이 ② 근로자 수의 차이 ③ 노동의 질적 차이 ④ 물적자본과 지식자본을 결합한 자본량의 차이 등이다.

여기서 말하는 요소비율이론은 단순히 노동자 수나 물적자본의 크기만을 고려하고 있다. 국제분업의 기초가 되는 것은 이 외에도 천연자원, 숙련노동, 경영조직 등의 우위에 의존한다. 그러므로 이러한 특수요소가 국제분업의 기초를 이루고 있다.

3. 대표적 수요이론

대표적 수요이론(the theory of representative demand)은 린더(S. B. Linder)가 처음으로 주장하였다. 그는 어떤 국가에 존재하고 있는 요소부존량이 무역패턴을 결정하는 요인이 될 수 없다고 믿고 산업을 1차산업과 2차산업으로 구분하여 1차산업의 무역패턴은 헥셔-오린정리에 의해 설명될 수 있으나 2차산업의 무역패턴은 수요측면에서 설명되어야 한다는 대표적 수요이론을 제시하고 있다. 여기서 말하는 대표적 수요는 국내시장에서 발생하는 대량의 수요를 의미한다.

어떤 상품이 수출재가 되기 위해서는 우선 그 상품이 국내에서 생산되어야 하지만 먼저 그 상품에 대해 국내 수요가 발생해야 한다. 따라서 어떤 상품이 수출재가 되려면 이것이 싸게 생산되거나 국내 수요가 존재하는 것만으로도 안되며 대량의 수요가 발생해야 한다. 이와 같은 수요를 린더는 대표적 수요라고 주장하였다.

대표적 수요의 특징은 각 국의 무역패턴이 국내 수요구조에 의하여 결정되며 이와 같은 수요 구조는 1인당 소득 수준에 의해 결정되기 때문에 1인당 소득수준이 변동되면 수요 구조도 당연히 변동된다. 그러므로 각 국의 무역패턴도 시간이 흐름에 따라 변동되고 있다는 점이다.

4. 숙련노동설

숙련노동설(theory of skilled labor)이란 각 국이 숙련노동을 얼마나 보유하고 있으며, 이를 얼마나 효율적으로 배분할 수 있는가 라는 것이 무역패턴과 생산입지를 결정한다는 이론이다. 이 이론은 키싱(D. B. Keesing)이 처음으로 발표하였다.

숙련노동설은 각 국마다 노동을 숙련노동(전문직 기사)과 분류하여 어느 노동이 상대적으로 풍부하느냐에 따라 비교우위가 결정된다는 이론이다.

5. 연구개발론

무역패턴의 결정요인을 연구개발(research and development)에서 접근하는 이론을 R&D이론이라고 말한다.

이 이론은 미국을 비롯한 선진국의 무역패턴이 연구개발요소에 우위성이 있는 기술혁신(innovation)을 강조하고 있다. 그리고 이러한 연구의 결과를 상품화하기 위해서는 과학자, 기술자, 숙련노동자 등이 상대적으로 풍부한 국가만이 비교우위가 있다.

R&D이론은 그루버(W. Gruber), 메타(D. Mehta), 버어논(R. Vernon)등 3인의 공동연구와 키이싱(D. B. Keesing) 등에 의하여 발표되었다.

이들에 의하면 미국의 수출산업이 국제적으로 우위를 차지하고 있는 것은 기존상품의 원가절감과 신제품이 개발을 위한 연구개발요원 기술자 숙련노동자 등 양질의 노동이 존재하고 있기 때문이라고 주장했다. 이 이론은 각 국의 기술수준의 차이를 강조하는 의미에서는 고전학파이론과 맥락을 같이 하고 있다.

6. 기술격차설

기술진보와 같은 동태적인 요인에 국제무역에 미치는 효과를 규명하고 있는 이론을 기술격차설(technology gap theory)이라고 말한다.

기술격차설은 포스너(M. V. Posner), 그루버(W. Gruber), 메타(D. Mehta), 버어논(R.Vernon), 후 바우어(G. C. Hufbauer)에 의해서 주장되었다. 이 이론에서는 무역패턴을 기술수준의 격차로써 설명하고 있으며 기술격차설에서는 기술을 혁신하는 국가와 그렇지 못한 국가로 구분하고 있다. 전자를 선진국이라고 하고 후자를 개도국이라고 하면 이 이론으로 선진국 대 개도국의 무역패턴을 구별할 수 있다.

일반적으로 기술혁신에 의해 신제품(전자제품, 컴퓨터)을 개발하면 이 제품들에 대해 수요의 소득탄력성이나 수요의 가격탄력성을 분석하게 될 것이며, 이 상품들의 시장진입이 확보되면 차츰 해외 시장으로 진출하게 된다. 그러므로 신제품은 기술혁신국가의 수출재가 된다. 그러나 신제품을 수입하는 국가는 선진국으로부터 기술을 모방하게 되어 수입국과 선진국의 기술격차는 점차 줄어들게 된다.

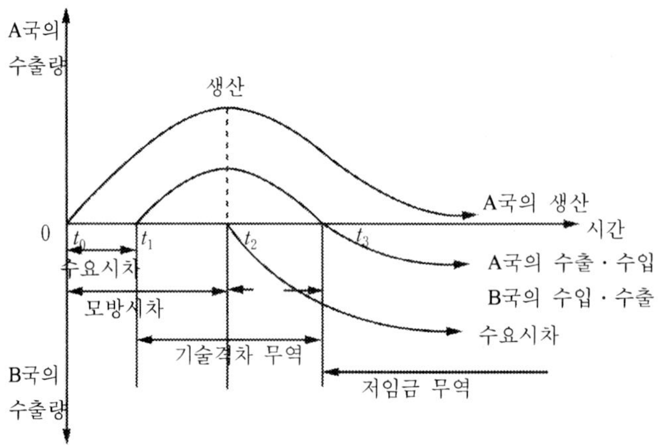

[그림 5-10] 기술격차와 무역

[그림 5-10]에서 그려져 있는 바와 같이 신제품의 생산점을 t_0라 하고 수평축을 기준으로 위쪽에는 선진국인 A국의 생산량과 수출량이 표시되어 있으며 아래쪽에는 개도국인 B국의 생산량과 수출량이 표시되어 있다. 시간이 경과되면 A국은 t_1점에서 신제품을 B국에 수출하기 시작하게 된다. 여기서 t_0 – t_1기간은 A국의 국내 수요시차(domestic demand lag)를 나타내고 있다.

그러나 t_2점에 이르면 A국으로부터 기술을 모방한 B국에서 생산을 하기 시작하여 시간이 지날수록 생산량은 증대되므로 A국의 생산량과 수출량은 점차 감소하게 된다. 결국 t_3점에 이르게 되면 이 신제품에 대한 A국의 수출량과 이를 수입하는 B국의 수입량은 제로가 된다. 이리하여 t_3점 이후부터 B국이 수출국이 되고 A국은 수입국으로 역전되고 만다.

7. 생산물순환이론과 무역패턴

연구개발에 의해 시장에 진입한 신제품도 성장 성숙의 단계를 지나 쇠퇴해 가는 일련의 제품수명주기 과정을 겪게 되는데 이 이론 제품수명 순환이론(theory of product life cycle)이다. 이는 버어논(R. Vernon)과 웰(L. T. Wells)에 의해 주장되었다.

1) 생산물순환단계

생산물 순환을 신제품 단계와 성숙단계 그리고 표준화 단계로 구별하여 각 단계의 특징과 생산입지에 관하여 살펴보면 다음과 같다.

⑴ 신제품단계*(new phase stage)*

신제품이 시장에 처음으로 진입한 단계에서는 기술수준이 열위에 있기 때문에 모형이 자주 변경되며 전망이 불투명하다. 그리고 신제품에 대한 시장수요도 불확실하며 판매량도 크게 증가하지 않기 때문에 생산시설을 다른 제품 생산이 가능하도록 신축적으로 설계해야 한다.

⑵ 성장기*(growing stage)*

국내외적으로 수요량이 증가하면 규모의 경제를 실현할 수 있으며 기술혁신국가는 생산량을 계속 증대시켜 나가 해외시장을 독점하게 된다.

⑶ 성숙기*(maturing stage)*

성숙기에 도달하게 되면 제품의 생산이 표준화(standardization)되어 생산공정과 생산설비도 고정되어 미숙련노동으로 생산이 가능하다. 표준화단계에 진입하면 개도국이 비슷한 노동을 많이 보유하고 있기 때문에 비교 우위를 누릴 수 있다.

⑷ 쇠퇴기*(decling stage)*

신제품이 국내 시장에 진입하면 수요가 급격하게 감퇴하는 단계에 도달하게 되어 기술혁신국가는 수출국에서 수입국으로 역전된다.

시장이 점차 세분화(segmentation) 되고 보다 품질이 우수한 제품이 개발됨으로써 해외 마케팅전략이 필요하며 이미 생산한 제품은 서서히 쇠퇴할 수밖에 없다.

제7장 경제성장과 국제무역

7-1 생산요소증가와 무역

경제성장은 생산요소의 공급량이 증가하고 기술진보가 이루어져 국민소득이 증대되는 것을 의미한다. 일국의 경제성장이 지속되면 무역패턴, 교역조건, 기호 등에 변화가 일어나고 있다. 여기서 생산요소는 노동, 자본, 자원으로 구분되며 요소공급량이 증가하면 일국의 생산능력을 증가시킴으로써 생산가능곡선을 바깥쪽으로 이동시키게 된다. 자본이 축적되면 자본스톡(capital stock)량이 증대되어 투자가 확대된다 또 자원이 개발되고 인구가 증가하면 생산량이 증대하므로 경제성장을 촉진시키게 된다.

1. 경제성장과 무역패턴

개방경제에서 경제성장이 이루어지면 무역패턴에 영향을 미치게 된다. 일반적으로 경제성장과 더불어 무역패턴이 변하는 형태는 5가지로 구분하고 있다.

1) 생산효과

(1) 중립적 성장*(neutral growth)*

중립적성장은 수출재의 생산증가율과 수입재의 새산증가율이 동일한 비율로 증가하는 경우를 말한다. [그림 6-1]에 그려진 바와 같
이 경제성장 후 생산점 P_1은 원점과 경제성장 전의 생산점인 P_0를 통과하는 직선 위에 있다.

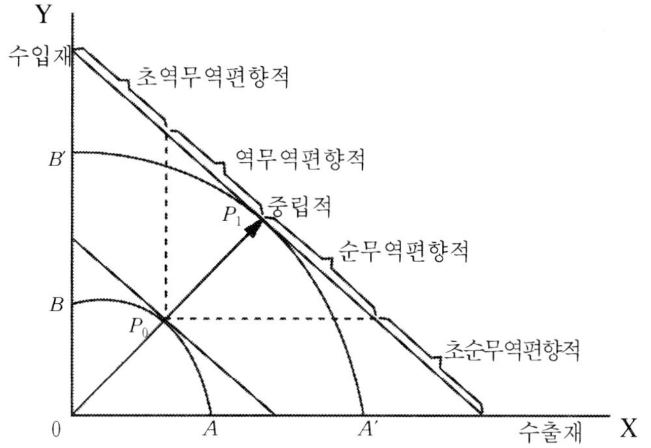

[그림 6-1] 경제성장과 생산효과

⑵ **순무역편향적 성장** *(pro-trade biased growth)*

순무역편향적 성장은 수출재의 생산증가율이 수입재의 생산증가율보다 높게 나타날 때를 말하며, 수출재와 수입재생산이 모두 증가하지만 수출재산업의 생산증가율이 더 높다.

⑶ **초순무역편향적 성장** *(ultra pro-trade biased growth)*

초순무역편향적 성장은 수출재의 생산증가율만 상승하고 수입재의 생산증가율은 하락하는 경우이다.

⑷ **역무역편향적 성장** *(anti-trade biased growth)*

역무역편향적 성장은 수입재의 생산에 집약적을 사용되는 생산요소가 현저한 비율로 증가된다면 수입재의 국내생산량은 증가하며 그 증가율은 수출재의 생산증가율보다 크다.

⑸ **초역무역편향적 성장** *(ultra anti-trade biased growth)*

초역무역편향적 성장은 수입재의 생산량만 증가하고 수출재의 생산은 감소하는 경우이며, 또한 수입수요량도 감소하고 수출량은 크게 감소하는 것을 말한다.

2) 소비효과

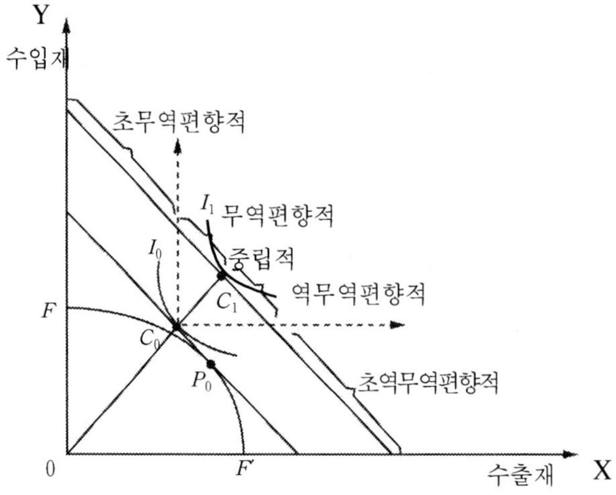

[그림 6-2] 경제성장과 소비효과

⑴ **중립적 성장(*neutral growth*)**

중립적 성장은 수출재의 소비증가율과 수입재의 소비증가율이 동일한 비율로 증가하는 경우를 말한다. [그림 6-2]에 그려진 바와 같이 경제성장 후 소비점 C_1 점은 원점과 경제성장 전의 소비점 P_0를 통과하는 직선 위에 있다.

⑵ **무역편향적 성장(*pro-trade biased growth*)**

무역편향적 성장은 수입재의 소비증가율이 수출재의 소비증가율보다 높으며, 수입재소비량의 증가율이 국민총생산 증가율보다 높아 수입의존도는 증가한다.

⑶ **초무역편향적 성장(*ultra pro-trade biased growth*)**

초무역편향적 성장은 수입재의 소비증가율이 수출재의 소비증가율보다 높을 뿐만 아니라 수출재의 소비량이 절대적으로 감소한다.

⑷ **역무역편향적 성장(*anti-trade biased growth*)**

역무역편향적 성장은 수출재의 소비증가율이 수입재의 소비증가율보다 높은 경우이며, 수입재의 소비증가율이 국민총생산 증가율보다 낮으므로 수입의존도는 하락한다.

⑸ **초역무역편향적 성장(*ultra anti-trade biased growth*)**

초역무역편향적 성장은 수출재의 소비증가율이 수입재의 소비증가율보다 더 높을 뿐만 아니라 수입재의 소비량이 절대적으로 감소한다. 이 경우 수입재는 하급재(inferior goods)라 한다.

2. 립찐스키정리

일국에서 어떤 생산요소의 부존량이 증가하면 그 생산요소를 집약적으로 투입하여 생산하는 재화는 증가하고 다른 재화는 생산량이 감소하게 된다. 이러한 명제는 립찐스키(T. M. Rybczynski)에 의하여 체계화되었다.

림찐스키정리는 일국의 생산요소를 증대시키는 것이 그 국가의 무역패턴에 어떠한 영향을 미칠 수 있는가를 보여주고 있다. 예를 들면 일국의 요소부존량 중에서 자본이 풍부하여 자본집약적인 생산방법으로 생산한 Y재가 수출재가 된다고 하자. 그러나 생산요소 가운데 노동량이 증가한다면 노동을 집약적으로 투입하여 생산하는 X재의 생산량은 증가하고 Y재의 생산량은 감소하여 X재를 수출하고 Y재를 수입함으로써 무역패턴이 역전되는 현장이 발생하게 된다.

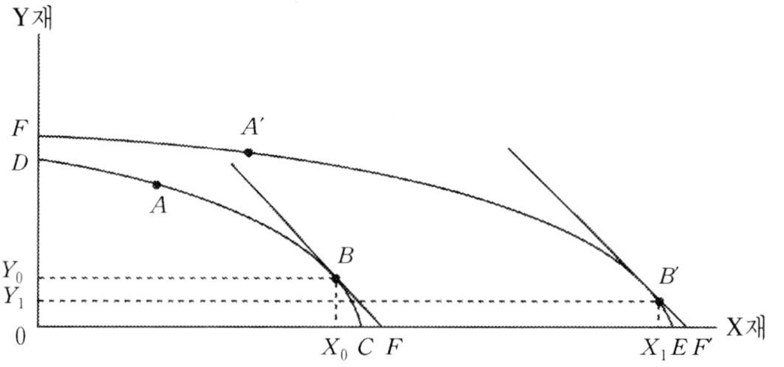

[그림 6-3] 립찐스키정리(노동량만 증가)

[그림 6-3]에서는 노동만이 2배로 증가하기 전과 후의 생산가능곡선을 표시하고 있다. 일국이 무역이 이루어지기 전에 Y재에 대한 X재의 상대가격비가 $\frac{PX}{PY}=1$의 비율로 B점에서 OX0의 X재와 OY의 Y재를 생산하고 있다. 그런데 노동만이 2배로 증가하고 상대가격비가 $\frac{PX}{PY}=1$의 비유로 유지된다면 이 국가는 새로 확장된 생산가능곡선 상의 B_1점에서 OX_1의 X재와 OY_1의 Y재를 생산하게 된다. 그러면 X재의 생산량은 OX_0에서 OX_1으로 확대되는 반면 Y재의 생산량은 OY_0에서 OY_1으로 감소하게 된다.

립찐스키정리에 대한 증명은 다음과 같다. 노동이나 자본과 같은 생산요소가 증가함에도 불구하고 두 재화의 상대가격 $(\frac{PX}{PY})$이 불변하면 두 재화의 생산에 투입되는 요소의 상대가격 ($\frac{w}{r}$)도 불변으로 유지된다. 왜냐하면 요소집약도 ($\frac{K}{L}$)나 노동과 자본의 생산성이 두 재화를 생산하는데 불변하면 요소의 상대가격도 불변의 상태로 유지되어야 한다.

3. 기술진보와 경제성장

1) 기술진보의 형태

모든 유형의 기술진보는 생산요소가 증가하는 경우와 마찬가지로 생산가능곡선을 바깥쪽으로 이동시킨다. 생산가능곡선이 어느 방향으로 어떤 형태로 이동될 것인가를 결정하는 것은 두 재화나 한 재화의 기술진보가 어느 정도로 일어나며 어떤 형태로 일어날 것인가에 의존한다.

기술진보는 기술개발을 통해 생산성을 증가시키기 때문에 동일한 노동과 자본을 투입하여 더 많은 재화를 생산하는 것을 의미한다. J. Hicks는 다음과 같이 세 가지 유형으로 분류하고 있다. 즉 중립적 기술진보, 노동절약적 기술진보 그리고 자본절약적 기술진보이다.

(1) 중립적 기술진보

중립적 기술진보(neutral technological progress)는 노동과 자본의 한계생산성이 동일한 비율로 증가하는 것을 의미한다. 그러므로 자본장비율 ($\frac{K}{L}$)은 기술진보가 이루어지기 전이나 후나 같다. 그리고 생산요소의 상대가격비율 ($\frac{w}{r}$)이 같다면 노동과 자본간에 서로 대체가 발생하지 않으며 더 적은 노동과 자본을 투입하여 동일한 양의 X재와 Y재를 생산할 수 있으므로 요소집약도는 일정하게 유지된다.

[그림 6-4]에 그려진 것처럼 기술진보가 이루어지기 전에 X재 1단위를 생산하는 등량곡선은 X로 표시되어 있다. 생산요소의 상대가격선을 AB로 나타낼 때 X재 1단위를 생산하는데 투입되는 최소비용점은 P점이다. 이 P점에서 OC_1의 자본과 OL_1의 노동으로 X재 1단위를 생산하게 된다. 그러나 기술진보가 이루어지면 등량곡선은 한층 더 적은 노동과 자본을 투입하는 A′B′선이 된다. AB와 A′B′가 평행한 것은 기술진보가 이루어진 후에도 요소가격비율이 불변하다는 것을 의미한다.

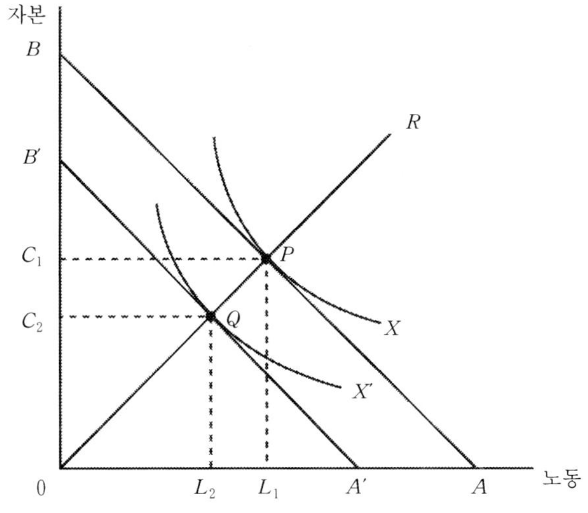

[그림 6-4] 중립적 기술진보

(2) **노동절약적 기술진보**

노동절약적 기술진보(labor saving technological progress)는 자본의 한계생산성이 노동의 한계생산성 보다 더 크게 증가하는 기술진보를 의미한다. 노동절약적 기술진보는 자본을 더 많이 투입하는 것이 비용이 절약되므로 조업을 할 때 노동이 자본으로 대체된다. 이리하여 노동에 대한 자본의 상대가격이 불변이더라도 자본의 투입비율이 증가하게 된다. 결국 기술진보가 이루어지기 전보다 더 자본 집약적인 생산방법이 된다.

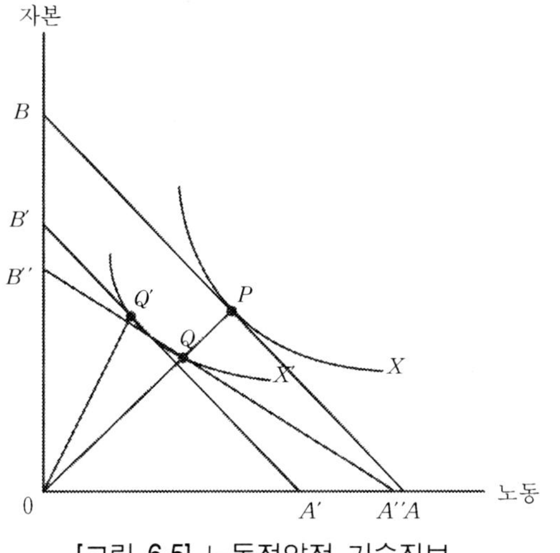

[그림 6-5] 노동절약적 기술진보

[그림 6-5]에 그려진 바와 같이 노동절약적 기술진보가 이루어지면 등량곡선 X′상에 Q′점의 기울기가 더 급하게 되므로 기술진보가 이루어진 후 한층 자본집약적인 생산패턴으로 전환하게 된다.

(3) **자본절약적 기술진보**

자본절약적 기술진보(capital technological progress)는 노동의 한계생산성이 자본의 한계생산성보다 더 크게 증가되는 기술진보를 의미한다. 따라서 자본절약적 기술진보가 이루어지면 노동의 한계생산성이 자본의 한계생산성보다 더 크게 증가되기 때문에 조업을 할 때 자본이 노동으로 대체되며 노동에 대한 자본의 투입비율은 생산요소의 상대가격 ($\frac{w}{r}$)이 불변인 상태에서 감소한다.

[그림 6-6]에 기술진보가 이루어진 후 생산요소의 상대가격비율이

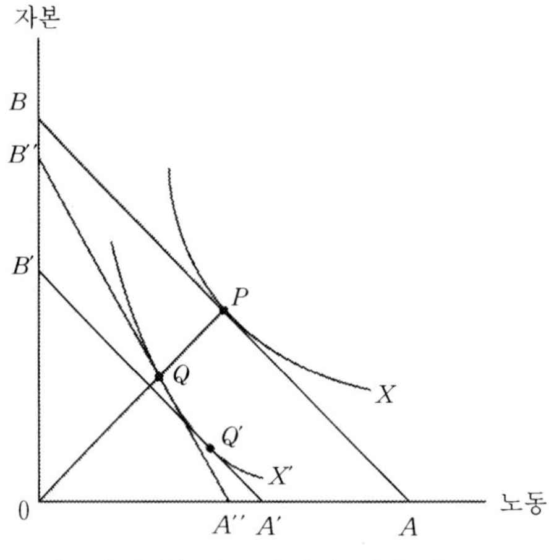

[그림 6-6] 자본절약적 기술진보

일정할 때 P점과 Q′점을 서로 비교해 보면 Q′점에서 기술진보가 이루어지기 전보다 노동을 자본보다 더 많이 투입하므로 생산방법은 한층 노동집약적이다. 이리하여 노동의 상대가격은 상승하고 자본의 상대가격은 하락하여 요소가격선은 A″B″로 이동한다.

2) **궁핍화성장**(immiserizing growth)

궁핍화성장은 일국이 경제성장이 이루어지는데도 불구하고 교역조건이 악화되어 사회복지가 하락하는 것을 의미한다. 이러한 이론은 바그와티(J. Bagwati)에 의해서 발표되었다.

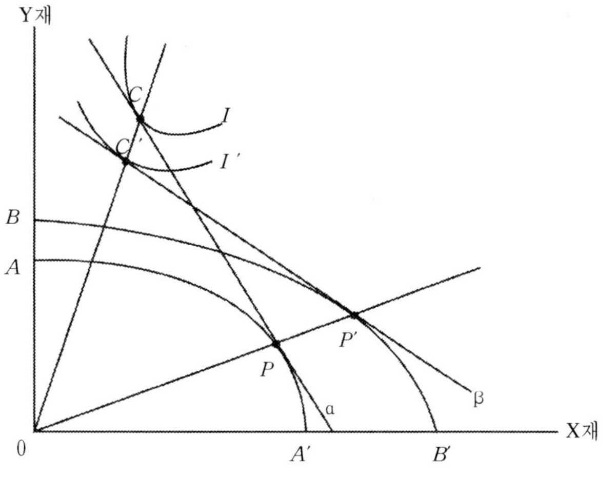

[그림 6-7] 궁핍화 성장

[그림 6-7]에서 그려져 있는 바와 같이 경제성장 이전의 생산가능곡선은 AA′선, 교역조건선은 α선, 생산은 P점에서 이루어지고 소비는 교역조건선과 만나는 C점에서 이루어지면 이 때 사회후생수준은 무차별곡선 I로 표시된다.

그런데 일국에서 수출재인 X재를 특화하여 생산량이 증가하면 생산가능곡선은 AA′에서 BB′로 이동하고 교역조건선은 β선이 되어 수출재인 X재는 불리하다. 또한 생산은 P′점에서 그리고 소비는 C′점에서 이루어지므로 경제성장 이후의 사회후생수준은 무차별곡선 I′선으로 표시되어 있어서 경제성장 이전의 후생수준 I′선보다 더 낮다. 결국 일국에서는 경제성장 이후 교역조건이 악화되어 국민소득도 감소하고 사회후생도 하락하는 현상이 발생하게 된다.

7-2 무역과 국민경제

1. 무역승수와 교역조건

1) 무역승수의 의의

오늘날 수출과 수입은 국민소득을 구성하는 주요한 부분이 되고 있는데 개방경제체제에서 국민소득 = 소비 + 투자 + 정부지출 + 수출 - 수입 이라는 등식이 성립되고 있다. 이를 기호로 표시하면 Y = C + I + G + X - M 이 된다. 따라서 수출이 증가하게 되면 국민소득도 그만큼 늘어나게 되고 이와 반대로 수입이 증가하면 국민소득은 그만큼 감소하게 된다. 즉 수출입은 그에 해당하는 금액만큼만 국민소득을 증감시키는 것이 아니라, 그 승수배 만큼 증감을 가져온다는 것이 인정되고 있다. 여기서 무역승수(foreign trade multiplier)란 수출입이 국민소득을 몇 배나 증대시키느냐를 계산하는데 사용되는 계수이다.

2) 무역승수효과

우선 국민소득의 변화와 소비지출의 변화 그리고 수출의 변동과 수입의 변동 사이에는 일정한 관계가 성립하고 있다. 왜냐하면 가계의 모든 소득은 소비하고 나머지는 저축되기 때문이다. 그리고 소비를 위한 지출을 무역상대국에서 국산품을 수입할 때와 자국에서 수입재를 구입할 때 가능하다. 그리고 소득에서 소비재에 지출되는 비율과 수입재에 지출되는 비율과 수입재에 지출되는 비율은 장기적으로 거의 일정하므로 여기서 한계소비성향(marginal propensity to consume)과 한계수입성향(marginal propensity to import)이라는 정의가 성립된다.[2] 예를 들면 소득수준이 일정할 때 그 가운데 $\frac{3}{5}$은 소비로 지출되었고 $\frac{2}{5}$는 저축되었다고 가정하면 한계소비성향은 0.6 한계저축성향은 0.4가 된다. 또 $\frac{1}{10}$만큼 외국으로부터 필요한 수입재를 구입하는데 지출하였다면 이때 한계수입성향은 0.1이 된다.

이리하여 수출이 당초 소득수준보다 몇 배나 국민소득을 증가시켰는가를 산출하는 공식은 $\triangle Y = \frac{1}{1-(\text{한계소비성향}-\text{한계수입성향})} \times \triangle X$이 된다.

위의 예에서 같이 한계소비성향이 0.6이고 한계수입성향이 0.1일 때 수출량이 100억 원이라면 국민소득의 증가는 다음과 같다.

$\triangle Y = \frac{1}{1-(0.6-0.1)} \times 100\text{억원} = 2 \times 100\text{억원}$ 즉 200억 원이 된다. 처음의 수출증가는 100억 원이었는데, 이로 인한 소득증가는 해외수출액에 2배에 달하는 효과를 나타내고 있으며 이것이 바로 무역승수효과(foreign trade multiplier effect)이다.

이와 같이 수출이 국민소득을 증가시키는데 승수 배라는 크기를 표시하는 것을 무역승수라고 하며, 위의 예에서 피승수는 2이다. 한편 저축과 수입은 국내소

---

2) 여기서 $\frac{\Delta C}{\Delta Y} + \frac{\Delta S}{\Delta Y} = 1$이 된다. 또 개방경제체제에서는 $\frac{\Delta X}{\Delta Y} + \frac{\Delta M}{\Delta Y} = 1$ 이라는 관계도 성립된다.

득에서 누출이 되므로 이 비율이 작을수록 승수는 커진다. 그러므로 한계저축성향이 크면 클수록 무역승수효과는 커지고, 이에 따라 수출에 의한 국민소득도 증대하게 된다.

2. 무역의존도와 무역이익

1) 무역이익과의 관계

무역이익은 각 국이 비교우위를 가진 재화를 특화하여 생산하고 이를 외국에 수출함으로써 발생하게 된다. 이를 외국에 수출함으로써 발생하게 된다. 무역에 의하여 어떻게 이익을 얻을 수 있느냐 하는 것은 국제무역에 관한 모든 주체의 근원이 되며, 무역이익에 관한 고전학파적인 접근을 교역조건의 결정을 통해 무역이익의 귀속을 규명하는 것이었다. 그리고 무역은 생산량의 증대와 자원의 최적배분을 실현하고 있다고 주장하고 있다.

그러나 무역에 의하여 생산량이 증가한다는 것은 확정적인 것은 아니고, 경우에 따라서 감소하는 경우도 있다. 생산량이 감소하는 경우는 국제적으로 공급의 탄력성이 큰 나라가 생산량을 축소하고 공급의 탄력성이 작은 나라가 생산을 확대하는 경우이며 국내적으로는 공급의 탄력성이 작은 상품은 생산이 확대되는 경우이다.

일반적으로 국가 간에 전문화에 의한 생산은 생산이 효율적으로 이루어지기 때문에 생산비가 절약되고 생산성이 상승하므로 국제분업의 이익을 부정할 수 없다. 전통적 무역이론에서는 항상 완전고용을 전제로 한 무역이익을 주장하였지만 근대이론에서는 완전고용은 존재하지 않는다. 그러므로 자원의 최적분배 뿐만 아니라 고용량의 증대와 관련이 있다.

이러한 관점에서 본다면 무역이익은 가격분석만으로는 파악할 수 없다. 교역조건과 더불어 무역량 자체가 무역이익의 크기를 결정하는 요인이 된다.

2) 무역의존도

일국의 국민경제가 어느 정도 무역에 의존하고 있는가를 나타내는 지표를 무역의존도(degree of dependence upon foreign trade)라고 한다. 이는 일반적으로 국민소득에 대한 수출입총액의 비율로 계산하고 있다. 수출입 총액을 수출액과 수입액으로 구분하여 각각을 국민소득과 대비하여 수출의존도와 수입의존도를 계산할 수 있다.

일반적으로 국가마다 차이는 있지만 넓은 지역을 가지고 있는 국민경제는 국내분업의 장점이 있기 때문에 무역의존도는 낮고 소득수준은 높으며, 협소한 지역을 가지고 있는 국민경제는 무역의존도가 높다. 그러므로 무역의존도는 국민경제에 있어서 무역의 중요성을 표시하며, 이는 경제성장과 더불어 점점 상승하는 추세이다.

그러나 무역은 외국의 경기변동이나 정치적인 변화에 따라서 결정적인 영향을 받게 되므로 무역의존도가 높다는 것은 그 나라의 국민경제가 외국에 많이 의존하게 되어 그만큼 불안정 상태에 있다는 것을 의미하기도 한다. 이상에서 설명한 바와 같이 무역의존도를 계산하는 방법은 다음과 같다.

$$\text{무역의존도} = \frac{\text{1년동안수출} + \text{수입총액}}{\text{1년동안국민소득총액}}$$

⑴ **수출의존도**

한 나라의 생산 중에서 수출이 차지하는 비율을 수출의존도라고 한다.

$$\text{수출의존도} = \frac{\text{1년동안수출총액}}{\text{1년동안국민소득총액}}$$

⑵ **수입의존도**

한 나라에서 사용되는 수출원재료가 외국으로부터 수입총액에서 차지하는 비율을 수입의존도라고 한다. 이는 그 나라 경제가 어느 정도로 대외경제에 의존하고 있는가를 수입량으로 측정한 것이다.

$$\text{수입의존도} = \frac{\text{1년동안수입총액}}{\text{1년동안국민소득총액}}$$

3) 교역조건

⑴ **교역조건의 의의**

교역조건(terms of trade)이란 수출재와 수입재의 교환비율로서 이는 수출재 한 단위를 해외시장에 보내 수입재를 얼마만큼 해외시장에 보내 수입재를 얼마만큼 획득할 수 있는가를 표시하는 것이다. 그러므로 일국의 수출재 한 단위와 교환될 수 있는 수입재의 양이 증가된다면 교역조건은 유리하고, 이와 반대로 감소한다면 교역조건은 불리하다. 또한 교역조건은 상품의 수출입뿐만 아니라 서비스 거래까지 포함하고 있다. 그러므로 교역조건을 측정할 때 수출입상품의 수량에 의하여 계산되는 것이 당연하지만 무게・부피・수량・길이 등 여러 가지 방식으로는 수출입 물량을 일률적으로 계산하기가 어렵기 때문에 일반적으로 수출입가격을 중심으로 교역조건을 산출하고 있다.

4) 교역조건의 종류

(1) 상품(순)교역조건(*commodity barter terms of trade, net barter terms of trade*)

상품교역조건을 N라하고 기준년도에 대한 비교년도의 수출가격을 Px라 하고 기준년도에 대한 비교년도의 수입가격을 Pm라 하면 $N=\frac{Px}{Pm}$로 표시할 수 있다.

즉 $\text{상품교역조건}=\frac{\text{수출상품가격지수}}{\text{수입상품가격지수}}$로 표시할 수 있다. 그리고 교역조건의 유리 또는 불리는 기준년도와 비교하여 그것이 어떻게 변화하는 가에 따라 판정된다. 이때 N의 지수가 100이면 교역조건은 변화가 없고 100이상이면 유리하고 100이하이면 악화되는 것이다.

(2) 총교역조건

총교역조건(gross barter terms of trade은 한 나라의 수입수량과 수출수량과의 교환비율을 말한다. 총교역조건을 G, 수입수량지수를 Qm, 수출수량지수를 Qx라하면 $\text{총교역조건}=\frac{\text{수입수량지수}}{\text{수출수량지수}}$ 가 된다.

여기서 지수가 100이상이면 일정량의 수출로 기준년도 보다 비교년도에 더욱 많은 양을 수입할 수 있으므로 교역조건이 유리해진 것을 의미하며 지수가 100이하이면 불리하게 되는 것이다.

(3) 소득교역조건

소득교역조건(income barter terms of trade)은 상품교역조건에 수출수량지수를 곱하여 구할 수 있으며 그 계산방법은 다음과 같다. 소득교역조건을 I라 하고, 순교역조건을 N, 수출수량지수를 Qx라 하면 I = N・Qx로 표시할 수 있다.

이는 $\frac{\text{수출상품가격지수}}{\text{수입상품가격지수}}\times\text{수출수량지수}$ 이다. 여기서 수출수량지수가 증가하면 특정국가의 수출총액으로 어느 정도 외국상품을 수입할 수 있는가를 측정해 주는 것이다.

⑷ 요소교역조건

요소교역조건은 순교역조건에 수출부문의 생산성지수를 곱하여 구할 수 있다.

① 단일요소교역조건

단일요소교역조건(single factorial barter terms of trade)이란 한 나라 수출산업의 실질소득 변화를 측정하는 교역조건을 말한다.

단일요소교역조건을 S라 하고 상품교역조건을 N, 한 나라 수출부문의 생산성지수를 Zx라 하면 S = N · Zx로 표시된다.

만약 어떤 비교년도에 Zx가 높아졌다는 것은 수출상품생산에 투입되는 요소투입량이 기준년도에 비해 상대적으로 또는 절대적으로 적다는 것을 의미한다. 그리고 일정한 기간에 상품교역조건이 불리하게 되더라도 같은 기간에 충분히 이를 상쇄할 수 있을 정도로 수출산업의 생산성이 상승되었다고 한다면 단일 요소교역조건은 유리하게 된다.

② 이중요소교역조건

이중요소교역조건(double factorial barter terms of trade)은 복수요소교역조건이라고도 말하겠는 데, 이는 한 나라의 수출산업의 변화뿐만 아니라 상대국의 수출산업에 있어서 생산성의 변화도 함께 고려한 교역조건을 말한다.

여기서 이중요소교역조건을 D라 하고, 상품교역조건을 N, 자국의 수출산업생산성지수를 Zx, 그리고 무역상대국의 수입산업생산성지수를 Zm이라고 하면 $D = N \cdot \frac{Zx}{Zm}$ 로 표시된다.

즉 $\text{이중요소교역조건} = \text{상품교역조건} \times \frac{\text{수출상품의생산성지수}}{\text{수입상품의생산성지수}}$ 로 산출할 수가 있다. 그러나 이중요소교역조건이 상승한다는 것은 수출상품에 투입된 국내의 생산요소 한단위로 수입재에 투입된 무역상대국의 생산요소를 더 많이 교환할 수 있다는 의미가 되지만 이중요소교역조건을 검출하기가 매우 어렵다고 한다.

제3편

국제무역정책

제8장 무역정책의 성격과 기조

8-1 무역정책의 의의와 목표

1. 무역정책의 의의

국제무역정책(foreign trade policy)은 국제무역에 관한 국가의 정책을 의미한다. 국제무역은 국제수지를 구성하는 근간으로 일국의 경제성장과 경제발전 기술진보 국민복지 등에 지대한 영향을 미치고 있다. 그러므로 무역정책은 경제정책의 일환으로서 주요한 의미를 함축하고 있다.

근대 무역정책은 18세기 고전학파 무역이론을 논거로 하여 자유무역정책을 발전시켰으며 이에 반대하여 당시의 농업국가인 미국의 해밀톤(A. Hamilton)과 독일의 리스트(F. List)에 의해 보호무역정책을 주장하게 되었다. 그 이후 무역정책분야는 자유무역과 보호무역으로 나누어 논쟁을 계속하여 왔다. 그러나 제1차세계대전 후 국제정세가 격변하게 되어 자유무역을 실시하는 나라는 거의 찾아 볼 수 없었으며 1930년 대공황이 발생하자 세계 주요국가들도 일제히 보호무역을 실시하게 되었다. 그 이후 제2차 세계대전이 발발하고 국제정세는 혼미한 상태가 계속 전개되어 각 국들은 눈앞의 당면 과제인 긴급대책을 수립하고 이를 실천하는데 골몰하였다. 때문에 정책에 대한 비판이 성숙되기 전에 이를 대신하는 정책이 입안되고 실행되는 상황이 반복되었다.

2. 무역정책의 목표

무역정책은 국제수지 불균형을 조정하여 국제수지를 균형 시키는 것을 목표로 하고 있다. 일국의 국제수지가 불균형상태에 있다는 것은 자국과 무역상대국 간에 기술격차가 있음을 의미한다. 따라서 무역정책은 이러한 문제점들을 해결하여 국제수지 균형을 유지하면서, 국제무역의 건전한 발전을 이룩하는데 목표가 있다.

한편 무역정책은 국내 유치산업을 보호하기 위해 정책수단인 관세를 부과하고 있는데 이는 국내 상품과 경쟁관계에 있는 외국 상품의 수입을 억제하는 것이다. 완전고용은 세계 모든 국가들이 추구하는 공통된 목표이다. 수출은 무역승수효과(multiplier effect of trade)를 통하여 경제성장의 원동력이 되며 고용기회를 확대시킨다. 그리고 경제안정을 실현하는데도 무역정책의 목표가 있다.

3. 무역정책의 조류

1) 무역정책의 특성

국제무역거래를 대상으로 하는 국제무역정책의 특성은 다음과 같다.

첫째 국제무역정책도 국내 무역량을 증대시키고 경기를 진작하며 경제성장과 경제발전을 이룩하는 종합적인 특성이 있다. 일국의 산업구조나 교육수준도 무역량이 확대되느냐 아니면 축소되느냐에 따라 영향을 받을 뿐만 아니라 국내 경기변동에 까지 영향을 미치게 된다.

둘째 무역정책을 전개하기 위해서는 무역상대국의 정부와 무역량의 규모를 인식하고 대응해야 한다. 그 이유는 무역상대국을 의식하여 정책수단을 전개해 나가는 데는 어려움이 있기 때문이다. 예컨대 일국이 자국의 산업을 보호하기 위해서 수입제한조치를 하면 국내산업은 보호효과에 의해서 생산량과 고용량이 증대되지만 무역상대국은 수입이 증대하고 수출이 감소하는 무역구조가 되어 교역조건이 악화될 뿐 아니라 산업전체가 어려움을 겪게 된다.

2) 무역정책의 기조

무역정책은 경제발전단계에 따라 다르지만 보호무역론은 학문적으로 자유무역론과 양립되어 논쟁이 계속되고 있으며 실제로 정책을 집행할 때도 선택적인 경우가 대부분이다.

세계 각 국이 협력하는 분위기가 조성되면 자유무역주의가 지배적으로 되겠지만 실제로 정책을 전개할 때는 보호무역주의가 지배적이다. 그러나 일반적으로 선진국에서는 자유무역정책이 개도국이나 후진국에서는 보호무역정책이 실시되었다. 또한 각 국의 산업구조가 이질적인 경우에는 자유무역정책이 팽배해 있었고 동질적인 경우에는 보호무역정책이 우선적으로 전개되었다.

(1) 자유무역주의

자유무역주의는 자유무역을 실현하기 위한 사상으로 국제무역을 실시할 때 관세장벽이나 비관세장벽과 같은 국가의 간섭이나 규제를 배제하고 국제무역을 자유롭고 무차별하게 실행하자는 것이다. 자유무역주의가 의도하는 바는 시대적인 배경에 따라 양상을 달리하고 있다. 자유무역주의는 절대생산비 차이를 기본으로 하여 이루어졌으며 최초의 자유무역주의는 흄(D. Hume)의 중상주의에 대한 비판에서 비롯되었다.

(2) 보호무역주의

① 해밀톤의 공업보호론

보호무역주의를 최초로 주장한 사람은 미국의 해밀톤(A. Hamilton)이었다. 그가 의회에 제출한 제조업보호론(Report on manufacture, 1791)에 기술되어 있는 바와 같이 미국정부는 보호무역을 실시해야 한다고 주장하였다.

해밀톤은 미국이 영국에 비해 산업이 유치하므로 보호정책을 실시하지 않는다면 영국 제품과 경쟁할 수 없다고 확신하였다. 또 미국은 광활한 국토를 보유하고 있고 자원도 풍부하게 부존되어 있지만 농업에만 의존해서는 미래의 성장과 발전을 기대할 수 없다고 보았다.

그러나 제조업은 농업과는 달리 산업자체를 특화하여 세분화할 수 있으며 생산성을 향상시킬 수 있다. 미국과 같은 농업국에서는 산업발전을 기대할 수 없으므로 국가의 정책에 의해 산업을 보호하고 육성해야 한다고 역설하였다. 당시 미국은 노동력이 부족하여 생산에 지장이 있었지만 제조업이 육성되면 세계 각 국으로부터 이민이 발생하므로 국내산업에 필요한 노동력을 제공할 수 있으며 농산물에 대한 수요도 증가하여 농민들의 소득까지 향상시킬 수 있다고 주장하였다. 그는 자유무역제를 폐지하여 영국에서 수입하는 제품에 대해 관세를 부과하는 보호관세제도가 정책수단으로 강력한 효과가 있다고 기술하였다.

② 리스트의 보호무역론

보호무역정책은 각 국의 경제발전단계에 따라 정도의 차이는 있지만 모든 국가가 실시하여 왔다. 당시 농업국이었던 독일에서 경제발전단계에 적합한 보호무역주의를 주장한 학자는 리스트(F. List)였다. 그는 자신의 저서인 정치경제학의 국민적 체계(Das national system der politischen oeconomie, 1941)속에 이와 같은 내용을 기술하였다.

리스트는 스미스의 자유무역론을 심하게 비판하면서 유치산업보호론을 강조하였다. 그는 당시 독일이 처한 정치적 경제적 현실을 반영하고 있었는데 그 무렵 독일도 정치적으로 몇 개의 국가로 분리되어 있었지만 1834년 관세동맹을 결성한 후 상업이 발달하여 국내산업을 발전시키는 전기를 마련하였다. 결국 독일은 유치산업을 보호 육성하고 동시에 국내 시장을 확대시켜 경제발전 단계를 농공시대에서 농공상시대로 진입할 수 있다고 믿고 있었다.

리스트이론에 의하면 마지막 단계인 농공상단계에 도달하면 자유무역을 실시해야 한다라고 주장하였다. 왜냐하면 농공상단계에서는 자유무역으로 일차산품이 수출되고 공산품이 수입되어 농업과 제조업이 동시에 발전할 수 있으며 또 해외로부터 모방이나 기술이전에 의해서 생산성이 상승하기 때문이다.

4. 중상주의 무역정책

1) 중상주의 무역정책의 의의

중상주의(mercantilism)는 15세기 말부터 18세기 중반에 걸쳐 유럽국가들에 널리 보급된 최초의 무역정책사상을 의미한다. 중상주의를 부르짖는 사람들은 국가의 목표가 오직 금과 은을 중시하고 이를 획득하기 위하여 수출을 장려하고 수입을 억제하여 무역차액(balance of trade)을 실현해야 한다는 데 있다.

2) 중상주의 무역정책의 특성

⑴ 중금주의 정책

중금주의(bullionism)는 절대군주국가시대에 군주가 금·은 보화를 축적하는 것이 국가의 부를 실현하는 길이라고 생각하고 귀금속을 획득하는데 정책의 목적을 둔 경제사상이며 이런 사상은 영국 프랑스 독일에서 지배적으로 나타났다. 중금주의 정책은 주로 절대군주가 국가 재정을 건전하게 하는데도 목적이 있으므로 무역거래를 규제하고 간섭하였다.

이 시대에 구체적인 정책수단은 사치품 수입을 금지하며 세관을 통해서 귀금속을 해외로 유출시키는 일체의 행위를 감시하고, 해외 수출을 통해서 취득한 화폐는 국산품을 구매하는데 사용해야 한다고 규정한 사용조례, 외국환에 대한 국가의 통제 등이 있다.

⑵ 산업보호정책

중상주의는 중금주의정책과 무역차액정책을 거쳐 산업보호정책으로 발전하였다.

이 시대에서는 해외무역에 중점을 둔 농공의 보호가 주장되었다. 단순한 유치산업의 보호가 아니라 외국에서 저임금으로 생산한 상품이 수입됨으로써 자국의 제조업이 피해를 보지 않도록 보호하여 무역차액을 실현하고 국내의 고용수준을 향상시키고자 하였다. 외국에서 제조업(manufacture)에 의해 생산한 상품이 수입되는 것을 방치해 두면 무역차액도 실현할 수 없을 뿐만 아니라 대량의 실업과 기업이 도산하는 사태가 발생할 것이므로 이에 대한 보호의 필요성이 절실하게 감지되었다. 또 농업부문에서도 곡물가격을 일정하게 유지하기 위하여 수입을 제한하고 수출을 장려하는 정책을 실행하였다.

이와 같은 산업보호정책은 국가마다 동일하게 전개되었는데 영국의 예를 들면 해외로부터 공산품을 수입할 때 관세를 부과하였다. 국내 상업을 촉진시키기 위해 교통을 편리하게 하고 해외 식민지를 쟁탈하여 보유하며 무역회사를 보호하고 육성하였다. 그리고 외국과 통상조약을 체결하고 항해조례를 제정하여 선포하였으며 국내 농산물가격을 높게 유지하는 정책을 전개하였다.

5. 자유무역정책

1) 자유무역사상의 배경

외국무역이 국민경제 미치는 이익과 손실에 따라서 국가의 정책은 크게 달라질 수 있다. 실제로 국가의 무역정책은 국민경제에 많은 영향을 미치고 있다. 국민은 경제주체로서 생산자도 되고 소비자도 되므로 개방경제체제에서 무역정책 효과는 지대하다. 국가의 수입억제정책은 수입품가격을 상승시키게 되어 소비자의 부담을 가중시키고 있다. 그러나 자유무역정책은 자국민에게 국제분업의 이익을 누리게 하고 있다. 따라서 국가의 무역정책은 무역상대국에게 지지를 받을 때도 있으나 이와 반대로 무역상대국으로부터 불신과 보복을 야기 시킬 때도 있다.

이리하여 국제무역론은 자유무역론이나 보호무역론과 같이 이분법으로 나누어져 오랜기간 동안 논쟁이 계속되고 있을 뿐만 아니라 각 국이 경제정책을 실행할 때 마찰을 야기하고 있다. 그러므로 시대에 따라 자유무역주의가 세계를 지배하기도 하고 보호무역주의가 전성시대를 구가하기도 한다. 그러나 무역이론은 자유무역주의가 주류를 이루고 있으면서 정책은 보호무역주의로 기울어지는 추세였다.

무역사상이나 무역정책에 관한 탐구는 자본주의가 생성되는 시대에 지배적인 경제사상으로 작용하여 왔던 중상주의에서 찾아야 할 것이다. 먼저 자유무역론에 대한 이론적인 발전과정을 살펴보면 자본주의가 생성되는 초기에 중상주의 시대의 무역정책을 비난한 스미드의 국부론까지 소급해야 한다. 스미드는 중상주의의 본질인 부가 오직 금·은의 축적에 의하여 형성된다는 것은 잘못된 견해라고 신랄하게 비판하고 있다. 즉 중상주의 시대의 경제정책은 국부가 금·은의 보유량에 의해서 결정되기 때문에 이러한 귀금속을 획득하기 위해서는 국가에서 수입량은 억제하고 수출을 장려하며 원료는 수입해야 한다. 또 국내 소비는 가능한 줄이면서 국내에서 생산된 생산물을 외국에 많은 양을 수출하는데 중점을 두고 있다.

그러나 스미드는 다음과 같이 세 가지 근거에 의하여 중상주의와는 다르게 자유무역론을 주장하고 있다. ① 소비자이익이란 관점에서이며 ② 자유경쟁을 통한 경제발전을 추구하는데 있으며 ③ 국제분업의 이익이란 관점에 근거를 두고 있다.

2) 자유무역의 일반적 논거

(1) 소비자 이익론

소비자의 이익을 주장한 것은 자유무역론이 사회적 관점에서 주장한 이론이라고 볼 수 있다. 즉 소비행위는 생산행위의 유일한 목적이므로 생산자의 이익을 침해하지 않는 범위에서 고려되어야 한다. 또 소비자는 다수이지만 생산자는 소수이므로 생산자의 이익을 위하여 소비자와 같은 다수자의 이익을 희생시킨 결과가 된다. 그러므로 소비자의 입장에서 볼 때 소비재의 생산지가 어느 지역이든지를 불문하고 소비자는 최저가격으로 구입함으로써 이익을 얻을 수 있는데 만약 국가가 보호무역정책을 실행하게 되면 소수의 생산자를 위하여 다수의 소비자 이익이 희생되는 결과가 된다. 그러므로 보호관세에 의해 외국상품 수입을 억제하고 수입재에 비해 품질이 못한 국산품의 사용을 소비자에게 강요하는 것은 소비자의 이익을 무시하는 결과가 된다는 것이다.

특히 국가가 생산자에게 수출장려금을 주어 제품의 판로를 해외시장에 확장하는 정책은 국내 소비자에게 이중 부담을 주는 결과가 된다고 비난하고 있다. 왜냐하면 수출장려금제도는 국내 시장에서 물가를 상승시키며, 다른 한편으로는 수출장려금 지불을 위한 재원은 일반 국민이 부담하는 조세에 원천을 두고 있다. 그러나 중상주의시대에서는 소비자의 이익이 언제나 생산자의 이익을 위하여 희생되어 왔으며 모든 상업이나 사업의 궁극적인 목적으로 생산이 고려되었다고 스미드는 비판하고 있었다.

물론 고전학파 경제학자들은 소비는 경제행위의 목적이 되며 생산은 수단에 불과하다는 내용은 이미 알려져 있다. 그러나 생산자의 이익을 도모하는 것이 곧 소비자의 이익을 희생시키며 또한 보호무역이 생산자의 이익만을 고려하고 근로자를 포함한 국민전체의 이익을 무시한다고 볼 수 없다. 왜냐하면 현실은 교환경제체제이므로 생산된 제품은 자신을 위해 소비하지 않고 화폐와 교환되며 교환된 화폐는 생산자의 소득뿐만 아니라 생산과정에 참여한 구성원들에게 소득으로 배분되고 또 배분된 소득은 다시 소비와 투자로 지출되기 때문이다. 따라서 국내산업을 보호하고 육성하기 위한 보호무역은 보호효과가 생산자에게만 배분되는 것은 아니다. 즉 보호정책에 의해서 산업이 성장하고 발전하면 고용량이 확대되고 생산량이 증대되어 결과적으로 소득이 상승될 뿐만 아니라 가격이 싼 제품을 구매할 수 있으므로 소비자의 이익도 증가된다는 점에서 비판의 대상이 되고 있다.

(2) 자유경쟁설

고전학파의 이론 중에서 자유무역론 지지하는 학설로서 자유경쟁설이 있다. 이 이론에 의하면 자유경쟁은 산업발달 촉진시키는 가장 유력한 자극제이며 기술진보나 경영개선도 자유경쟁에 의해서 촉진될 수 있다고 강조하고 있다. 이와 같이 자유경쟁이 경제발전에 유익하다면 국내 경제뿐만 아니라 대외무역에서 자유경쟁을 적용하는 것이 경제발전을 촉진시키는 첩경이 된다고 주장하였다. 그러나 이와 같은 이론도 자유경쟁의 장점만을 고려하고 단점은 배제했다는 점에서 비판의 대상이 되고 있다.

자유경쟁은 경쟁에서 승리를 하게 되면 이익이 되겠지만 패배자에게 불이익은 감수해야 한다. 경쟁국가간에 기술수준이 대동소이할 때는 경쟁에 의한 자극으로 효율이나 경영면에서 개선이 이루어질 수 있으나 양국 간의 생산력의 차이가 현저하게 큰 경우 열위에 있는 국가의 산업은 도산할 수밖에 없다. 이런 경우 국가의 보호정책에 의해 수입경쟁 산업을 육성하고 연구개발투자를 지속적으로 해야 할 것이다.

(3) 국제분업론

스미드는 자유무역을 주장할 때 이론적 근거를 국제분업의 이익에 두고 있었다. 그는 국제분업론을 설명하기 위하여 우선 인간이 지닌 경제활동의 동기부터 설명하면서 합리화를 추구하였다. 즉 인간의 근본적인 경제활동의 동기는 이기심(self-interest)에 있으며 이를 위해서는 자신에게 가장 유리한 자본과 노동의 사용법을 선택할 것이다. 또한 이와 같은 개인의 이기심을 충족하기 위한 경제활동은 서로 충돌될 것 같지만 이는 보이지 않는 손(invisible hands)에 의하여 조화되며, 개인의 이기심에 의한 이익추구는 결과적으로 사회전체의 이익과 일치된다는 것을 주장하였다. 스미드는 이와 같은 원리를 외국무역에 적용하였다.

실제로 개인이 이기심에 따라 경제적인 이익을 추구하려면 분업의 원리에 따라서 경제 행위를 해야 한다. 이것은 시장의 크기에 따라 제한을 받게 되므로 넓은 시장은 분업의 성패를 좌우하는 요건이며 이것은 자유무역에 의하여 기대할 수 있다고 하였다. 그리고 자유무역에 의하여 자국에서 생산하는 것보다 저렴한 가격으로 외국에서 생산할 수 있다면 그 생산물은 외국에 비하여 절대적으로 우위에 있는 상품을 특화하여 그 생산품의 일부를 외국의 생산품과 교환하는 것이 유리하다는 것을 주장하였다.

다시 말하면 국제분업을 통해서 상호무역을 하면 무역상대국도 무역이익을 얻을 수 있다는 주장이다. 또 경제적으로 능률을 극대화할 수 있는 분야에 전문화하는 것이 생산량도 증대시키고 세계 무역량도 최대로 된다는 것은 의심할 여지가 없다. 이는 국제 간에 무역을 자유화할 때 각 국은 유리한 조건에서 생산할 수 있는 상품을 만들어 상호 수출함으로써 가장 효율적인 국제분업이 자동적으로 이루어질 수 있을 것이다.

그러나 이와 같은 주장은 현실적인 측면에서 볼 때 외국무역이나 국제분업의 발전단계를 완전히 도외시한 행위라고 하지 않을 수 없다는 견지에서 비판을 받고 있다. 경제가 성장하고 발전하기 위해서는 외국무역은 항상 필연적이라고 보겠지만 국가마다 경제발전단계가 차별화 되면 외국무역의 역할이나 형태도 서로 다르다는 것이다.

6. 보호무역정책

1) 유치산업보호론

유치산업보호론(infant industry arguments for protection)은 자국의 산업이 향후 외국의 산업과 자유경쟁에서 살아남을 수 있으나 현재 수준에서는 유치한 단계에 있으므로 산업을 보호·육성하여 발전시켜야 한다는 것이다. 유치산업보호론은 미국의 해밀톤(A.Hamilton)에 의해 최초로 주장되었다. 그는 여러 가지 관점에서 국내 산업의 다면화를 위한 공업화를 역설하였으며, 특히 유치산업을 육성하기 위한 보호무역의 필요성을 강조하였다.

한편 독일의 리스트(F.List)는 경제발전단계설과 생산력설을 종합하여 실천적이론체계를 세웠으며 그 이론 가운데 유치산업보호론이 기술되어 있다. 그는 유치산업을 위한 보호정책을 단지 농공단계에서 농공상 단계에 이르기까지만 실행해야 하며 그 이후에는 보호해야 할 필요성이 없다는 점이 유치산업보호론의 특징이라고 할 수 있다.

자국에서 X재산업이 유치산업이라고 하면 <그림 7-1>에 예시된 바와 같이 AB는 생산가능곡선을 의미하고 있다. 자유무역을 실시하게 되면 자국은 Y재를 전문화하여 이를 수출하고 소비는 C점에서 이루어질 것이다. 그러나 자국에서 고율의 관세를 부과하여 수입이 금지되면 생산가능곡선상의 P점에서 X재와 Y재를 동시에 생산하여 소비하게 된다.

결국 자국에서 보호관세를 부과한 후 국민들의 후생수준은 소비무차별곡선 U_2에서 U_1으로 하락하게 된다. 그러나 시간이 지나 갈수록 X재생산이 증가하고 비용은 체감하여 자국의 생산가능곡선은 오른쪽 위쪽으로 이동하게 된다. 이는 생산가능곡선 AB_1으로 표시하고 있다.

그런데 자국에서 자유무역정책을 실시하면 생산점은 생산가능곡선 상의 P_1점이 되며 소비점은 C_1점이 된다. 이때 자국은 X재를 수출하고 Y재를 수입하게 된다. 이리하여 유치산업이 비교우위산업으로 전환되고 국민들의 복지수준도 증대된다. 왜냐하면 교역조건선인 β와 만나는 소비무차별곡선 U_3선 상의 C_1점에서 소비가 가능하기 때문이다.

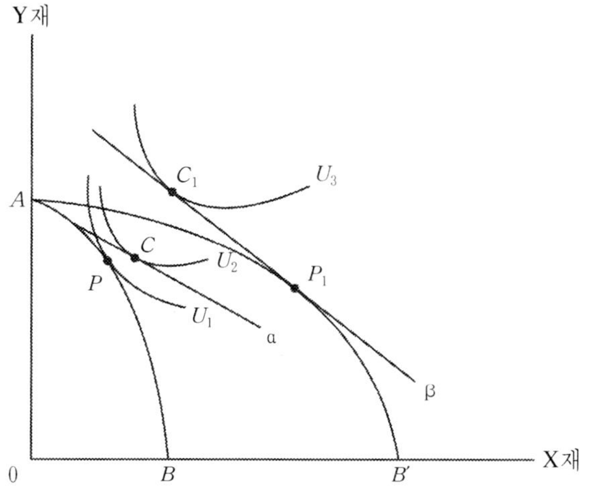

[그림 7-1] 유치산업육성의 효과

한편 소비무차별곡선이 U_2선에서 U_1선으로 하락하는 것은 보호관세를 부과함으로써 발생하는 사회비용인 반면에 소비무차별곡선이 U_1선에서 U_3으로 상승하는 것은 사회 이익을 나타내고 있다. 이런 점에서 자유무역론자들도 이 타당성을 인정하여 보호무역의 근간으로 하고 있다.

2) 보호무역론과 국민경제

1871년 독일제국이 성립된 후 독일은 자유무역을 적극적으로 추진하여 왔으나 1879년 비스마르크(Von Bismark)가 관세법을 개정하고 나서부터 본격적으로 보호무역정책으로 전환하게 되었다.

보호무역주의론자들은 정부의 보호정책에 의하여 국내 산업구조도 변모하여 생산량이 증대하고 소비량도 증대된다고 주장하고 있다. 이와 반대로 자유무역론자들은 보호무역에 의해 생산량이 증대시키는 것은 다른 산업의 희생이 없이 이루어질 수 없으며 소비량이 증대하는 것도 국민전체로 보면 기대하기 어렵다는 것이다.

이러한 논쟁이 계속되고 있는 가운데 자국이 보호무역정책에 의해 수입대체산업이 육성되어 생산재 생산이 증가하고 소비재 생산도 증가되었다고 가정해 보자. 이 때 자국내 유효수요가 불변한다면 보호를 받지 못한 산업에서 생산 된 제품의 가격은 하락하게 된다. 물론 생산재 생산의 증가가 큰 폭으로 이루어지는 경우는 국내경제 전반에 경기를 진작시킬 수 있다. 왜냐하면 생산재 생산이 증가하면 고용을 증대시키고 은행의 대출도 확대될 것이므로 결국 이런 자금흐름은 소비자에게 넘어가게 되어 소비재에 대한 수요는 증가하기 때문이다.

특히 보호무역은 근로자의 실질임금을 증대시킨다는 측면에서 강력하게 주장되고 있다. 즉 보호무역은 취업의 기회를 증가시킬 뿐만 아니라 실업률을 떨어뜨리는 장점이 있다는 것이다. 자유무역이 실시되는 경우 국내산업은 외국상품과 치열한 경쟁을 하게 되므로 경영에 어려움이 있으며 고용이 불안하지만 보호무역에 의해 국내 산업이 육성되면 기업은 번영하며 더 많은 근로자를 고용할 수 있다.

8-2 신자유무역정책

1. 신자유무역의 의의

일반적으로 경제적 의미에서 자유화(liberalization)는 개방경제체제로 이행하는 것을 의미한다. 개방경제체제로 이행하려면 대외 경제거래에서 수량제한은 물론 수출입 제한 조치까지 철폐하는 것을 원칙으로 하고 있다.

그러므로 과거 자유무역주의와 최근 무역자유화는 기본적으로 차이가 있다는 것을 주목할 필요가 있다. 전자는 국민경제가 봉쇄경제체제에서 개방경제체제로 전환하는 것을 의미하며 후자는 세계화 추세에 발맞추어 경제주체들이 이익을 추구할 수 있는 개방경제체제라는 점에서 차이가 있다. 특히 과거의 자유무역은 자국 국민경제의 이익에만 집착한 나머지 무역상대국의 이익은 전혀 고려하지 않았다. 이에 따라 상대국이나 제3국의 이익을 침해하기 쉬웠기 때문에 오히려 무역을 기피하는 현상이 발생하였으며 폐쇄 경제를 고집하였다.

그러나 최근 무역자유화는 WTO(World Trade Organization)와 같은 세계무역기구를 바탕으로 하여 새로운 경제환경이 조성되어 가고 있으며, 개도국이나 저개발국가의 경제발전을 촉진시키고 있는 점이 특징으로 되어 있다.

오늘날 세계적으로 확대되고 있는 무역자유화도 어디까지나 독점기업(다국적기업)이 고도로 발달한 경제체제 하에서는 한계에 도달할 수밖에 없을 것이다. 즉 과거의 자유무역주의는 각 국간에 비교생산비 원리에 입각한 국제분업을 기초로 하여 무역을 촉진시켜 왔으나, 오늘날은 각 국의 독점기업을 중심으로 해외 시장을 개척하는 전략으로 하고 있다. 더구나 과거의 선진국들은 식민지를 확보하고 있었지만 오늘날 선진국은 식민지를 갖고 있지 못할뿐더러 기술혁신으로 신제품이 지속적으로 개발되고 있기 때문에 국가 간의 수출마케팅이 치열하게 전개되고 있으므로 이를 위한 완충장치로서 무역자유화가 추진되었다.

2. 무역자유화

개별적으로 현존하는 세계 각 국의 무역을 일괄적으로 국제무역기구에 포함시켜서 종전과 같이 쌍무주의적인 무역을 다자주의 무역으로 이행하게 함으로써 세계 시장을 더욱 확대시켜 보려는 선진국 중심의 무역이 바로 무역자유화이다.

이리하여 무역자유화는 어디까지나 국제분업의 효율성을 존중하면서도 국제협력을 실현시켜 나가야 하기 때문에 이에 대한 국제 기구를 조직하는 것이 무엇보다 절실하게 요구되어 왔다. 이것이 바로 무역자유화를 주도하고 있는 GATT의 역할이다.

GATT의 기본원칙은 최혜국대우와 관세양허로서 GATT 11조의 규정에 따라 가맹국가는 조세나 과징금을 제외하고 수입할당제나 수입수량제한을 할 수 없도록 명시하고 있다. 특히 OEEC의 지역적인 블록경제를 형성하여 서부 유럽은 역내 상호간의 자유화가 추진되었으며, 다각적인 결제를 목적으로 하고 있는 유럽결제동맹에 의하여 그리고 미국원조에 의해 이루어진 서부유럽의 경제발전은 역내

무역자유화를 더욱 급속도로 진행시켰다.

이와 같은 블록경제의 안정과 성장으로 인해서 미국 수입품에 대한 제한조치도 현저하게 완화되었는데 대미자유화율은 1953년 11%에서 1957년에는 61%로 상승하였다. 대미자유화가 구체화되기 시작한 시기는 달러 부족이 완화되기 시작한 때와 일치하였다. 이리하여 1958년 EEC결성과 함께 무역자유화는 급속도로 진전되어 1961년 역내 자유화율은 94% 대미자유화율은 80%까지 상승하여 1967년 케네디 라운드의 타결로 말미암아 무역자유화율은 더욱 박차를 가하게 되었다.

3. WTO체제 하의 신무역질서

1) WTO체제의 출범

1986년 9월 우루과이 푼타델에스테(punta del Este)에서 시작하여 1994년 4월 모로코의 마라케시(Marrakesh)회의에서 새로운 국제무역질서를 규율하기 위하여 1995년 1월 1일에 WTO(World Trade Organization)를 창설하기로 합의하였다.

이 WTO체제는 신보호주의가 확산되고 있고 차별적인 지역주의가 만연되고 있는 현실을 규제하지 못한 GATT의 기능을 강화하면서 농산물, 서비스, 지적재산권, 투자 등과 같은 통상과제를 포함하여 GATT체제에서는 묵인된 무역규제조치를 자유화시킴으로써 시장개방의 폭을 확대하는 것이다.

앞으로 WTO체제는 21세기 세계경제질서를 유지하기 위해 노력할 것이며, 시장경제에 적합한 규칙을 제정하고 이 규칙을 준수하지 않을 때는 제재 할 수 있는 권한을 갖게 되었다. WTO는 UR이 타결되기 이전 GATT가 상품분야에만 한정하는 것과는 달리 전체산업을 포함하여 관장하게 되었다.

2) WTO체제의 특징

WTO체제의 특징을 요약하면 다음과 같다.

첫째 WTO라는 설립을 협정하여 법인격(legal personality)을 부여하고, 그 기능을 수행하기 위해 법적능력(legal capacity)을 부여하였다. 법인격을 갖는 것은 WTO가 국제법상 권리 의무의 주체가 되고 법적 구속력을 갖는 것을 의미한다.

둘째 WTO체제에서는 양국 간 쌍무협상을 줄이고 모든 현안들을 다자간 협상체제로 전환하자는 것이다.

셋째 WTO는 각 국을 대표하는 각료회의를 의결기구로 하여 2년에 한 번 개최하도록 한다. 본 회의에서 의사결정 방식은 합의제를 원칙으로 하지만 회원국간에 합의가 이루어지지 않을 경우 다수결투표를 원칙으로 하고 있다.

넷째 WTO체제에서는 관세율을 대폭적으로 낮추는데 기여할 뿐만 아니라 일부 품목에서는 관세를 부과하지 않는다. 그리고 비관세장벽을 철폐하기 위한 구체적인 조항도 제정하였다.

다섯째 WTO는 무역정책기구를 설치하여 회원국의 무역정책과 관련법제도 및 관행을 평가하여 이를 다른 회원국에게 투명하고 명료하게 제시하는 제도를 실시한다.

3) WTO체제의 전망

21세기 세계경제를 지배하는 기본질서로서 WTO체제가 출범하여 세계 각 국은 적절한 국내법을 제정하기 위해 노력하고 있다. UR협정에서는 모든 분야를 무역자유화하기로 결정했기 때문에 앞으로 1차산업에서 2차산업, 3차산업, 4차산업에 이르기까지 무역규모는 대폭적으로 팽창될 전망이다.

더욱이 2000년 이후에는 모든 분야에서 무관세로 인해 세계무역에서 관세장벽의 의미는 상실되어 국경 없는 무한경쟁시대가 될 것이다. 그러므로 제조업에서 생산되는 상품은 무역구조의 전환이 필요하다. 또한 지적재산권과 서비스 품목에 대한 자유화로 인해 기술혁신은 불가피하게 이루어져야 할 것이고 최첨단 상품은 무역량이 더욱 증대될 것이다.

그렇지만 WTO체제는 세계 경제를 주도하는 새로운 기본질서는 될 수 있지만 지역 이기주의를 극복하기에는 한계가 있다. 또한 미국도 WTO체제가 발족한 이후 수퍼 301조 등 강력한 보복수단을 동원하여 통상압력을 가하고 있으며, 국가간에 통상마찰이 계속되고 있다. 이리하여 새로운 협상의제들이 대두되고 있다.

제9장 무역정책수단

9-1 관세

1. 관세의 의의

관세(tariffs, customs duties)는 수출재나 수입재가 관세영역(customs territories)또는 관세선(customs line)을 통과할 때 정부가 부과하는 조세를 의미한다. 일반적으로 관세라고 하면 국경관세를 의미하나 자유항(free port)과 같이 역내와 역외 사이에 관세선을 설정하여 놓고 관세를 징수하는 경우도 있다. 그리고 관세동맹(customs union)과 같이 관세선을 타국의 영역에까지 확대하고 있는 경우도 있다.

관세의 역사는 고대시대까지 소급할 수 있으며 당시 도로 교량 항만시설 등의 사용료나 화물운송이나 여객을 보호하고 경비하는 수수료가 그 효시가 되었지만 이것이 나중에 관세가 되었다.

관세는 본래 국가의 재정수입을 목적으로 관세법에 의해 강제로 부과하고 있으며, 국내소비를 궁극적인 대상으로 하는 소비세이므로 이는 납세자로부터 담세자로 조세가 전가되는 것이다. 그러나 최근에는 재정수입 보다 경제정책적인 목적이 더 중시되어 왔다는데 특징이 있다.

2. 관세의 분류

1) 상품의 이동방향에 의한 분류

⑴ **수입세**(*import duties*) : 수입세는 수입재에 대하여 부과하는 관세를 말한다. 수입관세를 부과하는 목적은 국내산업과 고용을 보호하고 교역조건과 국제수지를 개선시키며 재정수입을 증대시키기 위한 것이다.

⑵ **수출세**(*export duties*) : 수출세는 수출재에 대하여 부과하는 관세를 말한다. 오늘날 수출세는 부과하지 않는 국가가 대부분이다. 그러나 수출세를 부과하는 경우는 다음과 같이 3가지 이유에 기인한다.

① 재정정책 ② 산업정책 ③ 국가정책의 목적이 있다. ①의 경우는 국가의 재정수입을 얻기 위한 것이며 이는 세계 시장에서 중요한 지위를 차지하고 있으며, 또 수출국이 독점적 위치를 누리고 있는 경우에 채택되고 있다. 제1차 세계대전

후 유럽에서 국내가격과 외국가격 사이에 큰 격차가 발생한 경우 수출재 가격의 일부를 수출세로서 부과하여 재정수입의 증가를 기도하였다. ②의 경우는 국가의 중요한 자원이 국외로 유출됨으로써 외국산업의 발전을 조장하고 국내산업과 경쟁이 될 위험이 내재하고 있을 때이다. ③의 경우는 흉년에 농산물이 많이 수출되어 국내에서 기근이 발생할 위험이 있을 때 수출재에 부과되는 것이다.

⑶ **통과세**(*transit duties*) : 통과세는 자국의 관세영역을 통과하여 다른 국가로 수송되는 재화에 대하여 부과하는 관세를 말한다. 통과세는 중상주의 시대에 몇 개국이 재정수입을 확보하기 위해 부과한 적이 있었으나 그 후 외국재화가 자국의 국경을 통과하는 것을 억제하고 인근국가에 자국의 수출을 증가시키기 위해 부과하였다.

통과세는 1921년 바르셀로나(Barcelona)에서 체결된 협정에 의하여 이를 폐지하게 되었으며 GATT 협정에서도 통과세를 면제하여야 한다는 규정이 있다.

2)과세목적에 의한 분류

⑴ **재정관세**(*financial duties*) : 재정관세는 재정수입(revenue duties)을 목적으로 하여 수입품에 부과되는 관세이다. 이는 관세를 징수하여 국가의 재정수입을 효과적으로 증대시키므로 국내에서 생산되지 않고 외국에서 수입에 의존해야 될 재화에 부과되고 있다.

⑵ **보호관세**(*protective duties*) : 보호관세는 국내 유치산업을 보호·육성하고 기존하고 있는 산업의 발전을 주목적으로 하여 동종의 수입재에 대하여 부과하는 관세를 말한다.

여기서는 ① 보호의 대상에 따라 공업 보호관세와 농업보호관세가 있으며 ② 보호기간에 따라 일시적 보호관세와 계속적 보호관세가 있다. ③ 과세방법에 따라서 활척관세와 국내외 생산비의 차액을 관세로 부과하는 신축관세로 분류되고 있다.

3) 관세율 결정방식에 의한 분류 관세는 과세방법을 표준으로 분류하면 종가세와 종량세로 구분된다. 이는 관세가 간접세 중에서도 가장 물품세의 성격이 강하다. 또 과세표준을 가격에서 구할 것인가 아니면 양에서 구할 것인가에 따라서 국제통상정책에 미치는 영향이 크기 때문에 현재 각 국은 이들 양자를 혼합하거나 택일하고 있다.

⑴ **종가세**(*ad valorem duties*) : 종가세는 관세의 표준을 물품의 가격에 의하여 세율을 책정하는 기초로 하고 있으므로 ① 관세부담금을 균등하게 할 수 있으며

② 급격한 인플레이션이 발생하더라도 세율책정시와 동등한 관세를 납부하게 되어 안정된 재정확보를 기할 수 있다.

⑵ **종량세**(*specific duties*) : 종량세는 수입재의 수량을 과세의 표준으로 하는 관세를 말한다. 이는 개수·중량·길이 용적을 관세책정의 기초로 하고 있다. 종량세는 가격이 저렴할 경우 상대적으로 세율이 높기 때문에 국내산업의 보호에 적합하다.

⑶ **혼합관세**(*mixed duties*) : 혼합관세는 종가세는 종가세와 종량세를 동시에 병용하여 부과하는 것으로 복합관세(compound tariffs)라고도 한다. 이는 국내산업을 특별히 보호하려고 할 때 이용된다.

⑷ **선택관세**(*alternative duties*) : 선택관세는 같은 상품에 대하여 종량세와 종가세 두 가지를 정해서 그 중에 세액이 높은 쪽에 관세를 부과하는 형태이다. 이 방법은 관세의 목적을 보다 유효하게 달성할 수 있는 관세에 수입을 억제하려면 과세대상품목의 가격이 하락했을 때는 종량세를 상승하는 경우에는 종가세를 부과하는 것이 더 효과적이다.

4) 관세율 수에 분류

⑴ **단일세**(*single tariffs*) : 단일세는 자국의 법률에 의하여 단일의 세율에 적용하는 것이다. 동일한 상품이면 어떤 국가의 상품이든 간에 동일하게 일정세율만 부과한다. 그러므로 이를 개정할 때도 외국을 차별할 수 없으며 이에 대한 허용이나 협의를 구할 필요가 없다. 따라서 이를 고정관세라고도 한다.

⑵ **다수세**(*multi-linear tariffs*) : 다수세는 세율이 단일하지 않고 두 가지 이상의 것을 부과하는 것이다. 따라서 복합세도 여기에 속한다. 이것은 외국에서 자국상품이 불리하거나 유리하게 취급받았을 때를 대비하거나 국내 특수산업의 보호조치의 하나로 설정된다.

5) 세율결정의 근거에 따른 분류

⑴ **국정관세**(*national tariffs*) : 국정관세란 한 나라의 법률에 의해 자주적으로 정한 관세율을 국정관세율이라 하고 이 세율을 적용하는 관세를 국정관세라 한다.

⑵ **협정관세**(*conventional tariffs*) : 협정관세란 한 나라가 다른 나라와 조약에 의하여 특정 상품의 세율을 정하는 경우 이를 협정세율이라 하며 이의 적용을 받는 관세를 협정관세라 한다. 따라서 조약의 유효기간 중에는 세율을 변경하지 못하고 조약의 개정이 있어야만 세율을 수정할 수 있다.

6) 기타 관세형태

⑴ 상계관세(*countervailing duties*) : 수출국이 특정 수출품에 대하여 장려금이나 보조금을 지급함으로써 타국의 동종업종과 경쟁력을 강화시키는 바 수입국에서 그 특정상품과 경쟁력을 강화시키는 바 수입국에서 그 특정상품의 강화된 경쟁력을 감쇠시킬 목적으로 특정상품에 대해 부과하는 할증관세(additional tariffs)이다.

우리나라에서도 상계관세를 채택하고 있는데 관세법 제13조에 의하면 외국에서 직접·간접으로 생산이나 수출에 관해 장려금 또는 보조금을 받는 재화가 수입됨으로써 국내생산이 저해되거나 저해될 우려가 있다고 인정될 때에는 대통령령으로 그 국가와 재화를 지정하여 기본관세율에 의한 관세 이외에 장려금 또는 보조금과 동액의 관세를 부과할 수 있다라고 규정하고 있다.

⑵ 할인관세(*discount tariffs*) : 할인관세는 특정국과의 통상관계를 배타적으로 유지하고 또 발전시키기 위하여 일정국에 한해서 낮은 관세를 수입재에 대해 부과하는 차별관세의 일종이며, 특정국에 대해 관세상의 우대를 허용한다는 견지에서 특혜관세(preferential duties)라고 말한다.

⑶ 보복관세(*retaliatory duties*) : 보복관세는 외국에서 자국의 수출재에 대해 부당하게 고율의 관세를 부과하는 경우 이에 대처하는 수단으로 자국에서도 외국의 수입재에 대하여 보복적으로 부과하는 차별관세제도를 말한다. 이는 상쇄관세(compensation duties)와 더불어 어느 나라에서나 관세법에 규정하고 있는 관세로서 우리나라에서는 관세법 제11조에서 수출재, 선박, 항공기에 대하여 불리한 취급을 한 국가로부터 우리나라에 수입되는 재화에 대하여 보복수단으로 보복관세를 부과할 수 있도록 규정하고 있다. 이런 관세는 관세전쟁이 발생할 위험이 있으므로 상대국을 위협하는 수단에 지나지 않고 실제로 발동되는 경우는 드물다.

⑷ 최적관세(*optimum tariffs*) : 최적관세는 관세부과국이 관세부과에 의하여 자국의 교역조건을 점차 유리하게 하는 반면에 수입이 감소하여 경제적 후생을 불리하게 하는 경향이 있다. 여기에서 교역조건이 개선되는 이익이 수입이 감소하는 손실을 상쇄한 후 관세부과의 이익을 최대로 하는 관세를 최적관세라고 말한다.

7) 관세의 경제적 효과

자국이 무역상대국으로부터 수입하는 재화에 대해 관세를 부과하면 몇 가지 경제적 효과가 발생하게 되는데 킨들버거(C. P. Kindleberger)는 다음과 같은 효과를 들고 있다. 이를 그림표로 설명하면 다음과 같다. [그림 8-1]에서는 무역상대국의 공급능력은 완전 탄력적인 경우를 전제로 하여 그려져 있다. 수입재에 대해 관세를 T만큼 부과하면 국내 가격은 P′로 상승하여 국내생산량은 Q_1Q_3만큼 증가하고 수요량은 Q_2Q_4만큼 감소한다. 이런 경우 관세의 경제적 효과는 다음과 같이 여덟 가지로 나누고 있다.

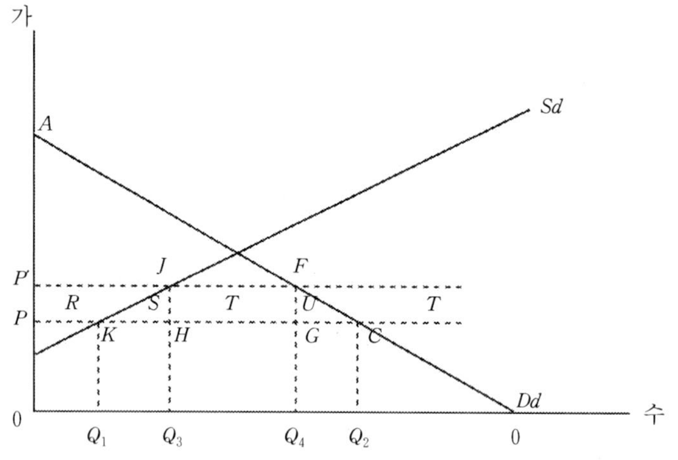

[그림 8-1]

① 보호효과(protection effect)

수입재에 대하여 관세를 부과하면 수입량이 감소하므로 수입재와 경쟁관계에 있는 국내산업은 보호를 받는다. 이를 관세의 보호효과라고 한다. 그러므로 관세를 부과하면 당해 국내산업은 유리한 영향을 받는다. 보호효과는 수입수요의 탄력성, 국내공급의 탄력성의 크기와 관세율에 따라 좌우된다. 만약 양자의 탄력성이 크고 관세율이 높으면 보호효과는 크며, 반대의 경우는 그 효과도 작다.

② 가격효과(price effcet)

수입재에 대해 관세를 부과하면 국내 소비자는 자유무역을 실시할 때 가격인 OP보다 높은 가격 OP′를 지불하여야 구매할 수 있다. 결국 소비자는 관세액 만큼 가격이 상승하는 부분을 부담하게 된다.

③ 소비효과(consumption effect)

수입재에 대하여 관세를 부과하면 수입재의 가격은 인상되므로 그 재화에 대한 소비는 감소한다. 이를 관세의 소비효과라고 한다. 따라서 관세가 부과되면 국내 소비자는 수입가격이 상승하여 그 만큼 불리하다. [그림 8-1]에 그려져 있는 바와 같이 관세부과국에서는 자국내에 소비량은 관세를 부과하기 이전보다 Q_2Q_4 만큼 감소한 OQ_4에서 이루어진다. 수입재의 가격이 상승하면 소비자의 효용은 체감하게 되지만 장기적으로 수입을 억제하여 국내 산업을 육성하면 소비자의 소득과 소비를 증대시키게 된다.

④ 교역조건효과(terms of trade effect)

관세를 부과하면 관세부과국의 교역조건은 개선되고 교역상대국의 교역조건은 악화된다. 이를 관세의 교역조건효과라고 한다.

⑤ 소득재분배효과(income redistribution effect)

관세를 부과하면 수입재의 가격이 인상되고 수입경쟁재 가격도 인상되므로 생산자 잉여는 증가하고 소비자 잉여는 감소하여 생산활동에 참여한 기업가와 근로자에게 소득이 재분배되는 효과가 발생하게 된다.

[그림 8-1]에 도시되어 있는 바와 같이 관세를 부과하면 생산자잉여와 소비자잉여가 어떻게 변동되는가를 알 수 있다. 자유무역을 실시할 때 소비자잉여는 APC였지만 T만큼 관세를 부과하면 수입재가격은 P′로 상승하므로 소비자잉여는 AP′F로 감소하게 된다. 이때 소비자잉여의 감소분은 국내 생산자잉여증가인 R과 정부의 재정수입 T 그리고 수입재 가격의 상승에 따른 사회전체의 손실(dead weight loss)은 S+U가 된다. 여기서 S부문은 보호효과이며 U부문은 소비효과라고 한다.

⑥ 소득 및 고용효과(income and employment effect)

관세를 부과하면 수입재의 가격이 상승하므로 자국내 소비자들은 국산품을 선호하게 된다. 결국 국내 기업은 생산량을 증대시키므로 소득과 고용이 동시에 증가하게 된다.

⑦ 국제수지효과(balance of payments effects)

국제수지효과는 관세를 부과하면 수입이 억제되어 무역수지가 개선되는 효과를 말한다. 일반적으로 관세율을 인하하거나 관세를 철폐하면 수입이 증가되기 때문에 무역수지는 악화된다. 이와 반대로 관세율을 인상하면 수입이 감소하기 때문에 무역수지는 개선된다.

8) 실효보호관세율

(1) 실효보호관세율의 의미

실효보호관세율은 수입재에 대해 관세를 부과하면 국내 산업은 보호를 받게 되는데 그 보호의 정도를 의미한다. 일반적으로 완성품을 수입할 때 관세를 부과하는 경우와 원자재를 수입할 때 관세를 부과하는 경우 그 보호효과는 다르게 나타난다.

이와 같이 관세와 같은 정책수단에 의해 국내 산업이 보호를 받는 정도는 명목관세율 뿐만 아니라 원자재 수입에 대해 관세를 부과하는 효과를 고려하여 국내 부가가치 증가율을 계산하여야 하는데 이는 다음과 같은 식으로 표시할 수 있다.

$$실효보호관세율 = \frac{관세부과후의부가가치 - 관세부과전의부가가치}{관세부과전의부가가치}$$

$$= \frac{명목관세율 - 원자재의가중평균관세율}{상품1단위당부가가치}$$

예를 들면 TV 1대를 국내에서 생산하는데 5만원의 부품(중간재)을 수입하여 생산했다면 TV 1대의 국내 부가가치는 10만원(TV 국내 시장가격) - 5만원(TV 생산에 투입된 중간재) = 5만원이 된다. 그러나 TV 1대를 수입하는 경우 20%의 관세를 부과한다면 관세는 2만원이 되며 국내 부가가치의 합계는 5만원 + 2만원 = 7만원이 된다. 이를 공식에 대입하여 국내 부가가치의 증가율을 계산하면 다음과 같다.

$$국내부가가치의증가율 = \frac{7만원 - 5만원}{5만원} = 0.4 = 40\%$$

그러나 위의 식은 중간재를 수입할 때는 관세를 부과하지 않는 경우를 가정하고 있지만 중간재를 수입할 때 관세를 부과한다면 국내 부가가치는 감소하게 된다. 위의 식에서 예를 든 것처럼 TV 1대를 생산하는데 투입되는 중간재 5만원에 대해 10%의 관세를 부과한다면 TV 1대의 국내 부가가치는 6만5천원(7만원 - 5만원)이 된다. 결국 국내 부가가치 증가율은 30%가 된다.

$$국내부가가치의증가율 = \frac{6만5천원 - 5만원}{5만원} = 0.3\% = 30\%가된다.$$

이상과 같이 실효보호관세율을 높이기 위해서는 완성품에 대해 명목관세율을 높게 적용하고 원자재 수입에 대해 명목관세율을 낮게 적용해야 한다. 그렇지만 국가마다 완성품을 생산하기 위해서는 중간재의 수입이 불가피하기 때문에 가공단계에 따라 각각 다른 관세율이 적용되고 있다.

9) 최적관세

(1) 최적관세의 개념

일국이 국제무역을 통해서 무역이익을 증대시키려고 하면 교역조건을 자국에게 유리하게 개선하여 무역량을 증대시켜야 한다. 그러나 자국에서 관세를 부과하면 관세를 부과하는 국가의 교역조건은 개선되지만 무역량은 감소하게 된다. 교역조건이 개선되면 자국의 후생수준을 증대시키지만 무역량이 감소하면 후생수준을 악화시키게 된다.

그러므로 최적관세(optimum tariffs)는 교역조건을 개선함으로써 발생하는 이익이 무역량이 감소됨으로써 발생하는 손실을 상쇄하여 관세부과국의 무역이익을 최대로 하는 관세를 말한다.

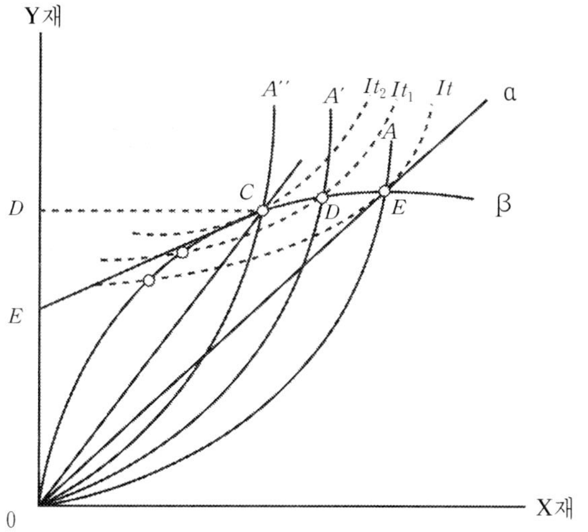

[그림 8-2]

[그림 8-2]에서는 관세를 부과하는 국가가 무역이익을 최대로 할 수 있는 것을 표시하고 있다. 이 그림에서 A국과 B국의 오퍼곡선은 OA, OB이다. It_1, It_2, It_3는 A국의 무역무차별곡선이며 보다 상위에 있는 무역무차별곡선일수록 국민의 후생수준을 높일 수 있다. 자유무역을 실시할 때 두 국가는 OA오퍼곡선과 OB오퍼곡선이 교차하는 E점에서 무역균형이 이루어지며 균형교역조건선은 α선이다. 이때 국민의 후생수준은 It선으로 표시되어 있다.

그러나 A국이 Y재를 수입할 때 관세를 부과하면 OA오퍼곡선은 OA′로 이동하며 이때 무역균형점은 D점으로 무역무차별곡선 It_1과 접하고 있다. A국은 자유무역을 할 때 보다 높은 후생수준을 나타내는 무역무차별곡선으로 이동하게 된다. 한편 A국의 오퍼곡선 OA″선은 무역무차별곡선 It선과 함께 B국의 오퍼곡선 OB선이 C점에서 접하도록 관세율을 결정하면 A국은 가장 높은 후생수준을 달성할 수 있는데 이를 A국의 최적관세율(optimum rate of tariffs)라고 말한다.

여기서 최적관세를 t, 무역상대국의 오퍼곡선의 가격탄력성을 도식으로 표시하면 $t = \frac{1}{\varepsilon - 1}$ 이 된다. 이 식이 최적관세공식이다. 이 식에서 A국이 가장 높은 후생수준에 도달하려고 하면 관세율을 어떻게 결정하는 것이 합리적인가 하는 것은 무역상대국인 B국의 오퍼곡선 탄력성이 준거가 된다.

그러면 무역상대국의 오퍼곡선 탄력성이 1이 될 때 또 무한대에 접근할 때 그리고 1보다 작을 때 관세부과국에서 어떤 효과가 나타나는가를 살펴보면 다음과 같다.

1) 무역상대국의 오퍼곡선 탄력성이 1이 되면 최적관세율은 무한대에 접근한다. 따라서 관세부과국은 무한대에 접근하는 관세를 부과할 수 있다.

2) 무역상대국의 오퍼곡선 탄력성이 무한대에 접근하면 최적관세율은 0에 가깝다. 이런 경우 관세를 부과하지 않는 것이 오히려 유리하다.

3) 무역상대국의 오퍼곡선 탄력성이 1보다 작은 경우 최적관세율은 마이너스가 된다. 이 때 무역상대국의 오퍼곡선이 비탄력적이므로 최적관세가 존재하지 않는다.

이러한 최적관세이론은 관세정책을 전개하는데 이론적으로 지주역할을 하지만 유용성에 대해서는 몇 가지 문제점이 지적되고 있다.

첫째 최적관세를 부과하여 경제정책의 효과를 기대하려고 하면 자국은 경제대국이며 세계시장에 영향력을 행사할 수 있어야 하는데 극소수의 국가를 제외하고 그런 사례가 없다.

둘째 자국의 후생수준을 계측하여 최적관세율을 결정하는 것이 현실적으로 불가능하다.

셋째 자국의 무역이익을 극대화하기 위한 최적관세는 무역상대국에서 보복관세를 부과하게 될 것이며 그럴 경우 관세전쟁의 악순환에 빠지게 될 것이다.

9-2 비관세 장벽

1. 수입할당제

1) 수입할당제의 의의

수입할당제(import quota system)는 수입하는 상품을 일정한 기준에 따라서 국가별 혹은 수입업자별로 할당하여 일정한 기간에 걸쳐 수입수량 또는 금액을 제한하는 제도이다. 이러한 수입할당제에는 자주할당과 협정할당이 있는데 자주할당이란 수입국이 독자적으로 할당내용을 결정하는 것이며 협정할당이란 수입국의 정부, 무역업자, 산업단체, 상공회의소 등과 함께 상대국의 관계자와 협의하여 할당에 관한 국제협정을 체결함으로써 이루어지는 할당제도인데 한·미간의 섬유류협정이 좋은 예가 되고 있다. 수입할당제는 1931년 프랑스에서 최초로 시행한 후 유럽을 비롯한 여러 국가에 파급되어 수입제한의 중요한 수단이 되고 있다. 이러한 수입할당제를 실시하는 목적은 해외로부터 수입되는 상품에 대해 차별적으로 제한을 하여 국내 산업을 보호하고 국제수지를 개선함과 동시에 환율 및 국내 물가를 안정시키는데 있다.

2) 자주적 수입할당제

자주적 수입할당제(unilateral import quota)는 수입국이 수출국과 일정한 협의 없이 일방적으로 일정한 기간 내 자국에 수입되는 특정 상품의 절대량을 한정시키는 것을 말하며 그 이상의 수량에 대해서는 수입을 허가하지 않는 제도를 말한다. 따라서 이 제도는 우선 일정한 기간에 수입을 허가하는 수량을 확정해야 한다. 그 기간은 3개월 6개월 또는 1년 간이 보통이고, 허가수량은 일정 년 수의 평균수입으로부터 일정한 비율을 차감 한 것으로 하거나 아니면 불경기시의 수입량을 기준으로 하는 경향이 많다. 이러한 자주적 할당제는 일괄할당제와 배정할당제로 구분된다.

(1) 일괄할당제(*global quota*)

일괄할당제는 수입할당수량만을 정하고 수입상대국은 지정하지 않는 수량제한제도이다. 여기서는 도입의 수량 또는 가격을 수입업자별로 할당하든 또는 수입상대국별로 할당하는 것이다.

일괄수입할당제(global import quota)하에서는 극단적인 경우 전 허가수입량을 1국으로부터 수입하는 경우도 있다. 이러한 일괄수입할당제에 의하여 각기 마다 할당량이 공표되면 일시에 수입이 쇄도되어 초기에 벌써 허가수량의 전부에 달하는 결과를 초래하기도 한다.

⑵ 배정할당제(*allocated quota*)

배정할당제는 일정한 기간 내의 수입허가 총량을 사전에 특정수출국에 분할 할당하는 것으로서 일명 국별할당 이라고도 한다. 일정한 수량의 상품을 할당할 때에 균등하게 할당하는 경우와 비례로 할당하는 경우가 있다. 그러나 경우에 따라서 국내 특정수입업자에게 분할 할당하는 인적할당방법도 있는데 이 방법은 일괄할당제의 결점을 보완하는 외에 수출국에 차등을 두어 특정국을 우대하거나 또는 보복하기 위한 조치이다.

⑶ 협정수입할당제

협정수입할당제(bilateral import quota)는 외국정부나 외국산업단제와의 협의에 의하여 자기 나라의 수입업자에게 수입할당량을 배분하는 방법을 말한다.

이는 자주적 할당제에 반대되는 개념으로 자주적 수입할당제가 외국에 대하여 아무런 사전협의를 하지 않고 일방적으로 수입량을 결정한다는 비난을 완화하는 동시에 그에 대한 결점을 제거하기 위해 취해진 제도이다. 즉 수입국정부 대 수출국정부 또는 수입국정부 대 수출국의 산업단체 상호간에 직접 절충하여 할당에 관한 국제 협정을 체결하고 이를 통하여 수입량은 일정한 선에서 확보되는 것이다.

산업단체가 직접 협의하는 경우에는 정부의 승인을 요구하고 있다. 한편 수출국이 협정에 임하는 경우 개개의 생산자 혹은 수출업자에게 직접 할당하지 않고 민간의 이해관계 단체와 협의하여 결정하게 된다. 그러므로 협정할당제도 하에 있어서는 수출국의 산업단체가 주요한 역할을 하게 되며, 수입업자가 수입하는 경우 외국정부나 산업단체로부터 허가를 얻어야 한다.

⑷ 관세할당제

관세할당제(tariff quota)는 특정한 물품을 수입할 때 일정한 수량까지는 저율의 관세를 부과하고, 일정 수량을 초과하여 수입되는 물품에 대해서는 고율의 관세를 부과하는 이중세율제도이다. 이는 수입재에 대해 직접적으로 양적 규제를 하는 수입수량 할당제와는 달리 수입업자에게 일정한 비율의 관세를 할당한다는 의미에서 관세할당제도라고 한다.

이러한 제도를 인정하는 이유는 국내 생산자와 소비자의 이해관계를 조정하자는데 있다. 즉 어떤 상품에 대하여 보호관세의 설정을 요구하는 생산자와 가능하다면 저율의 관세로 수입을 확보하고자 하는 수요자가 있는 경우 국내의 수급활동을 고려하여 필요한 수입량은 일차 세율을 적용하여 수요자 측의 요구를 충족시키고 이를 초과하여 수입하는 경우에는 수입억제의 효과를 갖는 고율의 이차 세율을 적용하여 국내 생산자의 판로를 안정시키려는 제도이다. 이러한 관세할당 제도는 수입자유화에 의하여 수입량이 급증해서 국내의 수급을 불안하게 할 경우 정책수단으로서 관세할당제도가 채택되는 경우가 많다.

GATT의 협정에는 수입수량 제한은 원래 금지되어 있으나 관세할당제도는 무차별 적용을 조건으로 하여 인정하고 있다. 관세할당 방법에는 선착순 할당제도와 사전할당제도가 있는데 전자는 수입업자의 신청에 의하여 선착순으로 할당하는 방법이다. 이 방법은 관세법을 적용하는데는 공평하지만 할당기간 초기에는 수입집중으로 수입경쟁을 유발하고 물가불안이나 물자수급의 혼란을 초래할 수 있으며 후자는 과거의 수입실적이나 사용실적에 따라서 사전에 할당하는 방법이다.

우리나라의 관세법 제16조에는 관세할당제도를 규정하고 있는데 특정한 물품이 일정한 수량을 초과하여 수입될 때에는 그 초과분에 대하여 기본세율의 100분의 50에 상당한 율을 가산한 범위 내에서 관세를 할당할 수 있도록 하고 있으며, 이 규정에 의하여 관세를 할증 부과할 물품 및 수량에 관한 사항은 대통령령으로 정하도록 규정하고 있다.

⑸ 수입허가제

수입허가제(import license system)란 수입업자의 신청에 따라 정부가 필요하다고 인정되는 물품에 한해서 수입을 허가하는 것을 수입허가제라고 한다.

수입허가제는 수량을 기준으로 하여 허가하는 것과 금액을 기준으로 하여 허가하는 두 가지 경우가 있다. 전자는 주로 국내 산업을 보호하기 위한 목적으로 행해지고 후자는 주로 국제수지를 균형시키기 위한 목적으로 행해지고 있다.

⑹ 수입할당제의 경제적 효과

[그림 8-3]에 도시되어 있는 바와 같이 A국은 균형가격 P점에서 OQ_4를 생산하고 OQ_5를 소비하게 되므로 초과수요 Q_4Q_5를 B국으로부터 수입해야 한다.

그러나 [그림 8-4]에 도시되어 있는 바와 같이 B국은 OQ_3를 생산해서 OQ_1을 소비하므로 초과공급 Q_1Q_3를 수출한다. A국이 수입할당제에 의하여 수입량을 Q_6Q_7으로 제한하면 수입량은 종래 Q_4Q_5에서 Q_6Q_7로 감소됨에 따라 국내생산은 Q_4Q_6 증가하고 소비는 Q_5Q_7만큼 감소된다. 이와 같이 A국에서 실시한 수입할당제에 의하여 B국의 수출은 Q_2Q_3만큼 감소된다. 결과적으로 수입할당제는 국내생산을 촉진시키며 수입을 억제하고 소득을 재분배하는 등 여러 가지 효과를 얻을 수 있다.

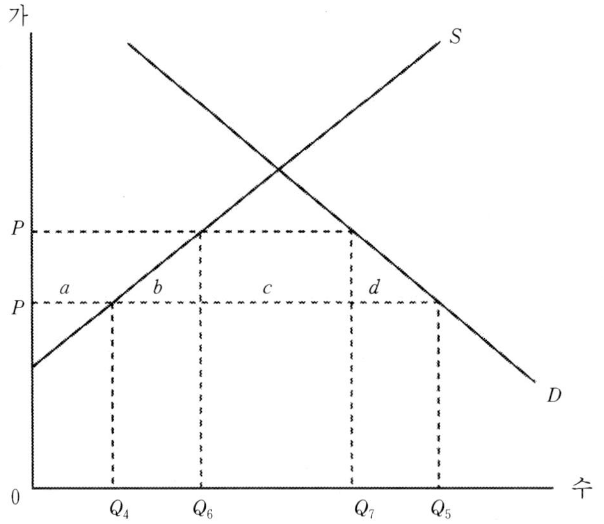

[그림 8-3] 수입할당제의 경제적 효과 : A국

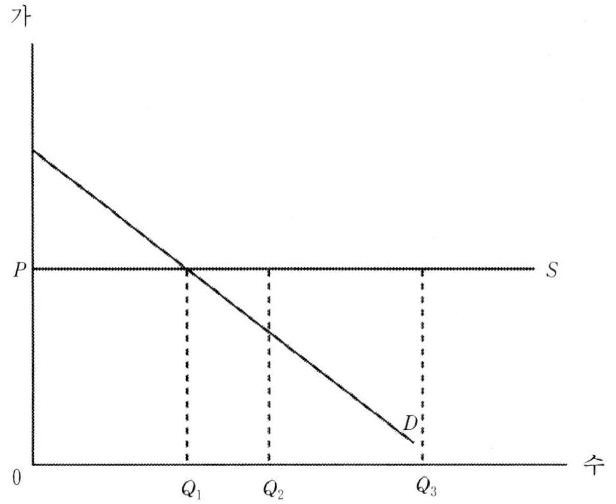

[그림 8-4] 수입할당제의 경제적 효과 : B국

2. 비관세장벽

1) 비관세장벽의 의의

비관세장벽(non-tariffs barriers : NTB)이란 국제통상정책수단 가운데 관세를 제외한 인위적인 무역규제정책을 의미한다. 여기서 인위적 무역규제라는 것은 외국으로부터 수입되는 물품의 수량을 제한하는 모든 조치를 말한다. 그러나 발트인(Robert B. Baldwin)은 국제 간에 거래되는 재화 및 용역의 생산에 사용되는 자원이 세계의 실질소득을 감소시키도록 배분되는 일체의 수단을 의미한다고 정의하고 있으며, 월터(Ingo · Walter)는 비관세장벽이란 국제통상의 규모나 방향 그리고 상품구성을 왜곡시키는 정부의 정책과 관행을 포괄적으로 지칭하는 것이라고 정의하고 있다.

2) 비관세 수입장벽제도

비관세 수입장벽제도는 관세 이외의 방법으로 실시되고 있는 수입수량 제한제도, 수입과징금제도, 자국상품 우선구입제도 등이다. 선진국은 한편으로 관세장벽을 배제하기 위해 다자간 협정을 맺고 있으면서 다른 한편에서는 국내 농업의 보호 · 육성을 위하여 수입수량을 제한하거나 수입과징금이란 명목으로 수입장벽을 설치하고 있다.

세계무역의 자유화를 기치로 내세웠던 케네디 라운드(Kenndy Round)에서도 관세를 일괄적으로 인하하는 조치를 취하면 [그림 6-7]에서 그려져 있는 바와 같이 경제성장 이전의 생산가능곡선은 AA′선, 교역조건선은 α선, 생산은 P점에서 이루어지고 소비는 교역조건선과 만나는 C점에서 이루어지면 이 때 사회후생수준은 무차별곡선 I로 표시되지만 세계무역의 균형 있는 확대를 기대할 수 없었기 때문에 각 국을 GATT규정에 위배되지 않는 비관세장벽에 의하여 또 다시 수입을 규제하게 되었다. GATT에서는 케네디 라운드의 최종적인 타결이 있고 난 후 비관세장벽의 철폐가 근본적으로 국제무역을 증대시키기 위한 정책과제로 등장되어 왔으나 아직 효과적인 협의는 성사시키지 못하고 있다.

이는 선진제국의 산업보호 체제상의 불균형과 세계시장의 구조적문제 그리고 교역조건 등이 주요한 이유가 되고 있다. 비록 GATT규정에 위배되지 않는 범위내의 비관세장벽이라 하더라도 각 국간의 균형있는 성장이 있어야만 케네디 라운드가 결실이 있을 것으로 예상된다.

3) 비관세장벽의 분류

비관세장벽의 형태는 영향은 매우 복잡하다. 수입에 대한 비관세장벽은 ① 외국 수출업자가 국내 수입업자에게 비용을 증가시켜 주거나 ② 수입허가량을 양적으로 제한하거나 ③ 외국 수출업자나 국내 수입업자에게 많은 위험을 부담시킴으로써 국내 수입가격을 인상시키고 수입량을 축소시키려는 목적으로 실시하는 관세 이외의 모든 장벽이다.

비관세장벽에 대한 분류방법에는 몇 가지가 있으나 GATT는 1967년 제24차 총회에서 국제무역에 영향을 미치는 비관세 장벽의 리스트를 작성하고 이를 처리하기 위한 기관을 설치하기로 결의하였다.

이러한 결의에 따라 1968년 5월까지 각 국은 GATT협정 때 합법이나 비합법을 불문하고 자국의 수출에 방해가 되는 타국의 비관세장벽을 GATT에 통보하게 되었는데 이와 같이 통보하거나 지적된 비관세장벽은 총 800항목에 달하고 있다.

GATT는 800항목의 비관세장벽을 다음과 같이 6개 그룹으로 분류하고 있다.

① 정부관여에는 정부지원, 국영무역, 정부조달, 국가독점사업 등이 있다.

② 세관 및 수입절차에는 상쇄관세, 덤핑방지세, 관세평가, 영사수속, 원산지증명, 자의적인 관세품목의 분류, 견본요구, 재수입 재수출에 관한 관세환불의 서류 등이 포함되어 있다.

③ 수입품 및 국산품에 관한 기준으로는 제조기준, 건강과 안정기준, 계량, 계약기간, 함유성분에 관한 규제, 포장에 관한 규제 등이 있다.

④ 수출 및 수입에 관한 제한조치로는 수입할당제, 수입 및 수출금지, 수입허가제, 외환관리, 차별적인 수입제한, 출발지 규제, 수출자주 규제, 관세할당, 최저가격 규제, 최고가격 규제 등을 포함시키고 있다.

⑤ 가격기구에 의한 수출입 규제로는 수입담보금제도, 인지세 등이 있다.

⑥ 기타 수입규제는 선전 및 운송 규제, 상영시간 규제, 지방의 함유율 · 혼합율 규제, 제한적 상관행 등을 규제하고 있다.

3. 기타 무역정책수단

1) 수출입 링크제

수출입 링크제(link system)이란 외국 상품의 수입을 허가할 때 자국 상품을 수출하여 외화를 수취함으로써 가능하도록 하는 통상제도이다. 또 이는 제품의 수출과 링크시켜 원료수입이 가능하도록 하는 것 등이 이에 해당한다. 우리나라에서 실시되고 있는 수출입 링크제를 보면 상공부 공고로서 상 · 하반기별로 링크품목과 링크 비율 등 링크 품목의 수입요령을 발표하고 있다. 1972년 상반기 링크 품목은 섬유원료, 생고무, 고철, 시계 등 총 48개 품목으로서 해당 상품의 수출실적과 일정비율을 수입할 수 있게 되어 있다.

2) 수출장려금

수출장려금제도(export bounty system)는 특정한 상품을 수출할 때 세계시장에서 경쟁력을 강화할 목적을 가지고 교부되는 일종의 보조금을 말한다. 이 제도는 중상주의 시대에 국제무역정책의 수단으로 알려져 있지만, 각 국에서 상계관세제도가 설정되고 부터 정부가 주도한 장려금제도는 없어졌다. 그러나 무역 상품의 생산이나 유통과정에 관여하여 어떤 명목으로 보조금을 낼 경우가 있기 때문에 GATT는 이를 금지하고 있다.

3) 국제무역금융

국제무역금융이란 넓은 의미로는 국제무역에 필요한 금융과 통상업무에 사용되는 수출입 금융을 모두 포괄하는 개념이다. 무역금융은 자본공여와 관련되며 현지에서 대부도 가능하다. 수출금융은 수출상품이 생산이나 생산착수금, 수입신용장의 조달, 수입결제제도의 이용 등이 중요시되고 있다. 그리고 무역금융을 취급하는 금융기관에 따라서 시중은행은 주로 단기의 수출입금융을 특수은행의 경우에는 장기의 수출입금융을 취급하는 것이 일반적이다.

국제무역금융에는 수출금융과 수입금융이 있다. 수출금융은 수출의 전 과정에서 수출업자가 필요한 자금을 융자해 주는 것이고 수입금융은 신용장을 개설하고 난 후 수입상품의 판매대금을 회수할 때까지 수입업자가 필요로 하는 자금을 융자해 주는 것이다.

4) 덤핑

⑴ 덤핑의 일반적 개념

덤핑(dumping)이란 부당염매라고 한다. 즉 이는 국내 생산자가 생산비 보다 낮은 가격으로 외국시장에 판매하는 것을 말한다. 그 목적은 상대국의 동종산업에 대항하여 독점적 지위를 구축하고 수입국은 시장을 교란시키고 산업이 붕괴되기 때문에 각 국에서 덤핑 방지 관세를 부과하는 경우가 많다. 덤핑 가운데 근로자의 임금을 부당하게 낮추어 수출품을 저가로 외국에 판매하는 것을 사회적 덤핑(social dumping)이라 하고, 환시세를 대폭 인하하여 상대국의 수입 수요를 자극하고 수출품을 싼 가격으로 판매하는 것을 환덤핑이라고 한다.

⑵ 반덤핑관세

반덤핑관세(anti-dumping duties)란 외국의 생산자가 자국시장에서 부당하게 염매를 자행하는 경우 시장교란에 의하여 같은 상품을 생산하는 국내산업이 위축되고 나아가서 국민경제 전체에 손실을 가져오므로 각 국에서는 이를 방지하기 위하여 별도의 관세를 부과하고 있는데 이를 반덤핑관세라고 한다.

GATT에서도 규약 제6조 반덤핑관세 및 상쇄관세에서 상대국에서 덤핑을 자행하는 경우 그 덤핑과 같은 정도의 반덤핑관세를 부과할 수 있도록 규정하고 있다.

유리나라에서는 탄력관세(elastic tariffs)의 일종으로 관세법 제10조에서 규정하고 있는데 그 조문은 다음과 같다.

① 부당하게 염가로 산정된 물품의 수입으로 인하여 동종의 국내 산업이 저해되거나 저해될 우려가 있는 경우 정부는 그 사실을 확인하여 당해 국내산업을 보호할 필요가 있다고 인정될 때 대통령령으로 그 물품과 기간을 정하여 당해 물품의 정상도착가격에 관세를 부과할 수 있다.

② 전항의 규정에 의해 부당염매에 관한 확인은 해외주재 관세공무원이나 해외공관장으로 하여금 행하게 할 수 있다.

⑶ **덤핑강령**

덤핑강령은 케네디 라운드의 실시에 관한 협정을 말하는 것으로서 이는 반덤핑관세의 남용을 방지하는데 목적이 있다. 이 강령은 ① 어떤 수출재 가격을 그 수출국의 국내거래 경로를 통해서 인하할 때 이 상품은 덤핑으로 간주하고 ② 국내산업에 대한 손실은 실증적인 조사에 의하여 판정해야 하며 ③ 여기서 국내산업이라 함은 동종 상품의 국내생산자를 지칭하는 것으로 구체적인 적용규칙을 정하고 있다. 이 덤핑강령에 의해서 반덤핑관세의 방지 또는 확대가 적극적으로 통제되기 때문에 미국 등 일부 선진국에 심화되고 있는 반덤핑관세가 예방될 것으로 기대되고 있다.

⑷ **독점덤핑**

독점덤핑(monopoly dumping)이란 견고한 기업연합을 형성하여 강력한 보호관세 또는 이와 유사한 국제통상정책을 취함으로써 국내에서는 독점가격을 형성하고 해외에서는 무역상대국의 보호정책 무효가 될 정도로 낮은 가격으로 수출하는 것을 독점덤핑이라고 한다.

⑸ **수출보험제도**

수출보험제도(export insurance)는 통상거래에 수반되는 여러 가지 위험 중에 해상보험 · 항공보험 등 통상의 적하보험(cargo insurance)으로는 담보될 수 없는 위험이 있는데 이는 비상위험(emergency risks)과 특수위험(special risks)이 있다. 수출보험은 이러한 위험을 무역회사나 제조회사에게 담보해 줌으로써 수출진흥을 도모하는데 목적이 있다.

비상위험이란 수출대상국의 수입제한 · 외환제한 · 내란 또는 폭등 등에 의하여 수출이 불가능하게 된 때의 손실, 대금 회수가 불가능하게 된 경우의 손실이다. 또한 특수위험이란 추심어음(collection bill)의 미불에 의한 손실, 신용장이 도착하기 전의 은행융자위험, 해외 위탁판매에 의한 손실에서 오는 위험, 해외광고에 의한 손실의 위험, 해외투자수익의 상실위험 등이 있다.

이러한 수출보험은 적하보험에 비하여 위험율이 크므로 민간 보험회사로는 기업의 채산이 맞지 않아 각 국은 정부보험(government insurance)으로 커버하고 있다.

(6) **관세환급제도**

① 관세환급의 의의

수입한 물품이 처음 매매계약을 한 약정품과 다른 경우 위약품이 되므로 수출업자 앞으로 반송할 때 이미 납부한 관세를 환급하는 관세규정으로 수입자의 경제적 목적을 이루지 못한 것에 대한 손해를 구제하려고 마련한 제도를 말한다.

우리나라 관세법 제35조에서는 수입면허 된 물품이 계약내용과 상위하여 수입허가시의 모형이 변경되지 아니한 물품을 수입면허일로부터 3개월 내에 보세구역(bonded area)에 반입하여 수출의 면허를 받은 때는 그 관세를 환급한다. 또 세관장은 관세를 납부하여야 할 관세나 다른 세금이 있을 때는 환급할 금액으로 이에 충당할 수 있다고 규정하고 있다.

② 관세환급의 조건

ⓐ 수입면허 된 물품이 계약내용과 상위하여 반송이 불가피하다고 인정된 것.

ⓑ 수입면허 당시의 성질이나 모형에 변경을 하지 않을 것.

ⓒ 수입허가일로부터 보세구역에 반입하여 수출의 면허를 받을 것 등으로 되어 있다. 이 조건에 부합될 경우 관세법 시행령 제42조 제2항에 따라 소정의 수출절차를 밟고 관세환급에 관한 신청절차를 필한 후에 환급을 받게 되어 있다.

③ 관세환급제도

수출용 원재료 등을 수입할 때에 관세 등을 부과하고 이들 원재료를 가공·제조하여 제품을 수출하였을 때 미리 징수한 관세 등을 환급해 주는 사후 면허제도이다. 우리나라는 1975년 7월 1일부터 시행된 관세환급특례법에 따라 환급제도가 확립되었는데 이는 종전의 사전 면허제도와 비교하여 다음과 같은 차이가 있다.

ⓐ 사전면허제는 관세수입이 누락될 가능성이 있고,

ⓑ 사전면허제는 세관의 사후관리가 복잡한 반면 사후 면세제는 수출을 확실하게 할 뿐만 아니라 사후 관리가 필요하지 않는다.

ⓒ 사전면허제는 수출업자의 자금부담을 경감하는 장점이 있지만 관세환급제는 수출업자에 대해 실질적인 자금부담을 높이고 관세환급액을 측정하는데 기술적인 어려움이 따르는 단점이 있다. 그러나 관세환급제도는 무엇보다도 수입원재

료가 확실하게 수출재에 제공되도록 함으로써 원재료의 과다소비나 낭비를 억제할 수 있다.

⑷ **관세환급 방법**

ⓐ 정액환급 - 정액환급은 정액환급률표에 기록되어 있는 물품을 수출할 때 정액환급률표에 정한 그 물품의 환급률에 의하여 관세 등을 환급하는 것을 말한다.

ⓑ 개별환급 - 개별환급은 수입물품을 가공하여 수출하였으나 수출물품의 정액환급률표에 표시되어 있지 않거나 기타 재무부령이 정하는 경우 수출용 원재료를 수입할 때 납부하였거나, 징수 유예한 세액의 범위 내에서 재무부령이 정하는 금액을 환급하는 것을 말한다.

⑸ **관세환급특례법**

관세환급특례법은 수출재를 제조하는데 사용되는 수입원료에 대해 관세나 내국소비세 등 사전면허나 사후관리에 따른 복잡한 절차를 간소화하고 국산원자재의 사용과 개발을 사용함으로써 효율적인 수출지원과 균형 있는 산업발전을 도모하고자 관세법과 내국소비세 등에 관한 특례를 규정한 것으로서 1974년 1월 12일 법률 제2675호로 공포하였다. 그 주요내용은 첫째 수출용 원재료와 내국소비세 과세물품 제조용 원료에 대하여 관세 및 내국소비세를 징수한다. 둘째 수출용 원재료와 내국소비세 과세물품 원료에 대해서는 1978년 6월 30일까지 잠정조치로서 일정기간 관세 및 내국소비세를 납부한 물품으로 제조·가공한 물품을 수출할 때는 이미 납부한 과세를 환급한다. 넷째 관세의 환급금은 예산회계상의 예산통계주의에도 불구하고 수출지의 세관장 소관 세입금 계정에서 한국은행이 지급한다.

제4편

국제무역질서

제10장 국제통상환경

10-1 경제통합

1. 경제통합의 의의

제2차대전 후 무역자유화 추진은 세계경제의 중요한 과제였다. 국제무역을 실행하고 있는 국가가 자유무역을 추진하게 된다면 각 국에 부존하고 있는 자원을 효율적으로 배분할 수 있을 뿐만 아니라 고용량을 증대시켜, 세계 모든 국가가 후생수준을 상승시킬 수 있다는 것이다. 그러나 현실의 세계경제는 자유무역체제를 실현하지 못하고 있다. 이리하여 일부 국가들은 세계적인 무역자유화는 어렵다고 판단하여 자유화를 주장하는 국가들이 지역적으로 협정을 체결하여 지역내에서는 호혜무차별 대우의 원칙을 준수하고 지역 외 국가에 대해서는 차별적인 대우의 원칙을 유지하려는 움직임이 나타났다. 이것이 1950년대 후반부터 대두된 지역주의 또는 경제통합의 조류이다.

경제통합(economic integration)이란 2개국 이상의 국가가 경제에 관한 협정을 체결하여 경제적 조직을 결성한 후에 상품 및 생산요소의 국제적 이동을 저해하는 제요인들을 철폐하여 가맹국 상호간에 경제적인 측면에서 정책적으로 보조 또는 조정하는 경제적 조직체를 의미한다.

이러한 경제통합이 형성되는데는 다음과 같은 몇 가지 동기가 있다. ① 2차대전 후에 각 국간의 경제협력이 요구됨으로써 국가 간의 경제적 결속을 강화시킬 목적으로 지역적 경제통합이 결성되었으며 ② 대전 후에 대부분의 저개발국이 식민지로부터 독립함으로써 기존의 경제블럭(economic bloc)이 해체되고, 경제구조가 유사하고 동질적인 국가 간에 유리한 정책적 효과를 얻으려고 경제통합이 결성되었으며 ③ 기술진보를 촉진시킴에 따라 경제적 이익을 추구하기 위하여 결성되었다.

그러므로 경제통합을 성공적으로 결성하기 위해서는 몇 개의 전제조건이 필요하다. 경제통합의 전제조건은 정치적·경제적인 공동목표 하에서 지리적인 인접관계, 생활태도와 생활수준의 유사성, 그리고 경제발전 정도의 동일성 등이 구비되어야 한다. 그리고 문화수준의 유사성과 문화적 유대관계의 강화, 대내외 정책의 공통성, 혈통 등의 조건이 구비된다면 통합의 가능성은 현실적으로 커진다. 이 중에서도 경제구조의 동질성과 보완성이라는 조건은 여러 나라간의 경제통합을 용이하게 해 준다.

2. 경제통합의 성립배경

제2차대전 후의 세계경제는 주로 미국이 주도하여 운영되어 왔다고 말 할 수 있다. 그러므로 국제금융측면에서는 IMF와 IBRD, 무역측면에서는 GATT를 중심으로 무역자유화를 촉진시키고 경제협력이 추진되었다. 그러나 이 IMF, IBRD, GATT는 이해관계를 달리하는 각 국간의 협력에 의해 탄생한 결과로서 그의 기본적 이념인 무차별·다각주의를 완전히 실현시키기는 어려움이 있었다. 이들 국제기구는 미국의 달러와 영국의 파운드를 중심으로 운영되었다. 그러나 이러한 달러와 파운드가 세계경제에서 강력한 영향력을 미치고 있을 때는 별 문제가 없었지만, 일단 이들의 위상이 동요되기 시작하면 국제기구도 어려움에 부딪치게 된다.

한편 이러한 국제기구의 창설과는 달리 전후의 복구와 경제발전을 도모하기 위한 지역적인 협력이 구주지역에서 이루어졌다. 이는 미국의 마샬계획(Marshall plan)을 효율적으로 수행하기 위한 OEEC 였다. 미국은 이 계획에 의해 1948 - 1952년 사이에 130억 $을 원조하게 되었다. 이 원조를 받은 서구제국은 OEEC라는 지역적 경제협력기구를 통하여 국제무역과 금융의 자유화를 추진시키고, 전후의 경제부흥을 이룩하게 되었다. 이러한 경제발전의 토대를 구축한 지역적 경제협력이 성공적으로 마무리되자 OEEC에서 경험한 경제협력을 가일층 공고히 하여 강력한 지역적 통합을 하게 되었다. 이와 같이 유럽에서 경제통합이 먼저 추진된 배경은 제2차대전부터 논의된 정치적·경제적인 통합 안이 대두되었다는 점도 지적되고 있다.

3. 경제통합의 형태

구주공동체(European Economic Community)의 발족과 동시에 세계의 주목을 받게 된 공동시장은 주권국가간의 경제통합의 한 종류로서 이는 GATT의 규제 하에서도 차별적인 무역 및 관세가 법적으로 인정되고 있다. 경제통합은 시장이 협소하기 때문에 초래되는 불리한 제약을 극복하기 위한 노력의 결과에 의해 발생한 것으로 경제 통합의 정도에 따라 다음과 같이 다섯 가지로 나누어진다. 여기서 통합의 정도가 가장 낮은 것부터 열거하면 자유무역지역(free trade area), 관세동맹(customs union), 공동시장(common market), 경제동맹(economic union), 완전경제통합(total economic integration) 또는 초국가(super state)등이 있다. 이를 형태별로 살펴보면 다음과 같다.

경제적 통합의 정도가 가장 낮은 것은 자유무역지역으로서 자유무역지역을 형성하는 회원국가 사이에는 관세장벽을 철폐하여 상품의 자유로운 이동을 가능하게 한다. 그러나 생산요소의 이동은 여전히 자유롭지 못하며, 각 국은 역내관세 이외의 무역과 경제정책면에서 독자성을 유보한다. 그러므로 자유무역지역을 형성하는 국가는 단일의 공통적인 역외관세를 갖지 못하므로 가장 낮은 역외 관세를 가진 국가를 통하여 제3국의 상품이 지역에 수입된 후 자유롭게 국경을 이동하여 시장을 교란하는 것을 막지 못한다. 영국 등의 EEC가맹국과 함께 EEC에 흡수되다 시피 된 유럽자유무역지역(European Free Trade Area : EFTA)은 대표적인 것이라고 할 수 있다.

역내관세 뿐만 아니라 역외관세까지도 규제한 좀 더 강력한 형태의 경제통합이 관세동맹(customs union)이다. 관세동맹은 역내관세에 대해서는 일단 이를 단일의 것으로 조정한 다음 그 점차적인 철폐를 지향한다는 점에서는 모든 형태의 경제통합과 같다. 다만 관세동맹의 경우에 있어서도 생산요소의 이동은 여전히 제한되어 있다.

공동시장(common market)은 경제통합의 대명사처럼 되어 있지만 이론적으로는 그 중간단계에 불과하다. 이는 가맹국간에 있는 관세장벽을 완전히 철폐함으로써 상품의 자유로운 이동을 실현시킬 뿐만 아니라 생산요소의 이동에 대한 제약도 단계적으로 해제하여 궁극적으로 자유로운 이동을 전면적으로 실현시킨다. 가맹국들은 비가맹국에 대해서 단일의 공동관세율을 적용한다. 유럽 공동시장은 가장 성공한 경우이다.

EEC제국은 농산물가격과 그 밖의 몇 가지 경제정책면에서 가맹국 상호간의 국내 경제정책을 조정하고자 노력하고 있지만 공동시장의 단계에서는 가맹국간의 경제정책의 조정은 결코 필요하지 않다. 공동시장을 형성한 제국가가 현재의 EEC제국처럼 단일의 통화제도 수립을 모색하고 갖가지 경제정책의 조정을 시도하게 되면 이론적으로는 경제동맹(economic union)의 단계에 도달한 것이라 할 수 있다. 이 단계에서는 정치적으로 각각 국가단위로 독립된 정부를 갖고 있지만 경제정책면에서는 금융, 재정, 고용, 농산물 가격, 조세제도, 사회보장제도 등 경제정책의 전 분야에 걸쳐서 각 국간의 개별정책 조정이 통합되며, 또한 단일의 통화를 사용하게 된다.

경제통합이 가장 완전한 단계에 이르면 이는 초국가(super state)를 형성한다.

1) 경제동맹

경제동맹(economic union)이란 2개국 또는 다수 국이 경제에 대한 동맹을 체결하여 외환, 산업, 재정면에서 상호보조를 취하면서 정책적으로 조정하는 통합형태이다.

2) 관세동맹

관세동맹(customs union)이란 2개국 또는 다수 국이 관세에 대한 동맹을 체결하여 동맹국내에서는 관세를 감면 또는 철폐하고, 네 동맹국에 대해서는 차별적인 공통관세를 부과하는 제도이다.

3) 자유무역지역

자유무역지역(free trade area)이란 가맹국간에 관세나 양적 제한을 철폐하고 역내에 있어서는 상품의 자유로운 이동을 보장하는 것을 의미한다.

4) 공동시장

공동시장(common market)이란 역내에서는 상품의 자유로운 이동 뿐만 아니라 노동·자본 등 생산요소의 자유로운 이동도 보장하는 것을 의미한다.

5) 완전경제통합

완전경제통합(complete economic integration)이란 경제동맹이 지향하는 경제정책의 조정에만 한정하지 않고 초국가적 기구를 설립하여 통화·금융·재정·사회·경제 정책 등을 단일화함으로써 새로운 국가를 형성하는 것을 의미한다.

10-2 국제경제협력

1. 경제협력기구

1) OEEC

유럽은 마아샬 플랜에 대한 수용태세를 갖추기 위해 1947년 6월 유럽 16개국 회의가 개최되어 구주경제협력위원회가 설치되었다. 이 위원회가 모체가 되어 설립된 것이 구주경제협력기구(Organization for European Economic Cooperation : OEEC)이다.

발족 당시에는 정식 가맹국이 16개국이었으나, 그 후 추가로 가입이 인정되어 18개국이 되었다.

OEEC는 마침내 OECD로 발전적 해체가 될 때까지 12년동안 유럽경제의 부흥과 발전에 커다란 기여를 하였다. OEEC의 성과라고 하면 역시 유럽의 경제부흥에 대한 기여 및 OEEC가맹국간의 무역자유화촉진 등을 들 수 있다. 특히 OEEC는 다각적 결제방식을 채택하여 무역을 확대하였을 뿐만 아니라 가맹국간의 수량제한을 전반적으로 폐지하는 방향으로 노력하였다.

수량제한의 철폐를 위해 1950년에 무역자유화 규약이 설정되었다. 각 가맹국은 수량제한을 점차 철폐하여 무역자유화율 즉 수량제한이 없는 수출액이 수입총액에서 차지하는 비율을 매년 높이도록 결정하였다. 1950년대를 통해서 가맹국간의 무역자유화는 꾸준히 추진하여 왔다.

2) 마샬원조

제2차 대전 직후 경제원조는 공여국인 미국이 서구제국을 대상으로 하여 일방적인 지원으로 이루어졌다. 이 시기의 대표적인 원조 형태는 미국이 구연합국에 공여 한 거액의 정부차관을 들 수 있다. 당시 2국간 방식으로 공여 된 원조의 총액은 1948년 마샬플랜을 실시하기까지 모두 145억 달러에 달하였다. 이상의 원조는 전후의 경제부흥과 재건을 주목적으로 하였다. 그러나 이러한 한계를 넘어 전후에 새로운 세계 경제를 구축하기 위하여 이루어진 것이 마샬플랜에 의한 원조이다. 이 원조는 1948년부터 1951년까지 3년 간 유럽제국에 총 114억 달러 상당의 원조를 공여 할 목적으로 추진되었다. 이는 이미 부흥의 단계에 도달한 유럽제국의 경제를 전쟁 이전 수준으로 올리려는 것이었다. 여기에 거액의 원조를 서구제국에 투입하여 동구제국보다 높은 경제성장을 실현하려는 정책적인 의도가 내포되어 있다.

마샬 원조의 특색은 전쟁 직후에 이루어졌던 각종 원조가 차관 중심인데 비하여, 이 원조의 약 90%까지 증여의 형태로 공여 하였다는 것이다. 이는 유럽제국의 채무능력이 이미 한계를 넘어서 그 이상의 차관능력이 없는 형편에 있었기 때문이며, 채무상환 대신에 대충자금을 설정함으로써 원조의 목적을 보다 효율적으로 달성할 수 있도록 하였다.

마샬 원조를 실시한 후 1950년대 초에 이미 유럽 선진국의 생산은 전쟁 전의 수준을 상회하게 되었다. 그리고 동구제국에 대하여 우위를 확보하려고 하던 목적도 거의 달성하였다.

3) OECD

1975년 4월 6일 파리에서 개최한 OECD각료회의에서는 회원국이 국제수지 적자로 심각한 어려움에 직면할 경우를 대비한 200억 달러 규모의 OECD금융지원자금을 창설하기로 합의하였다. 이 기금을 창설하기로 한 직접적인 계기는 미국이 산유국과 섬유소비국 간의 회의에 참석하는 전제조건으로 동기금의 창설을 주장하였다. 그러나 근본적으로 이미 석유위기 이전부터 서구경제체제의 안정장치(safety-net)로서 그 필요성이 논의된 바 있다. 즉 국제수지 흑자국과 적자국 간의 일시적 불균형 현상을 조정하는 최종 대출기구로 작용함으로써 통화불안의 재연을 예방한다는 것이다. 그리고 국제수지 적자국으로 하여금 일방적인 수입제한책이나 인위적인 수출촉진책에 의존하지 않고, 다만 적절한 국제수지조정정책의 실시에 의해서 대외균형을 회복할 수 있도록 시간적 여유를 부여하는 것이 주요 목적이라고 할 수 있다.

이와 같이 OECD는 금융지원 기금을 설치하는 등 국제경제협력면에서 제도적인 확충을 도모하였다. 1974년 5월과 1975년 5월, 2차에 걸쳐서 개최된 OECD각료이사회 회의는 석유위기 이후 국제경제 정세를 검토하고, 국제무역을 제한하는 제반조치를 취하지 않을 것을 비롯하여 농산물, 에너지, 개발도상국과의 유대를 강화하는 것 등에 관해서 광범한 경제협력을 추진하기로 합의하였다. 이러한 각료이사회의 합의는 회원국의 비준을 필요로 하는 강제규정은 아니지만 세계경제의 안정적 발전을 위한 각 국 경제의 진일보한 단면이라고 할 수 있다.

경제협력개발기구(Organization for Economic Cooperation and Development : OECD)는 1961년 9월 유럽 경제협력기구가 발전적으로 해체하여 발족된 기구이다. OEEC가 유럽의 지역적 협력기구인데 대하여 OECD는 세계의 선진국 그룹으로 발족·변모한 것이다.

OECD의 하부기구로서는 3대 위원회라고 불리어지는 경제정책위원회 · 개발원조위원회 · 무역위원회를 포함하여 약 30개의 위원회가 있다. 그 중에서 중요한 것은 다음과 같다.

(1) 경제정책위원회(Economic Policy Committee : EPC) - 가맹국의 경제 · 재정정책을 검토하고 각 국의 경제정책의 조정을 담당하는 위원회로 가장 중요한 당면 문제로서는 경제성장 및 국제수지의 균형을 들 수 있다.

(2) 개발원조위원회(Development Assistance Committee : DAC) - DAC 개도국의 원조를 취급하는 위원회로 현재 미국 · 영국 · 일본 · 프랑스 · 서독 · 개나다 · 이탈리아 · 벨기에 · 네델란드 · 노르웨이 · 덴마크 · 폴투칼 · EEC위원회가 가담하고 있다. DAC의 목적은 개도국 원조의 양적 확대와 효율화를 기도하며 원조의 금액과 성질에 대하여 정기적으로 상호검토를 함으로써 원조의 공정한 분담을 결정하기 위한 제원칙을 연구함에 있다. 현재 DAC에는 연차심사위원회, 기술협력작업부회, 그리고 원조조건작업부회 등 3작업부회가 있다.

DAC연차심사는 가맹국의 개도국에 대한 원조의 연간 실적과 정책을 검토해서 가맹국간의 원조와 정책 조정을 하고 있다. 그리하여 각 국 정부에 대한 원조 조건의 강화, 자금제공의 계획과 프로젝트와의 조정, 민간투자 및 기업활동의 활성화를 도모하고 있다.

(3) 무역위원회(Trade Committee) - 무역위원회는 OECD의 전 가맹국이 참가하여 정기적으로(연3,4회) 또는 필요에 따라 일반적인 통상정책에 대해 회담하고 있다. 이 위원회에서 중점으로 다루고 있는 문제는 첫째 개도국과의 무역문제, 둘째 행정 또는 기술면에서 나타나는 무역장해의 제거 셋째 수출신용공여에 대한 과당경쟁의 배제 등이다.

(4) 서아프리카 경제공동체 - 1975년 5월 28일 대부분이 각 국 수뇌들로 구성된 서아프리카의 15개국 대표들은 서아프리카 경제공동체(The Economic Community of West African States : ECOWAS)설립에 관한 조약에 서명하였다. 서명에 참가한 15개국은 다음과 같다. 다오메이(Dahomeu), 감비아(Gambia), 가나(Ghana), 리베리아(Liberia), 말리(Maly), 모리타니아(Mauritania), 니젤(Niger), 나이제리아(Nigeria), 세네갈(Senegal), 시에라 레온(Siera Leone), 토고(Togo), 어퍼볼타(Upper Volta)이다. ECOWAS의 특이한 점은 전 가맹국이 서아프리카에 위치하고 있는 국가들이며, 모두 신생국들이라는 점이다.

이 ECOWAS의 가맹국들은 여러 가지 면에서 서로 유사성이 많이 있지만 역내 가맹국간의 산업특화를 통해서 공동이익의 추구를 목표로 이를 활용하게 되었다. 특히 교역조건이 악화되고 1차산품의 가격하락으로 인한 1인당 소득의 저하, 소득과 부의 불공평한 분배, 외환시장의 불안 등 개도국에 불리한 경제여건 하에서 이 공동체의 설립은 그 의의가 크다.

이러한 공동체의 설립으로 가맹국들이 기대할 수 있는 장점은 다음과 같다. 무역확대를 통한 후생수준의 상승, 역내 상품가격의 하락, 생산비의 절감, 상품을 특화함에 의한 효율성 제고, 취업기회의 증대, 생산요소의 효율적 이동 등을 들 수 있다. 그러나 이 기구를 설립함에 따라 발생하는 문제점은 다음과 같다. 교통시설의 미비, 수송의 비효율성, 무역확대에 따른 통화, 신용 및 결제수단의 미발달 등이다.

4) UNCTAD

UNCTAD(United Nations Conference on Trade and Development)란 선진국과 개도국의 무역을 증진시키고, 개도국의 경제개발에 관한 원칙과 정책을 수립하여 이에 대한 적절한 실천을 강구하는 UN기구이다. 또한 이는 UN헌장에 따라 개도국의 경제개발문제에 관한 신뢰할 수 있는 활동을 전개함으로써 양지역 간의 경제적 격차를 완화하기 위한 세계적 회의이다. 남북문제는 1964년 3월 제네바에 UN 국제무역개발회의가 결성됨과 더불어 국제적인 문제로 표면화되었다.

2차대전 후 개도국들은 GATT가 주도하는 선진국 중심의 국제무역 질서를 시정하고, 새로운 국제무역질서의 확립과 개도국의 경제발전 및 무역확대에 필요한 새로운 국제기구를 창설할 것을 촉구했다. 마침내 1961년 UN총회에서 개도국의 무역과 경제개발에 관한 국제회의를 개최해야 한다는 당의성을 결의하였다. 1962년 7월 아랍연합 · 인도 · 유고 등의 일부 개도국에 의하여 채택된 카이로 선언에 따라 동년 12월 제17차 UN총회의 결의에 의하여 설치된 기구이다.

제1차 UNCTAD회의는 1964년 3월 23일부터 6월 16일까지 121개국의 선진국 및 개도국 대표가 참석한 가운데 제네바에서 개최되었다.

이 회의에서 제안한 중요문제는 다음과 같다. ① 저개발국의 제1차산품에 대한 무역장애의 철폐와 상품협정의 체결 ② 제품 및 반제품에 대한 선진국의 특혜관세 공여 ③ 보상융자를 포함한 원조와 국제수지 문제 ④ 회원기구상의 문제 ⑤ 무역원칙 등이다.

제2차 회의는 1968년 2월 1일부터 3월 29일까지 132개국이 참석한 가운데 뉴우델리에서 개최되었다. 그 주요내용은 ① 상품협정의 촉진 ② 특혜공여의 조기실현 ③ 선진국의 GNP 1%의 원조를 완화하는 것 등이다.

제3차 회의는 1972년 4월 13일부터 5월 21일까지 칠레의 산티아고에서 개최되었다. 제3차 회의에서는 제2차 회의에서처럼 1차산품 문제, 개발금융문제 등도 논의되었지만 특히 국제금융문제가 중심이 되었다. 이상과 같이 3차에 걸쳐서 개최된 UN무역개발회의에서 개도국 측은 인종·지역·경제발전 단계를 초월하여 선진국과 협상을 벌였다.

UNCTAD는 1964년에 설립되었으며, 이 회의는 국제연합총회에 직속하는 기관으로 매 4년마다 1회 회의를 개최하고 있는데 1964년 제네바 설립총회 이후 제2회(1968년, 뉴우델리), 제3회(1972년, 산티아고), 제4회(1976년, 나이로비)를 거쳐 1979년 제5차 총회가 마닐라에서 개최되어 6월 3일 그 막을 내렸다.

제네바에 본부를 둔 UNCTAD기구는 총회 이외에 무역개발이사회(Trade and Development Board : TDB), 7개 상설위원회(1차산품, 제품, 특혜관세, 무역외융자, 해운, 기술이전, 개발국 간 경제협력 및 사무국이 있다. 개발 당시 55개국이었던 가맹국수는 현재 163개국에 달하고 있다.

5) 산유국의 경제협력

세계 각 국은 국제경제협력 기구를 중심으로 다양한 경제협력을 모색하고 있다. 한편 큰 규모의 잉여자금을 보유하고 있는 OPEC제국도 개도국 원조를 중심으로 한 경제협력에 적극적인 태도를 보였다. OPEC제국의 이러한 노력은 경제협력기금을 설립하는 것과 원조 자금을 공여 하는 것으로 나타나고 있다. 공산국이 설립한 경제협력기금 중 다국 간 베이스에 의한 기금으로 현재 그 활동이 활발한 것으로는 아랍경제사회개발기금(Arab Fund for Economic and Social Development : AFESD), 이슬람 개발은행(Islamic Development Bank : IDB)을 들 수 있다. 그리고 각 국별 베이스로는 쿠웨이트 아랍 개발기금(Kuwait Fund for Arab Economic Development : KFAED)의 활동이 활발하여, 1974년 9월 사우디아라비아가 설립한 100억 달러 규모의 사우디아라비아 개발기금(Saudi Development Fund)의 활동이 크게 기대되고 있다. 그러나 OPEC제국의 개도국에 대한 원조가 순수한 경제적 이타주의에 입각한 것이 아니고 주로 그들의 정치적 지위를 강화하기 위한 외교정책의 일환으로 이해되고 있다. 그렇지만 주요 선진국 외에도 개도국 원조를 담당할 수 있는 경제단체가 대두되었다는 사실은 세계경제의 구조변화라고 할 수 있다.

이와 같이 최근 국제경제협력은 세계경제의 안정 성장을 도모하기 위한 제도적인 확충과 개도국에 대한 지원을 강화하는 방향으로 추진되어 왔고, 그 성과는 상당히 큰 것으로 평가되고 있다. 그러나 제도적인 장치의 확충과 더불어 구체적인 활동에 있어서는 아직 큰 진전이 없는 상태이다. 그러므로 앞으로 산유국과 협력을 강화하고 개도국의 어려움을 해소하기 위한 에너지 공급 및 소비 패턴을 재편해야 할 것이다. 특히 식량의 증산, 개발원조의 양적 확충과 질적 개선을 도모하며, 경제협력이 이루어져야 할 것이다.

2. 국제무역질서

1) ITO의 설립

ITO는 2차대전 후에 설립된 국제무역기구(International Trade Organization : ITO)이다. ITO는 2차대전 이후 새로운 국제무역 질서를 확립하기 위하여 브레튼우즈 협정에 의해 결성된 국제경제기구 중의 하나이다. 당시 전후에 세계무역과 고용의 확대에 관한 제안이 1945년 11월 미국무성에 의해 발표되었다. 이의 주 내용은 관세의 대폭적인 인하와 특혜제도를 폐지함으로써 자유무역차별적인 무역을 확대하고자 하는 내용이었다.

그 후 1946년 11월 런던, 1947년 1월 뉴욕, 그 해 4월에는 제제바 등 세 차례 걸쳐 교섭을 한 결과 하바나회의(Havana Conference)가 열리게 되어 이로부터 ITO헌장이 채택되었다. 그러나 헌장의 내용이 너무 자유무역의 이념에만 치우쳐 있었기 때문에 미국을 비롯한 주요제국으로부터 비준을 얻지 못하였으며 결국 ITO헌장은 유산되었다.

한편 제2차 세계대전 직후 ITO헌장준비위원회의 참가국은 이 헌장이 조인되기 전에 미국의 제안에 의하여 관세와 무역장벽을 완화시키기 위한 협정을 체결함에 합의하고, 1947년 10월 제네바에서 미국·영국 등 23개국이 참가하여 관세 인하의 교섭을 하게 되었다. 여기서 각 국간에 관세율을 상호 인하하는 약속과 그 인하 효과를 보증하는데 필요한 국제무역에 관한 규정을 하나의 조약으로 채택한 것이 관세 및 무역에 관한 일반협정(General Agreement on Tariffs and Trade : GATT)이다. 이 GATT는 ITO헌장이 발효되고, 이에 의한 국제무역기구를 설립하는 기간 동안 국제무역협정의 공백을 메우기 위하여 잠정적으로 채택된 조약에 지나지 않았으나 ITO헌장이 유산됨에 따라 GATT가 그 헌장의 본래 임무를 맡게 되었다. 마침내 GATT는 국제무역 질서를 확립하는데 유일한 기구가 되었다. 그 후 참가국 수도 점점 증가되었다. 우리나라는 1967년 3월 15일에 GATT에 정식으로 가입하였다.

2) GATT의 결함

GATT는 당초의 목적대로 창설되지 않았기 때문에 국제협정, 법적효과, 국제기구 면에서 불완전한 요소가 포함되어 있다. GATT는 관세의 인하와 무역제한의 철폐를 통해 무역의 자유화와 가맹국간의 차별적 조치를 배제하여 최혜국 대우의 기본원칙 하에 국제무역이 확대를 위하여 노력하였다. 그러므로 일부 개도국에서는 GATT가 국제무역에 관한 문제를 전담하는 기구로서는 불충분한 것 같다. GATT가 이런 기구로서 인정을 받기 위해서는 무엇보다 개도국에 관한 조항인 제4부가 철저히 이행될 수 있는 조치가 마련되어야 한다. GATT는 그 동안 개도국의 무역 문제를 해결하려고 노력하면서도 소극적인 태도를 보이고 있다.

프레비쉬(R. Prebish)가 지적한 GATT의 결점은 ① GATT는 세계적 기구가 아니다. ② GATT는 국제무역의 제문제를 단편적으로 취급한다. ③ GATT는 공업국가 간의 무역 문제를 취급하는데는 부적당한 기관이다. 더욱 GATT는 저개발국간의 무역을 확대시킬 수 없다. ④ GATT는 정부간의 무역은 예외로 취급하고 있으며 대부분의 사회주의 국가들은 GATT에 가입하지 않고 있다. ⑤ 1차산품에 관한 제협정 및 기타 활동은 대부분 GATT에서 취급하고 있지 않다는 점이다.

3) 케네디 라운드

케네디 라운드(Kennedy Round)는 관세의 일괄적으로 인하하는 교섭으로서 GATT의 관세교섭 중 가장 획기적인 것이며 이의 정식 명칭은 GATT조약국이 주체한 1964년부터 1967년까지 국제통상회의였으나 고 케네디 대통령에 의하여 제창되었다고 해서 케네디 라운드로 불려지게 된 것이다.

이 케네디 라운드는 1962년 6월 미국의회에서 통상확대법을 통과시키고 케네디 대통령이 EEC역내의 관세장벽을 철폐하고 관세인하를 통해서 세계 무역의 자유화와 경제 협력체제를 확대하여 통합된 세계경제 체제를 구축하려는 통상 협상의 일종이다.

이러한 케네디라운드의 정식교섭은 1964년 5월부터 시작하여 1967년 5월 15일자로 체결되었으며 여기에는 우리나라를 포함하여 46개국이 조인함으로써 성립되었다. 이는 GATT에 의한 여섯 번째의 대규모적인 관세인하교섭이었으며 1968년 1월 1일부터 적용하게 되었다. 케네디 라운드의 교섭은 당초 관세를 50%씩 인하시키려고 노력했으나 현실적인 타협이 불가피했기 때문에 관세의 일괄적인 인하는 평균 35%로 후퇴하였다. 그러나 케네디 라운드의 타결은 이때까지 어느 관세교섭에서도 찾아볼 수 없는 큰 성과였다. 이때 양허된 품목 수는 30,300종에 이르렀고 그 무역거래액은 400억 달러에 달하였다.

케네디 라운드의 특색은 다음과 같다.

첫째 케네디 라운드교섭에는 종래 두 국간 품목별 교섭 방식을 지양하고 관세의 일괄인하 방식을 채택했다.

둘째 광공업품만 아니라 농산물 등 1차산업도 교섭의 대상이 되었다. 농산물에 있어서 무역 확대를 위한 합리적 조건을 제시하는 것이 목표로 되어 있었으며 특히 곡물 보리 낙농품에 대해서는 상품 협정을 작성해서 대처하기로 하였다. 또한 곡물에 대해서는 신곡물협정이 1968년 7월에 발표하게 되었다. 기타 농산물에 대해서는 EEC와 미국간에 의견이 대립되었으나 관세인하는 합의하였다.

셋째 선진국은 개도국에 대하여 상호주의를 요구하지 않고 개도국의 주요 수출관세품목에 대한 무역 장애요인을 경감하도록 합의하였다. 그 결과 열대산품 등은 50%이상 관세인하가 있었다.

넷째 관세장벽 뿐만 아니라 비관세장벽도 교섭의 대상이 되었다.

다섯째 그 외 GATT 제6조의 실시에 관한 협정(덤핑 방지규약)이 논의되었다.

4) 신국제 라운드

1975년 2월 17일부터 3일간 제네바에서 개최된 제4차 GATT무역협상위원회 회의에서 1948년 GATT창설 이후 가장 광범위한 신국제 라운드 협상이 개시되었다.

신국제 라운드는 케네디 라운드를 이어가는 새로운 국제무역협상이라고 볼 수 있으나 그 성격상 신국제 라운드는 종래의 협상과는 전혀 다른 특징을 가지고 있다. 신국제 라운드는 GATT가입국은 물론 비가입국까지 폭넓게 참여의 기회를 준다는 점에서 범세계적인 통상협상이라고 할 수 있다. 또 종래의 협상이 관세인하만을 대상으로 하는 관세협상이었던 것에 비해 신국제 라운드는 관세는 물론 비관세무역장벽, 농산품 무역 등을 대상으로 하는 무역협상으로서 개도국에 대한 특혜조치와 열대산품에 대한 특별우대 등도 검토 대상이 되고 있다.

무역협상위원회는 1973년 9월 GATT동경각료회의에서 채택된 동경선언에 따라 설립되어 제4차 회의 이전까지 협상준비 작업을 진행시켜왔으나 이렇다할 만한 진전을 보지 못하였다. 그러나 1974년 말 미국의 신무역법이 의회를 통과하게 되었고, 주요 선진국들이 각 국의 스태그플레이션(stag-flation)과 무역량이 상대적으로 정체되는 것을 극복하기 위하여 상호 협정의 필요성을 절감하여 GATT협상을 적극적으로 추진하려고 시도함에 따라서 신국제 라운드협상은 새로운 국면을 맞이하게 되었다.

GATT체제는 1970년에 접어들면서 다음과 같은 경제 여건의 변화에 따라 위기에 직면하게 되었다.

첫째 미국의 신보호무역주의 추세이다. 이는 1971년부터 미국의 무역수지가 적자를 나타내자 보호무역주의 정책을 강화시켜 왔다.

둘째 EC의 지역주의 노선이다. 당초 6개국으로 출발하였던 EC는 9개국으로 확대되고 잔존하는 EFTA제국, 아프리카 및 지중해 연안 제국과 연합하거나 특혜협정을 확대 강화함으로써 유럽전체에 대하여 자유무역지역의 형성을 시도하였다.

셋째 남북문제이다. GATT는 근본적으로 선진국과 개도국간에 존재하는 경제발전 단계와 기술적 격차를 고려하지 않고 모든 국가가 동일한 입장에 있음을 전제로 하고 있기 때문에 GATT체제 하에서 무역협상은 국제경쟁력이 약한 개도국에게 불리하게 작용함으로써 선진국과 개도국간의 무역격차는 더욱 확대되었다.

5) 동경 라운드와 개발도상국

동경 라운드는 개도국이 국제무역에서 추가적 이익을 확보하도록 노력한다는 이른바 남북문제에 대응책을 마련하기로 하였지만 협상과정에서는 이러한 특색이 선진국과 이해관계가 얽혀 퇴색하였다. 따라서 개도국은 동경 라운드 협상결과가 선진국의 주도로 인해 개도국의 이익이 확보되지 않았다고 하여 이를 부결하였다.

그렇지만 동경 라운드는 개도국을 위한 성과가 결코 없는 것은 아니다. 즉 개도국의 수출재에 대한 관세상의 혜택을 주어 교역조건을 개선시켰으며 비관세조치의 남용을 다소 억제시켰다. 또한 동경 라운드에서는 일반특혜관세제도(Generalized System of Preference)를 위한 법적근거, 개도국 간의 특혜무역 관계를 위한 법적 근거 등 개도국을 위한 특별하고도 차별적인 대우의 법적 근거를 마련하였다.

그러나 동경 라운드의 여러 가지 분야에 있어서 그 진전이 개도국의 기대 이하 수준이었다. 그 주요 문제점을 살펴보면 다음과 같다.

(1) 관세인하

개도국은 5,300개 품목에 대해 관세양허를 요청하였으나 선진국은 850개 품목에 대해서만 관세양허를 약속했을 뿐이다. 개도국에 대한 GSP 공여는 영속화되었지만, 원래 개도국은 선진국의 관세인하품목은 기존의 특혜 제도에 포함되지 않아야 하며 관세인하에 의해 GSP의 특혜 폭이 축소되지 않아야 한다고 주장하였다. 이러한 개도국의 GSP 특혜 폭의 보상문제는 앞으로도 계속 문제시 될 것이다.

(2) 선별적 세이프가드

수입제한조치(safe-guards)는 개도국의 최대관심사였다. 왜냐하면 EC를 중심으로 한 선진제국이 선별적 세이프가드를 채택하려 했기 때문이다. 개도국이 선별적 세이프가드를 도입하는 것은 수출재를 겨냥하여 실시될 것이므로 이를 도입하는 것에 강력히 반발하고 나섰다. 개도국의 입장은 수입국 시장에 실질적 피해를 주거나 줄 우려가 있는 경우에 한하여 최혜국대우 원칙에 의하여 세이프가드를 발동해야 한다고 주장하고 있다. 이와 동시에 세이프가드 협약에서는 개도국을 우대하고 신규참가국과 소국가들은 실시대상에서 제외해야 한다고 주장하고 있다. 이 협상은 비록 타결되지는 않았지만 EC는 본 협상의 타결과 관계없이 이의 실시를 강행할 의사를 표시하였다.

⑶ **보조금 및 상계관세**

동경 라운드 협약에서는 개도국의 보조금 지급을 원칙적으로 인정했지만 수출보조금 인한 외국의 무역이나 생산에 가격 왜곡을 야기하지 않도록 노력해야 한다고 규정함으로써 제3국시장에서 선진국 상품과 보조금 혜택을 받은 개도국 상품이 경합할 때 선진국이 이에 대한 태도를 취할 지에 대해 우려를 표명하고 있다.

상계관세제도는 개도국이 이의 예외적인 사례가 발생할 때나 구체적인 피해가 확정되면 여러 국가 간에 협의절차가 끝난 후 상계관세의 부과를 허용하도록 발효요건을 한정시킬 것을 강력히 요구하고 있다.

6) 우루과이 라운드

우루과이 라운드(Uruguay Round)는 GATT의 제8차 다자간 무역협상을 말하는 것으로 동 협상의 출범을 알리는 각료선언이 1986년 9월 우루과이의 휴양도시인 푼타 델 에스테(Punta Del Este)에서 이루어진 까닭에 이렇게 불러지고 있다.

과거 세계무역의 자유화를 지탱해 온 GATT는 이번 라운드를 통하여 향후 세계경제 질서를 더욱 자유화된 구도로 발전시키려는 노력을 기울이고 있다. 이에 따라 우루과이 라운드는 세계 각 국의 시장 개발을 확대하고 GATT의 규율을 더욱 강화시키며, 지적소유권, 서비스 등의 새로운 분야에도 무역 질서를 도입하려는 세 가지 목표를 향하여 나아가고 있다.

우루과이 라운드가 출범하게 된 배경을 살펴보면 몇 가지 이유가 있겠으나 무엇보다 1980년대 나타난 세계 무역의 불균형이 심화되는 것을 들 수 있다. 즉 일본과 서독의 무역수지 흑자는 매년 누적되는 반면 미국의 국제수지는 계속 악화되어 마침내 세계 최대의 채무국으로 전락하게 되었다. 미국측은 이 불균형 현상이 국가 간의 경쟁력 차이에서 비롯된 것이기도 하지만 다른 한편으로는 국제무역 질서의 혼란에서 야기된 것으로 평가하였다.

이리하여 미국은 자국의 이익을 위하여 시장개발의 확대와 GATT의 규율을 강화하는 한편 세계무역 질서를 바로잡고, 자국이 상대적으로 비교우위를 가지고 있는 분야인 지적소유권, 서비스, 무역관련 투자에도 자유로운 무역체계를 도입하고자 노력하였다. 미국은 대체적으로 경쟁력을 상실한 상품분야 보다 자국의 비교우위 산업인 농산물, 지적소유권, 서비스를 최우선 3대 분야로 규정하여 쌍무협상 뿐만 아니라 다자간 협상을 통하여 이 분야의 무역 확대를 추진하였다.

① 시장개방 : 섬유, 농산물, 관세, 비관세, 천연자원, 열대상품

② GATT규정 : 반덤핑, 세이프가드, 보조금, 상계관세, GATT조문, 분쟁해결, GATT기능 강화

③ 신분야 : 지적소유권, 투자, 서비스

따라서 우루과이 라운드는 과거 케네디 라운드(제6차 GATT회의)가 관세인하. 동경 라운드(제7차 회의)가 비관세 장벽의 철폐에 역점을 둔 협상임에 비하여 의제가 훨씬 다양하고 포괄적이다. 우루과이 라운드는 과거의 다자간 협상이 전통적으로 선진국이 주도하고 개도국은 끌려가는 양상을 보였던 것과 달리 개도국도 자국의 이해가 직접적으로 관련되는 의제가 많이 포함되어 있어서 적극적으로 참여하고 있다. 우루과이 라운드의 협상체계에 있어서 농산물 분야는 우루과이 라운드 협상의 전반적인 성패에 관건이 되고 있다. 뿐만 아니라 여러 국가들의 상반된 시각과 의견을 각 분야에서 나타나고 있는 데 이는 주로 섬유, 반덤핑, 세이프 가드, 보조금, 상계관세, 지적소유권, 서비스 협상 등에서 현저하다.

10-3 동서경제교류의 제문제

1. 공산권경제의 개황

소련 및 동구 제국은 경제개발 5개년 계획에 의해 경제발전을 도모하고 있는데 현행 5개년 계획(1976-1980)은 1970년대 후반까지 급격한 공업화나 고도성장 정책의 왜곡이 나타남에 따라 각 국 모두 성장속도가 둔화되어 목표달성이 어렵게 되어 있는 상황이다.

구체적으로 급속한 공업화 추진을 위해 서방 선진 공업국으로부터 대량으로 산업기계설비 플랜트를 집중적으로 수입한 점, 기후변화로 인해 농산물 생산이 부진하여 곡물을 대량으로 수입해야 하는 점, 그리고 원자재 가격이 상승하여 서방측과 무역에서 적자가 심화되어 있으며, 연구개발비나 무역결제 대금을 지급하기 위해 서방측으로부터 자금차입이 증대하여 대외채무가 급증하는 문제가 발생하였다.

이리하여 소련과 동구제국은 경제성장이 시급한 과제로 등장하여 우선 수입을 억제하고 수출을 확대시키며, 국내투자를 자극하고 생산의 효율성을 높이는 것이 시급한 과제였다. 그러나 1979년은 악천후로 인해 농업생산이 타격을 받았으며 장기적으로 소련의 원유생산전망이 불투명함에 따라 에너지 수급이 어려워져서 각 국의 국내물가가 급상승하여 불경기는 더욱 심각한 국면을 맞이하였다. 이런 상황에서 서방제국은 동구제국의 대외누적채무가 급격히 증가하는 것을 우려하였다.

1979년 말 소련군에 의한 아프카니스탄 침공을 계기로 동서정치 정세의 긴박한 상황은 이러한 우려를 정치면에서 더욱 강화시키는 결과가 되어 1980년에 들어와서 서방측금융기관은 동구제국의 여신에 지극히 신중한 태도를 취하였다.

소련과 동구제국에서 불경기가 발생한 배경은 관료적인 중앙관리체제 하에서 발생한 비효율적인 경제운영이 가장 큰 원인으로 지적되었다. 특히 국가에 따라 개발프로젝트의 지연이나, 수송의 비효율성에서 초래되는 원자재의 편재나 부족 등이 문제점으로 지적되었다. 이런 상황에서 경제개발계획목표는 모든 국가에서 목표치를 하회하였다. 1979년 개발계획의 목표는 달성 가능한 수치였음에도 불구하고 목표달성은 거의 불가능한 상태였다. 이에 따라 차기 5개년계획(1981-1985)의 목표를 책정하는 데도 중대한 영향을 미칠 것으로 보인다.

종래 소련과 동구제국의 경제는 코메콘과 상호경제원조회의(CMEA : Council for Mutual Economic Assistance)에 의해 역내경제협력을 강화한 것은 사실이나 몇 년간에 걸쳐서 서방측의 제품과 기술에 의존해 왔으므로 동구제국이 경제난관을 극복하기 위해서는 서방제국과 무역과 기술 금융 등의 협력이 불가피할 뿐만 아니라 서방제국도 지금은 동구제국의 중요한 시장이 되고 있다.

코메콘 내에서도 소련은 석유, 천연가스, 금 등 풍부한 외화획득수단이 부존하고 있지만 동구제국은 만성적인 외화부족상태에 직면해 있으므로 서방제국의 계속적인 금융협력은 불가피한 실정이다.

2. 확대되는 동서무역

1975-1976년에는 동구제국의 대폭적인 무역수지 적자를 배경으로 서방제국 간에 무역수지 적자폭이 확대되었으나 1977년 동구제국의 수입억제정책에 기인하여 크게 개선되었다. 그러나 1978년에는 동구제국의 수입이 서방측에 대한 수출을 상회함에 따라 무역적자가 증대하는 추세를 보였다. 1979년에는 소련이

OECD수출이 크게 증가하여 무역수지가 흑자로 반전하여 소련과 동구제국 모두 OECD에 대한 무역수지적자폭이 1978년에 비하여 1979년에는 많이 축소되었다.

한편 동서무역의 총액은 1977년 전년대비 5.2% 증가에 그쳤으나 1978년에는 전년대비 20.2%나 증대되었고 1979년에도 이러한 증가추세는 지속되었다.

이와 같이 동서무역이 현저하게 확대된 것은 서방제국이 소련과 중국에 대한 무역량이 증대하였기 때문이다. 주요국의 중국시장의 점유비율을 보면 미국이 약 48%증가하였으며 서독이 약 200% 일본이 약 157%로 모두 급격한 신장세를 이룩하였다.

이에 따라 서방제국의 중국시장 점유율은 1977년 12%에서 1978년에는 16%로 증대하였고 1979년에도 이러한 신장세는 지속되었다. 또한 중국도 서방제국과의 총무역액은 100억 달러 이상 달하였으며, 특히 수입신장률은 수출신장률을 배 이상 상회함에 따라 무역수지 적자폭도 30억 달러에 달하는 대폭적인 적자를 기록하였다.

이와 같이 동서무역이 증대한 가장 큰 원인은 소련과 동구제국이 서방선진국으로부터 기계류와 원자재 등을 대량으로 수입했기 때문이다. 종래부터 무역수지 균형정책을 지속한 나라는 서방제국에 대한 채무비율이 높은 폴란드와 불가리아 뿐이었으며 기타 제국은 적극적으로 수입을 증대함에 따라 서방제국에 대한 무역적자는 크게 증대하였다. 한편 소련도 코메콘제국과 무역흑자를 유지하고 개도국에 대한 수출을 증가시켜 무역전반에 있어서는 흑자를 유지하였으나 서방제국에 대한 무역적자는 지속되었다.

이리하여 공산권제국은 서방측으로부터 기술과 기계설비를 수입하고 이에 필요한 외화를 수출을 촉진하여 충당하려 하였다. 향후 동서무역을 확대하기 위해서는 단순히 무역거래만으로는 한계가 있다. 단순히 무역거래만으로는 한계가 있다. 이러한 한계를 극복하기 위해서는 서방제국과 합작투자를 추진하고 플랜트를 수입하며 기술격차를 통해 국내 제조업의 가동률을 높여 역수출해야 할 것이다. 최근 서방 기업과 코메콘제국이 공동으로 개도국에 플랜트건설을 위해 상호협력하는 경우가 있다. 오스트리아 기업이 이런 투자에 적극적으로 진출하고 있는데 과거 몇 년 동안 폴란드 체코 등의 동구제국에 있는 천연가스 등 에너지와 연료개발을 촉진하기 위한 것이 많다. 또한 중국도 대외무역의 중요성을 인식하고 서방제국과 합작투자를 유인하는 등 경제협력관계를 증대시키고 있다.

3. 신보호무역정책

1) 신보호무역주의의 개념

신보호무역주의의 개념을 설명하기 위해서는 무엇보다 고전적 보호주의 무역정책과 비교하여 설명하는 것이 타당하다고 사료된다. 오늘날 어느 국가를 막론하고 각 국이 전개하고 있는 통상정책의 기조는 궁극적으로 보호무역주의에 귀결되고 있다. 이러한 사실은 각 국의 국민경제가 발전단계를 달리하고 있고 요소부존이 서로 상이하다는데 근거를 두고 있다. 여기에서 고전적 보호무역정책과 신보호무역정책을 비교하여 보면 고전적 보호무역정책과 신보호무역정책을 비교하여 보면 고전적 보호무역정책에 있어서는 그 정책이 발전적이었으며 공세적인데 비하여 수세적이라는 점을 간과할 수 없다. 19세기 독일에 있어서 고전적 보호무역정책은 국내산업을 보호하기 위해서 보호관세를 부과하여 선진국 상품의 수입을 억제하여 후진국의 유치산업을 보호·육성하고 선진국의 상품과 자유경쟁에서 생존할 수 있도록 발달시켜야 한다는 것이다.

그러므로 해외시장을 확대시키고 또 제3국 시장을 잠식하려는 목적에서 보호무역정책이 펼쳐지고 있었던 것은 마치 무역전쟁과 같은 양상을 나타내고 있었다. 그러나 새로운 보호무역정책은 다분히 현상 유지적인 성격이 강해 자칫하면 자급자족주의에 빠질 우려가 있었다.

그 첫 번째 이유는 세계수출시장이 축소되는 추세가 지배적이었다. 제2차대전을 전후하여 식민지국가의 독립이 이루어졌고, 선진국은 현존하는 시장을 확보하기 위하여 보호정책을 보다 강화시켜야 했다. 그리고 두 번째 이유는 국제금융구조의 변화를 들 수 있다. 현재 세계 각 국은 소수 국가를 제외하고 거의 모두 외화자금이 부족하여 외환관리를 실시하고 있는데 이로 인하여 무역결제 때 도덕적 해이가 발생하고 있다. 이러한 사정으로 말미암아 각 국은 좋든 싫든 간에 보호무역정책을 선택하지 않을 수 없었으나 그 반대로서 무역자유화를 위한 협정이 맺어져 국제경제기구로서 역할이 기대되었던 것이다.

2) 신보호무역주의의 동기

현재 세계 주요국이 보호무역주의로 후퇴하게 된 사실은 세계경제의 동질화로 설명할 수가 있다. 즉 선진국에서 신제품이 연구개발 되면 이 산업이 성장하고 점차 다른 국가에도 보급되어 감으로써 기술혁신이 일어나 세계경기를 진작시키지만, 이러한 보급이 충분히 진전되면 초과공급으로 물가를 하락시키게 된다. 이리하여 국제경쟁이 격렬하게 전개되고 마침내 보호무역주의가 대두하게 되었다.

예컨대 미국자본이 서유럽과 일본에 진출함으로써 마침내 서유럽과 일본에서 혁신을 일으켜 경제를 부흥시켰다. 그러나 이러한 혁신이 일어난 후부터 미국 서유럽 그리고 일본경제도 동질화되어 마침내 과잉생산이 발생하였다. 이리하여 세계 각 국은 해외시장 개척을 위한 국제경쟁이 더욱 격화되기 시작하였으며 각국은 보호무역정책을 검토하게 되었다. 또 보호무역을 위한 정책수단도 종전과 같이 관세장벽이 아니라 비관세장벽이나 잔존수입제한방식에 의존하고 있었다.

그러면 잔존수입제한과 비관세장벽을 정책수단으로 전개하는 새로운 보호무역정책이 왜 일반적으로 대두하게 되었는가를 살펴보아야 할 것이다. 선진국에서도 케네디 라운드 이후 저율의 관세를 부과하는 무역자유화가 거의 완성단계에 접어들게 되자 자국산업을 보호할 수 있는 유일한 길은 오직 잔존수입제한과 비관세장벽뿐이라는 것을 인식하게 되었다.

그러나 오늘날 이러한 비관세장벽을 철폐하기 위한 국제교섭이 난항에 처해 있다. 그 이유는 첫째 선진국에 있어서 산업구조상의 불균형이 발생하고 있으며 둘째 세계시장에서 교역조건의 불균형을 들 수 있다. 특히 무역자유화 과정에서 케네디 라운드에 대한 일괄적인 관세인하 주요선진국간에는 관세양허에 불과하기 때문에 비록 관세를 인하하나, 세계시장을 확대하고 교역을 증대하는 효과가 있다고 하더라도 각 국간의 산업별 국제경쟁력이 균형을 이루지 못하고 있기 때문에 불균형을 보완하기 위해서는 잔존수입제한이나 비관세장벽과 같은 방법을 활용할 수밖에 없다. 이러한 사실로 말미암아 신보호주의 무역정책은 최근 국제협력측면에서 큰 문제점으로 부각되고 있다.

10-4 남북무역과 동서무역

1. 남북무역의 신국면

1) 개도국의 산업화

일반적으로 개도국의 산업화를 추진하려는 논거는 첫째 1차 상품 가격의 단기적 불안정성과 교역조건의 악화 둘째 제조업의 높은 성장률과 외부 경제효과를 지적할 수 있다. 개도국의 산업화는 1차 산업부문에서 과잉인구를 2차 산업부문에 배분하여 고용률을 높이는 것이 시급하다.

최근 개도국의 산업화 추이는 우선 중화학기계공업을 중심으로 개발정책을 펼치고 다음으로 농업근대화로 정책을 전환하는 것은 균형있는 경제발전을 이룩하고자 하는 의도가 있음을 시사하는 것이다.

한편 개도국에서 증가하고 있는 인구를 흡수하기 위해 산업화를 추진하는 것은 향후 자원문제, 국가 간에 공산품의 과당경쟁, 그리고 인수합병(M&A)과 실업문제 등이 대두 될 것으로 보인다.

이에 따라 가격 매카니즘에 의존하고 있는 시장원리로도 국제적인 자원의 최적배분과 산업간 조정이 어려워져 종래와 다른 형태의 남북무역이 이슈로 등장하고 있다.

2) 남북간의 상호의존관계

개도국의 경제구조는 자본이 유휴화한 상태에 있는 것이 아니고 자본부족이 문제점으로 지적되어 왔다. 그러나 최근 개도국들이 급격하게 공업화를 추진함에 따라 과거의 자본부족국도 수출시장을 확대하는 문제가 관건이 되었다. 또 중진공업국가의 공산품이 세계시장에 진출함과 동시에 선진국의 노동집약재는 더 이상 국제경쟁력을 유지할 수 없었다.

최근 국제정치면에서도 개도국의 역량이 증대되고 있으며 이들이 강조하는 것은 ① 1차산품의 가격 안정 ② 개도국의 고도의 산업화와 함께 선진국 제품과 경쟁이다.

그러나 선진국이 남북 간의 기술적 격차를 과대 평가하는 것은 옳지 못하다. 물론 미국과 서유럽 그리고 일본간에는 전략산업면에서는 기술격차가 크다. 그렇지만 내구재생산은 기술격차가 거의 없다. 따라서 국제통상에서 거래대상이 되는 대부분의 공산품은 유사성이 있다.

이와 같이 최근 국제경제는 미국이 후퇴하고 유럽과 일본제품이 두각을 나타내고 있는 것은 기술이전이 이루어졌기 때문이다. 종래 남국간의 상호의존관계는 선진국의 성장과 발전을 위해서 저개발의 경제개발이 이루어져야 한다는 것을 의미하고 있다.

앞으로 예상되는 남북간의 경쟁은 격화될 것이며 1차산업과 2차산업을 포함한 모든 산업의 국제 간에 조정이 필요할 것이다. 이는 자원이나 환경문제 등 제약조건이 많은 오늘날 국제경제 환경에서는 조정과정이 자원의 최적배분에 직결되어야 할 것이며 그렇게되면 남북간의 상호의존 관계는 더욱 심화될 것이다.

3) 남북문제의 의의와 배경

2차대전 이전 아시아, 아프리카, 그리고 라틴 아메리카 등 대부분의 개도국은 선진국의 식민지 또는 반식민지였으나 대전 후 개도국들은 민족독립과 민족자결을 부르짖으므로 이로 인하여 종주국의 지배에서 벗어나 각각 독립하여 괄목할 만한 경제성장을 이룩하였다.

전후의 세계무역은 GATT의 자유・무차별원칙 하에서 비약적인 발전을 하였지만 개도국의 무역은 상대적으로 감소하였으며 국내경제는 빈곤의 악순환으로 정치적으로는 독립을 했지만 경제적으로는 독립을 하지 못한 상태였다. 이리하여 선진국과 개도국간의 경제적 격차는 점점 크게 발생하였으며, 1950년대 말에 이르러서는 가장 심각한 국제문제 중의 하나로써 남북문제(north-south problems)가 대두되기 시작하였다.

남북문제란 미국・유럽 등 적도 이북에 위치한 선진국과 아시아, 아프리카, 라틴 아메리카 등 적도 이남에 위치한 개도국과의 경제적인 제문제를 의한다. 물론 남북문제의 핵심은 어디까지나 선진국과 개도국간의 경제적 격차를 해소하는데 있다.

1950년 중엽 선진국과 개도국 간의 경제적 격차가 한층 더 심화됨에 따라 개도국에서도 남북문제를 인식하고 국제문제로 제기했다. 개도국들을 선진국과의 경제 격차가 주로 국제 무역에서 발생한다는 점을 인지하면서 우선 국제무역 질서를 확립하기 위하여 설치된 GATT를 공격하기 시작했다. 특히 개도국은 GATT가 선진국 중심으로 구성되어 있으므로 국제무역의 균형있는 성장을 위한 국제경제기구로서는 부적당하다고 주장하면서 이를 불신하게 되었다. 이리하여 GATT는 선진국의 소극적인 태도로 큰 성과를 기대할 수 없었다.

1960년대에 들어와서 남북문제를 해결하기 위한 개도국의 움직임은 새로운 국면으로 접어들었다. 1961년 UN총회에서 향후 경제개발을 10년에 걸쳐서 추진하기로 한 것을 계기로 표면화되기 시작한 남북문제는 1964년 제1차 UNCTAD총회에서 세계적인 문제로 확대되었다. 더욱이 빈곤 퇴치를 기본이념으로 하여 개도국의 실질국민소득 증가율을 적어도 연평균 5%로 인상시키도록 결의했다.

이와 같이 남북 문제가 심각한 국제문제로 대두됨에 따라 UNCTAD에서는 계속해서 격차를 줄이기 위해서 개도국이 당면하고 있는 경제적인 난관을 분석하여 남북문제의 새로운 해결책을 모색하려고 여러 각도에서 시도하고 있었다.

세계무역사에서 남북문제가 대두하게 된 동기를 살펴보면 다음과 같다. 1964년부터 유엔통상개발회의에서 신흥국가들의 결속이 강력하여 남북의 대립관계가 국제문제로 등장하게 되었는데 이러한 남북문제의 대립은 오직 빈부간의 격차 문제로서 신흥국가들이 그 책임을 구식민지 지배국에게 뒤집어 씌었다. 이러한 입장에서 선진국은 저개발국에 대하여 원조가 당연히 제공되어야 한다고 주장하고 원조방식도 종래와는 상이하게 선진국은 저개발국에게 증여나 차관을 제공하는 것보다 저개발국으로부터 1차 산품을 더욱 많이 수입하는 것이 보다 유리하다고 주장하였다. 즉 원조보다 무역(trade before aid)을 또는 원조와 병행하여 무역(trade and aid)을 요구하였다. 이런 측면에서 남북문제 해결을 주도한 국제기구는 UNCTAD였으며 그에 대한 해결방안이 바로 특혜관세였다.

2. 동서무역

1) 동서무역의 의의

동서무역(east and west trade)이란 동유럽에 위치하고 있는 사회주의제국과 서유럽 위치하고 있는 자본주의제국 간에 이루어지는 무역을 말한다.

이리하여 자본주의제국과 사회주의제국이 대립하고 있는 것을 무역을 통해서 이를 해결해 보려는 것이 동서무역에 대한 앞으로 기대이다. 그러므로 동서무역이 확대되고 있는 이유로서는 ① 평화공존의 분위기 조성 ② 두 진영간의 정치적 접근③ 두 진영간의 상품구조의 이질성 ④ 두 진영간의 공업기술의 불균형 때문이다.

2) 동서무역의 전개

세계가 자본주의제국과 사회주의제국으로 나누어 대립하고 있었지만 최근 동서 간에 해빙무드가 이루어져 자본주의국가에서도 앞을 다투어 가면서 사회주의국가와 무역을 행하고 있다. 우리나라도 비적성국가인 공산주의국가일지라도 무역거래를 할 수 있도록 무역거래법을 개정하였다.

케네디 라운드협정 이후 미국은 EEC와의 이해관계 때문에 획기적인 수출증대를 이룩하지 못하자 다시 선진국에 대해서 보호무역을 행하는 대신에 공산권에 대해서는 수출입에 대해 종래의 금지조치를 보다 완화시키고 무역을 더욱 확대시키는 정책을 추진하게 되었다.

한편 미국은 EEC역내 각 국의 이해조정으로 말미암아 농산물 수출을 확대시키는 교섭이 난항에 부딪치게 되자 이를 계기로 하여 미국은 소맥을 수출하는 전략의 일환으로 1966년 10월 소련과 동구 제국에 대하여 4백 개 품목에 걸쳐 수출입의 제한을 완화하고 관세인화를 통해서 동서무역확대에 적극적인 자세를 취하기 시작하였다. 이에 따라 서유럽국가들도 동유럽국가들에 대해 수입차별정책을 철폐하고 경제협력을 통하여 동유럽시장의 점유 비율을 높이기 위해 정책을 펼치기 시작하였으며 이리하여 동서무역이 대두되었다.

제2차대전후에서 지금까지 동서무역은 2기로 양분할 수 있다. 제1기는 1945-1954년으로서 동서냉전이 격화되는 시대였고 제2기는 1954년 이후부터 현재에 이르는 동서해빙과 평화공존의 시대라고 할 수 있다. 그러나 전후에 동서간에는 정치적으로 대립이 격화되고 있었으며 경제적으로는 서방측국가들은 자유경제와 무역의 자유화를 추진한 반면 동방측 제국은 엄격한 국가통제 하에서 자급자족을 기본으로 하는 경제제도를 운영하였다. 그 결과 양 체제의 경제교류가 단절되어 정체상태가 계속되었다. 전후 미국이 유럽을 부흥시키기 위한 계획 즉 마아샬·플랜의 지원과 연계해서 1948년에 발족한 유럽경제협력기구(Organization for European Economic Cooperation)에 대항하기 위하여 소련과 동구제국은 1949년에 코메콘(COMECON : Communist Economic Conference)을 결성하여 양기구는 계속 대립하여 왔다.

그러나 1949년 10월 자유우방국가들은 미국의 주장에 따라 공산주의제국에 대하여 수출제한기구인 대공산권수출조정위원회(Coordination Committee for Export to Communist Area : COCOM)를 구성하였다. 이리하여 아이슬란드를 제외한 NATO(North Atlantic Treaty Organization)회원국인 14개 국가들이 공산권 국가들에 대해 전략물자를 수출금지 시키거나 수출규제를 단행하였다. 1952년 일본이 이에 가맹하여 가맹국은 15개 국가가 되었다. 6월 한국동란이 발발하게 되자 COCOM의 하부기구로서 CHINCOM(China Committee : 대중국·북한·월맹수출통제위원회)이 설치되어 이들 국가에 대해서는 다른 공산권국가들 보다 더욱 엄격한 제한을 가하였다.

그리고 미국은 1951년 6월 이른바 배틀법(Battle Act : 상호방위원조통제법)을 제정하였다. 이 법의 취지는 전략물자를 공산권에 수출한 국가에 대해서 미국의 원조를 중단하는데 있었다. 이러한 COCOM·CHINCOM·배틀법 등에 의해 동서무역은 대폭적으로 축소되었다. 1958년 8월에는 COCOM의 수량통제를 폐기함과 동시에 금수품목이나 감시품목을 대폭적으로 소멸시켜 통제를 완화하였다. 그러나 동구의 공산권내부에서 경제변혁이 일어났다. 소련과 동구의 경제발전과 더불어 국민소득이 상승하였으며 생산설비에 대한 수요가 늘어나고 또 다양화되었다.

동구제국도 1964년이래 종래의 중앙집권적 계획을 수정하고 이윤추구를 보장하는 경제제도를 도입함으로써 경제체제를 크게 바꾸는 동시에 과거 소련일변도에서 탈피하여 서구제국과 연대를 강화함으로써 서구의 다국적기업과 합작투자를 추진할 수 있었다. 이리하여 이때가지 OECD나 EEC를 적대시하고 있었던 COMECON 전체 그리고 최근에는 OECD 각 국도 공산주의국가들의 높은 경제성장률과 미국 시장확대에 착안하여 공산권국가들에 대해 수출을 증대시키는 동시에 공산권국가로부터 수입할 때 제한을 대폭 완화하였다.

미국은 1963년 10월 소련으로 소맥을 대량으로 수출한 이래, 소련·동구와 무역확대를 본격적으로 추진하였다. 또 1967년에는 미국이 소련·동구에 최혜국대우(most favored nations treatment)를 공여하기로 결정하였다.

제5편

국제금융과 국제수지

제11장 국제금융과 외환시장

11-1 국제금본위제도의 형성

1. 국제금본위제도

역사적으로 가장 먼저 이루어진 국제통화제도는 금본위제도이다. 이 금본위제도는 통화가치가 금의 일정량에 따라서 결정되며 금화에 의해서 태환이 되는 제도를 의미하고 있는데 영국은 이미 1816년에 이를 제도적으로 확립하였으며 1844년 피일 조례(Peel's act)에 의한 영란은행법에서도 통화주의(currency principle)자의 의견을 받아들임으로써 금본위제도의 체계가 비로소 확립되었다.

한편 여타국들은 금・은복 본위제도(bimetallic standard)를 채택하여 왔으나 1871년에 독일이 금본위제로 옮겨갔으며, 1897년 러시아, 1900년 미국 등 세계 주요국가들이 금본위제로 일제히 시행함으로써 국제금본위제도가 성립되었다. 이와 같이 각 국들이 금본위제도로 전환한 것은 19세기 중엽 금채광량이 증대하여 금의 공급이 충분히 이루어져 왔기 때문이다. 특히 남 아메리카와 아프리카에서 새로운 금광이 발견되었으며 금광을 채광하는 기술혁신이 일어남으로써 국제유동성(international liquidity)을 증대시키는데 기여하여 왔다.

그러나 금・은복 본위제도나 금본위제도를 채택하고 있던 국가들은 은의 가치 하락으로 인해 초래되는 환율변동으로 혼란을 일으키고 있으므로 이들 국가가 바라고 있는 것은 무엇보다도 환율의 안정이었다. 또 은은 금에 비하여 가치 면에서 열위에 있으므로 유럽과 라틴아메리카에서 금・은복 본위제를 채택하고 있던 국가들 가운데서 은은 유통과정에서 사라져 버리고 금만 남게 되어 실제로는 금본위제도가 실시된 결과가 되고 말았다. 더구나 산업혁명(industrial revolution)을 통해서 경제적으로 가장 앞서 가는 영국이 금본위제도를 채택하고 있으므로 영국과 무역거래를 통해서 대금결제를 영위하게 하고 자국내의 외환시장을 안정시키기 위해서는 금본위제도로 전환하는 것이 더욱 합리적이라는 사조가 일반적으로 지배해 왔다.

이와 같이 1880년대에서 제1차 세계대전이전까지는 금본위제도의 황금시대를 누려왔으며 금이 세계 화폐로서 위치를 굳힘으로써 국제통화가 탄생한 것이다. 이 국제통화는 국제 간에 합의에 의한 것이 아니고 자연적으로 성립되었으며 영국의 금본위제도가 세계적으로 파급된 것이라고 언급할 수 있다.

19세기까지 세계적으로 보급된 금본위제도는 비교적 순조롭게 그 기능을 다해 왔다. 당시 소수 저개발국에서는 국내경제의 불안이 계속되어 금본위제도를 취득하는 것이 어려운 상황에 놓여 있는 경우도 있었으나 전체적으로 볼 때 금본위제도는 큰 마찰이 없이 지속되었다. 이러한 금본위제도가 원활하게 운영되어 온 것은 정치와 경제가 안정된 가운데 국제경제여건이 서로 협력하는 무드로 편승되었기 때문이다.

그리고 19세기 말엽까지 금본위제도를 채택해 온 각 국의 경제적인 이해관계가 자유무역(laissez-passer)이라는 기조아래 일치하였으며 또 국제적으로 상부상조하는 협력무드가 금본위제도를 운영해 나가는데 밀접하게 작용하였다. 그리고 각 국의 경제구조도 상호보완관계를 형성하여 영국과 프랑스와 같이 공업화를 일찍 이룩한 선진국은 공산품을 저개발국인 농업국가로 수출하고, 농산물이나 공산품의 원료와 같은 1차상품을 농업국가로부터 수입하는 수직적 무역패턴이 지속되어 왔다. 물론 이런 형태는 농업국에게 희생을 강요하는 기반 위에서 유지되어 왔다. 또한 당시 영란은행(The Bank of England)은 외환시세의 안정을 유지하기 위해 때때로 금리정책(interest rate policy)을 실시하였으며 이에 따른 단기자본의 유출입이 영국이 국제수지조정은 물론 여타국들도 금본위제를 유지하는데 크게 기여하였다.

제1차대전 이전의 50년 간은 영국, 프랑스, 독일이 해외지역에 대한 국제투자를 맹렬히 추진하여 왔으며 이러한 자본이동은 국제유통성을 환류(reflex)시켜 금본위제도를 원활히 운영되도록 할 뿐 아니라 저개발국의 경제개발을 추진시켜 전체적으로 볼 때 경제발전에 정도의 차이야 있었겠지만 그런 대로 균형 있는 성장(balanced growth)을 달성하는데 큰 역할을 하였다.

물론 이러한 남북무역패턴은 선진국의 공업제품을 더 큰 해외시장(enlarged markets)으로 수출하는데 큰 자극(incentives)이 되었으며 이론적으로 지주역할을 해 온 고전학파경제학자 흄, 서턴, 밀(D. Hume, H. Thornton, J. S. Mill)들도 금본위제도는 외환시세를 안정시키고 있으므로 대외거래에서는 자유무역을 실시하는 것이 선진국이나 저개발국을 막론하고 경제체제를 성장 발전시키는 중요한 경제 정책이라고 주창하고 있었다.

더구나 금본위제도의 전성기(the height of prosperity)동안은 자유주의(laissez-faire) 경제사조가 지배하고 있었으며 국제 간에 정치 경제가 안정 속에서 지속적인 성장을 이룩하여 왔다. 그러므로 각 국의 경제적인 제문제 즉 국제수지, 외환시세, 물가는 물가 정화 유출입 기구(price-specie flow mechanism)에 따라서 조정될 수 있고 일시적으로 불균형이 나타나더라도 자동적으로 조정되는 게임의 법칙(rule of the game)이 그런 대로 이루어졌다. 또한 영국의 경제력과 함께 런던의 롬바드 거리(Lombard street)는 국제금융시장으로서 탁월한 면모를 갖추어 각 국에게 자본을 배분(allocation)하는 기능을 담당하고 있었으며 영란은행의 중립적인 금융정책으로 자금에 대한 많은 수요자와 공급자들이 몰려들어 명실 공히 금융센터로서 그 역할을 다해 왔다.

1) 금본위제도의 메카니즘

일반적으로 금본위제도는 국제 간에 금이 다른 외적인 요인에 영향을 받지 않고 자유롭게 이동할 수 있으므로 각 국의 중앙은행은 일일이 간섭하지 않아도 국제수지는 자연적으로 조정되어 진다고 보고 있었다. 물론 이러한 논리적 배경은 흄(D. Hume)의 정화유출입기구가 고전학파 국제균형이론의 골격을 형성하고 있다. 이 이론은 두 나라를 가정하는 모델로 국제수지가 A국에서는 지불초과, B국에서는 수취초과가 시현되었다고 하면 이것이 균형되는 과정은 다음과 같다.

A국의 국제수지가 수입이 늘어나 지불초과현상이 발생하면 외환시장에서 외환에 대한 수요가 증가하여 외환시세는 상승하고 A국의 화폐가치는 하락하게 된다. 만약 A국의 화폐가치가 상당히 크다면 차라리 금으로 현송하는 것이 유리하므로 금이 유출된다. A국으로부터 금이 유출되면 화폐수량은 감소하고 물가수준은 하락하게 된다. A국에서 물가수준이 하락하면 수입은 억제되고 수출은 촉진되어 국제수지는 개선된다.

이와 반대로 국제수지가 수취초과현상을 나타내고 있는 B국은 외환시세가 등귀하게 되며 자국통화의 가치도 상승할 것이다. 이때 외환시세가 등귀하는 추세가 상당히 큰 폭으로 지속된다면 수출업자는 금현송비를 부담하더라도 해외 수입업자로부터 금으로 결제하는 것이 더 유리하게 된다. 왜냐하면 외국환으로 결제를 받게 되면 이를 자국화폐로 환전할 때 오히려 적은 금액이 되기 때문이다.

그러므로 B국은 수입업자들에 의해서 금의 유입이 증대하므로 화폐수량은 늘어나고 물가수준은 등귀한다. 결국 B국에 있어서도 국내물가가 등귀함에 따라 수출은 감소하고 수입은 증대하여 국제수지는 다시 종전수준으로 빠지게 된다. 결국 금본위제도 하에서는 환율이나 물가의 변동이 금수출점(gold export point)과 금수입점(gold import point)에서 제한 될 수 있으므로 이를 안정시켜 나가며 자국내의 화폐가치도 대내외적으로 안정을 유지할 수 있다.

2) 금본위제도의 메카니즘에 대한 문제점

이상에서 언급한 바와 같이 금본위제도는 신비스러운 자동조절기능을 갖고 있지만 실제로는 반드시 국내물가와 외환시세가 안정되어 있다고 볼 수 없다. 물론 금의 가격이 고정되어 있으므로 인플레는 있을 수 없지만 금 자체도 하나의 상품이므로 상품가치도 변동하고 금 가치도 변화가 없더라도 시장에서 상품의 수요와 공급이 변화함에 따라 발생하는 가격변화는 일반물가를 자극시키게 된다. 그러므로 금본위제도라고 해서 물가가 결코 안정되어 있는 것이 아니고 화폐단위에 함유되어 있는 금순분의 변경에 의한 명목적인 물가변동만 없다는 것이 특징이다.

실제로 금본위제도의 전성시대에도 호황이나 불황과 같은 순환적 물가변동이 발생하였으며 그 진폭도 상당히 컸다. 예컨대 영국에서도 1870-1913년 사이에서 5회 정도의 순환적 변동이 있었던 점을 감안해 본다면 결코 물가는 그렇게 안정세를 유지해 왔다고 볼 수는 없다. 또한 금본위제도 하에서는 환율이 고정되어 있으므로 국내물가는 국제시장에서 변화하는 가격에 의해서 영향을 받기 마련이다.

금본위제도 하에서 작용한다는 자동조절 메카니즘에 대해서는 지금도 치열한 논쟁이 일어나고 있는데 핵심이 되고 있는 것은 금의 이동에 따른 파급효과가 금융제도의 반응과 태도여하에 따라서 달라질 수 있다는 점이다. 고전학파들이 설명하고 있는 것은 단순히 금의 이동이 어떤 국가에서는 화폐수량의 감소를 다른 국가에서는 화폐수량의 증가를 가져온다고 주장하고 있다. 사실 신용경제가 발달하여 수표나 예금 등의 신용화폐가 총통화 가운데서 상당한 부분을 차지하고 있는 여건 하에서는 금이 이동하는 것만큼 통화량의 증감을 가져온다고 말할 수 없다.

실제로 금의 변동이 직접적으로 충격을 주는 것은 준비금이라는 변수이며 이 준비금이 증가하느냐 혹은 감소하느냐에 따라 금리를 조절하는 것은 중앙은행이 결정할 사항이다. 그러므로 금의 이동이 국내경제변수(통화량, 물가, 환율, 수출입)에 자동적인 효과를 가져온다고 말 할 수는 없다. 또 어떤 국가가 자국의 경제발전을 위해서 독자적인 금융정책을 실시한다면 금본위제의 메카니즘은 마비될 것이다. 특히 중앙은행이 금리를 인상하는 정책을 실시하면 단기자본이 유입되기 때문에 대외 균형은 달성될 수 있으나 자국 내에 디플레현상이 발생하여 제반산업에 미치는 충격은 크다. 따라서 금본위제도 하에서는 대외 균형을 달성하기 위해서 대내 균형을 희생해야 하는데 근본적인 문제점이 있으며 화폐(금)공급도 생산성이 증대하는 것만큼 충분히 공급될 수 없으므로 거래통화(vehicle currency)로서 결정적인 단점이 있는 것이다.

2. 금환본위제도

1) 금본위제도의 재건

금본위제도의 전성시대는 제1차대전이 발발하자 막을 내렸으며 대부분의 국가들은 전비조달을 위해서 금태환을 정지시켰고 금수출도 금지하여 잠정적이긴 하지만 금본위제도에서 이탈하게 되었다. 당시 세계 제1의 채무국인 영국은 해외자산의 절반 이상을 상실하게 되어 1914년 8월 전쟁이 시작됨과 함께 해외로 자본유출(파운드 채권의 금태환)과 전시나 전후를 통해서 물가등귀를 예상하여 자국통화와 금태환을 정지시켰다. 또 개인이 금을 해외로 소지하고 가는 것도 금지시켰다. 그러므로 세계적으로 불환지폐가 도래하여 국제 간의 자본결제와 외환관계는 매우 혼란한 상태에 빠져 있었다.

더구나 전후의 각 국들은 생산시설이 파괴되었는데다 수요량까지 증대하고 있어서 인플레는 더욱 급격하게 심화되었으며 외화시세도 겉잡을 수 없이 변동하였다. 그래서 전후에 각 국은 경제건설을 위해서는 무엇보다도 통화가치를 안정시키고 국제금융질서를 회복하는 것이 시급한 과제로 등장하였다. 먼저 통화가치의 안정을 위해서는 금본위제의 재건이 필요하다고 생각하게 되었다. 금본위제도의 복귀에 대해서는 케인즈와 리프만의 강경한 반대론이 있었으나 1922년 제노어 국제금융위원회에 의해서 채택된 통화에 관한 결의는 금본위제를 재건하기 위한 요건을 명백히 지시하였다. 즉 ① 화폐단위가 되는 금가치를 확정하여 그것을 자유외환시장에서도 유효하게 하고 통화에 대한 금가치 유지는 금뿐만 아니라 공인된 자산의 준비에 의해서 보증한다. ② 가맹국 가운데서 특정한 국가는 자유금시장을 설정하여 금 센터가 된다. ③ 가맹국은 국내에 보유하는 금준비 외에 여타국에서 은행예금잔고, 어음, 단기증권 등 유동자산의 형태로 공인된 준비자산을 보유할 수 있다. ④ 가맹국의 통상업무는 여타국들이 외환을 요구함에 따라 자국화폐를 대가로 하여 정해진 평가범위내에서 매매하는데 있다. ⑤ 이상에서 ①-④가 금본위제의 기초가 된다고 설명하고 있으며 가맹국은 통화단위의 가치를 유지하기 위해서 중앙은행이 신용을 조절해야 한다고 권고하였다.

물론 이러한 결의가 예상했던 만큼의 국제협정은 성립시키지 못했으나 1924년 이후 채택된 금환본위제도에서 이런 취지는 관철되었다. 그래서 1924－30년 사이에 금환본위제는 유럽을 비롯하여 세계적으로 파급되었는 데 이 금환본위제도의 보급과정에서 1925년 영국이 금지금본위제(gold bullion standard)로 복귀하는 것은 주목을 끌었다. 왜냐하면 이것이 국제통화제도의 재건에 대한 방향을 결정하는 기준이 될 뿐 아니라 영국이 금 센터로 되는 것을 시사해 주고 있었기 때문이다.

한편 미국은 이 보다 먼저 1919년에 금화본위제도(gold coin standard)를 채택하였다. 전후에는 미국과 영국 이 두 나라가 금 센터로서의 역할을 맡게되었다. 환언하면 영국의 파운드와 미국의 달러화가 금환으로서 가격을 가지고 각 국의 준비자산에 포함됨과 동시에 양국의 통화가 국제통화로서 기능을 하도록 그 기초가 다져졌다. 1926년 금환본위제를 채택한 프랑스도 1928년에 금지금본위제도로 법제를 개정하여 금 센터로서 진출을 기원하였다. 1920년대 프랑스는 평가가 낮아서(under valuation)수출이 증대되어 많은 금을 모을 수 있었지만(1931년말까지 27억 달러) 파리를 국제금융의 중심지로 하고 프랑화를 국제통화로 만드는데는 성공하지 못하였다. 왜냐하면 국제통화는 금채권의 역할만 하면 되는 것이 아니고 국제무역거래의 모든 결제가 집중되는 금융중심지를 가져야 하기 때문이다.

2) 국제금융시장의 분산

1920년대 중엽에 피크(peak)를 이룬 금환본위제도하에서는 복수의 금융중심국이 존재하고 있었으며 복수의 국제통화가 통용되고 있었는데 이렇게 복수의 금융중심지가 존재하고 있는 것은 오히려 상호간에 교란적인 자본이동을 야기시켜 금환본위제를 단기간에 붕괴시킨 원인으로 등장하였다. 당시 금환본위제도하에서는 파운드가 압도적으로 많았다. 1차대전 전 국제금융제도가 전성기를 이룰 때 파운드의 지위가 유지되어 왔으므로 금환본위제도는 영국이 제안하였다. 그러나 이 금환본위제도는 영국이 기대했던 만큼 부응하지 못했으며 영국이 1차대전 전의 평가와 동일하게 파운드 당 ＄4.87의 패리티(parity)를 설정한 것은 국내에 디플레 현상을 초래하였다. 1925－30년 사이에 영국의 물가하락은 현저하였으며 정도의 차이는 있었지만 세계적인 추세가 되었다. 또한 이러한 물가하락은 화폐제도자체 보다 오히려 이런 현상이 세계적인 추세가 되었다. 한편 이러한 물가하락은 세계 공황의 원인이 되기도 하였다. 특히 영국의 입장에서 더욱 어렵게 된 것은 채권국에서 채무국으로 역전된 처지에다 세계무역의 주도권마저 미국에게 빼앗겨 이젠 국제통화의 기능을 분담하지 않을 수 없는 현실에서 고심하게 되었다.

<표 10-1> 주요국의 도매물가지수(1913=100)

년평균	영 국	프랑스	이탈리아	독 일	미 국	일 본
1925	160	-	646	142	148	202
1926	150	695	654	137	143	179
1927	144	642	527	138	137	170
1928	142	645	491	140	139	171
1929	134	627	481	137	137	166
1930	113	554	411	125	124	137
1931	98	502	342	111	105	116
1932	95	427	310	97	93	122
1933	94	398	283	93	95	136

금환본위제도 하에서는 대외지급을 위한 금환의 이동이 일방적으로 영향을 미친다고 지적하고 있다. 환언하면 중심국에서 여타국으로 금환의 이동이 이루어지는 경우 유입국에서는 이 금환을 중앙은행의 준비자산에 포함하고 있기 때문에 통화량의 증대를 가져오지만 유출국에서는 금환의 이동이 발생하면 유출국의 계정에서 유입국의 중앙은행계정으로 대체시키는 데 지나지 않으므로 통화량이 감소하지 않는다. 물론 금이 이동하는 것과 금환이 이동하는 것과 차이가 있지만 1차대전 전의 국제금본위제도 하에서도 파운드 잔고에 의한 국제 결제가 성행하고 있었으므로 일방적 효과가 발생하였다고 보는 것은 타당성이 있는 견해이다. 이는 1920년대의 금환본위제도 가운데서 하나의 특징으로 언급되고 있는 데 동일한 파운드 잔고를 보유하고 있으면서 1차대전 후의 영국은 그러한 능력을 상실하여 버렸다. 환언하면 영국이 과거의 대부국에서 차입국으로 역전되었기 때문에 파운드 잔고에 대한 할인율의 변경효과가 이미 쇠퇴해 버렸다. 이와 같이 영국의 지위가 상대적으로 낙하되고 금융의 중심지가 분산되는 것은 미국의 금융중심지(wall street)쪽으로 자본이 이동하는데 영향을 주게 되었다. 이러한 금환본위제는 금을 절약하고 외환시세의 변동폭을 줄일 수 있는 것이 금환본위제도나 금지금본위제도 보다 강점으로 지적되고 있다. 이는 금환의 매매가 금의 수송과 다르기 때문에 현송비가 따르지 않는다. 당시 법정준비의 일부나 전부를 외국환

으로 보유하는 것을 법적으로 인정하는 금환본위국 뿐만 아니라 이러한 규정에 따라서 외환을 보유하는 사실상의 금환본위국이 있었는데 이런 국가는 1928년까지 31개국으로 확대되었다.

사실상 1920년대의 금환본위제는 1차대전 전의 영국을 중심으로 이루어졌기 때문에 세계 경제질서를 위반한 복합인자(multi-factor)들이 내포되어 있었다. 이미 각 국의 국내경제에는 독점이 강화되고 자금과 물가는 하방경직성을 나타내고 있어서 어떤 국가의 평가가 절승(appreciation)하는 상태에 있으면 국제수지의 균형을 회복하기는 어려워지고 생산량과 고용수준이 저하된다. 금환본위제로 복귀하고 나서도 파운드화의 평가절승이나 프랑화의 평가절감(depreciation)이 발생한 것은 양국 간에 대조적인 현상이었다.

프랑스는 1928년 해외투자수익과 경상수지의 흑자분에 대해서 금으로 수취하도록 결정함으로써 프랑스로 금이 유입되어 금의 편재 현상이 발생하였고 영국은 디플레 압력을 가중시켜 그렇지 않아도 불안한 파운드 잔고에 대해 금태환이 늘어나 영국의 은행은 많은 금을 상실하게 되어 1931년 9월 금본위제도를 정지시키게 되었다. 또한 금 블록 제국(프랑스, 이탈리아, 스위스, 네델란드, 룩셈부르크, 벨기에, 폴란드)이 금을 흡수함으로써 세계적으로 디플레를 심화시켜, 끝내 세계 대공황과 경쟁적인 평가절하라는 절대적인 경제위기를 맞이하게 되었다.

더구나 1929년부터 시작된 세계 대공항으로 주식가격은 폭락하고 금융사정은 극도로 핍박하였으며 알젠틴, 브라질, 우루과이, 오스트렐리아, 뉴질랜드는 원료가격이 하락하여 국제수지는 적자를 면하지 못해 금본위제에서 이탈하였다. 또한 유럽에서는 오스트리아의 크레디트 안슈탈트(austrian credit-anstalt)은행이 1931년 5월 파산하였고 신용불안이 연쇄반응을 일으켜 독일에서도 대규모의 해외 자금이 인출되어 동년 7월 담수다트 나쳐날 은행(darmstadter und national bank)이 파산함으로써 금융공항이 발생하였다. 그래서 미국은 1933년 프랑스와 이탈리아도 1936년에 금본위제도를 정지시키게 되었다.

3. 국제금융정세의 변화

1) 국제통화기금

제2차대전이 종전될 무력 전쟁에 참가한 대부분의 국가는 생산시절이 거의 파괴됨으로써 생산력은 크게 쇠퇴하였고 물가는 걷잡을 수 없이 인상되어 국민경제는 날로 악화되는 인플레 때문에 위협을 받았으며 자국내의 경제질서도 마비

상태에 빠져 있었다. 그러므로 무엇보다도 가장 절실하게 느낀 것은 세계경제질서를 회복하는 문제였다. 여기서 논의되고 있었던 각 국들의 기본방향은 평가절하나 쌍무협정과 같은 것들은 제거하고 다각적인 결제제도(multilateral clearing system)를 수립하여 외환시세를 안정시키고 자유로운 무역거래를 통하여 경제안정과 경제성장을 실현해야겠다는 것이었다.

그 중에서 미국은 전쟁에 의한 손실을 가장 적게 받았으며 전시에도 연합국들을 위한 군수품 공급을 지급하면서 고도의 기술진보(technical progress)가 이루어져 전후부터는 세계 경제를 주도(leading)해 나갈 수 있는 가장 안정되고 성숙한 경제대국이 되었다. 한편 전쟁으로 재해를 당한 국가들은 먼저 국내 경제를 안정시키고 이런 기조 위에 생산시설을 복구하기 위해서는 자국에서 미국으로부터 원조가 실시되어야 한다고 역설하고 있었다.

더구나 보호주의정책이 만연되고 있는 시대에 자유무역이나 다각적인 결제제도를 존립하기 위해서는 각 국들이 서로 협조하고 협력하는 정신이 절실히 요구되고 있다. 또한 이런 시대적인 조류에 따라서 국제통화의 재건은 물론 전후 세계경제를 운영해 가는데는 기본지주로서 그리고 상호협력기관으로서 설립된 것이 국제통화기금(International Monetary Fund)이다. 실제로 이는 미국의 주도에 의해서 연결된 브레튼우즈(Bretton Woods)협정으로 맺어진 것이다.

그리고 가맹국은 IMF와 협의하여 자국 통화의 평가를 설정하도록 규정하고 있었으며, 이 평가는 금 또는 1944년 7월 1일 현재 미국 달러(금1온스=$35)로 표시되어 있었다.(제4조 1항) 또 가맹국의 외환시세는 이 평가를 중심으로 상하 각각 1%를 넘어서는 것을 허용하지 않는다고 명시하고 있었다. 이와 같이 IMF가 인정하는 외환시세의 변동폭도 좁고 신뢰성을 인정하지 않는 환율제도를 고정환율제도(fixed exchange rate system) 또는 조정가능고정환율제도(exchange rate system of adjustable peg)라고 부르고 있다.

물론 이러한 평가도 금본위제도에서처럼 절대적인 것은 아니고 일정한 조건하에서 변경할 수 있도록 되어 있다. 즉 평가의 변경이 허락되는 경우는 다음과 같다.

첫째, 가맹국이 자국 통화평가를 인상하거나 인하하는 것은 자국경제의 기초적 불균형(fundamental disquilibrium)을 조정하기 위해서 필요한 경우에 한하여 인정된다.

둘째, 평가의 변경은 가맹국이 스스로 제의하여 IMF와 협의한 후 비로소 이를 실행할 수 있다.

이 기초적 불균형에 대해서는 명문화된 규정은 없으나 국제수지에서 만성적

혹은 구조적 불균형이 있는 경우를 말한다. 그러므로 IMF체제는 외환시세가 단기적으로 고정되어 있으나 장기적으로 그 변동이 인정되고 있다.

2) 국제통화제도의 성격

IMF체제하의 국제통화제도도 금환본위제도라고 호칭되고 있으나 이는 1920년대에 복귀된 금환본위제도와 본질은 같지만 그 기능은 다르다. 환언하면 미국 한 나라를 중심으로 달러만이 기축통화(key currency)로 하는 금환본위제도도 계속적으로 존립하려면 금과 등가관계를 유지시키고, 연방준비은행이 자국통화인 달러와 금을 무제한으로 매매하여야 한다. 물론 IMF가 설립된 후 미국은 가맹국들의 정부나 중앙은행이 보유하고 있는 달러에 대해서 금과 태환을 실시하고 있었으나 민간거래는 마치 지금의 SDR처럼 금지하였다.

그러므로 달러는 완전한 금환본위제도로서 조건을 갖추고 있지 않았다고 일직부터 지적되고 있다. 물론 미국이 계속적으로 국제수지 흑자를 시현해 나간다면 달러가 금과 언제든지 등가관계로 교환될 수 있다고 생각하는 한 다른 문제는 없겠지만, 달러에 대한 국제적 신인이 지금처럼 IMF평가자체는 문제점을 노정시키게 된다.

4. 국제통화기금 체제의 성립

1) IMF협정의 배경

IMF를 탄생시킨 역사적인 배경은 2차세계대전이 발발하기 직전인 1930년대까지 파급되고 있다. 1930년대는 세계대공황이 확산되어 각 국은 금본위제로부터 이탈하여 관리통화제도(managed currency system)를 채택하였다. 또 대외적으로 무역과 외환을 국가가 직접 관리함으로써 수출을 증대시키고 수입을 감소시키려고 획책하고 있었으며, 더욱 폭넓은 해외시장을 개척함으로써 난항상태에서 헤매고 있는 국민경제를 회복시키려고 온갖 노력을 경주하였다.

한편 전후의 세계 경제는 경쟁적인 평가절하가 각 국마다 폭 넓게 실시됨으로써 새로운 위기를 맞이하게 되었다. 더구나 무역 면에서 블록화와 쌍무주의가 횡행하여 자국의 이익만을 극도로 추구하려는 근린궁핍화정책(beggar my neighbouring policy)으로 인해 무역량은 점점 감소되어 갔다. 따라서 국제경제질서가 이렇게 혼란한 상태에서는 세계 경제가 더 이상 발전할 수 없다는 것을 깊게 자각하고 이를 시정하기 위한 방안으로 국제 간에 협력이나 협의의 필요성을 통감하고 있었다.

제2차세계대전이 끝나고 세계 경제를 부흥시키려는 구상은 미국과 영국이 주축이 되어 열렬히 주도해 왔다. 전후에 국제통화제도의 지주역할을 해 왔던 IMF도 역사적인 기점은 역시 2차 세계대전의 발발과 함께 시작되었으며 성립 과정에 있어서도 미국과 영국사이에 격렬한 논쟁이 계속 진행되어 오다가 결국 타협에 의해서 하나의 구심점을 찾게 되었다.

먼저 그 성립과정을 살펴보면 1943년 9월 워싱턴에서 미국과 영국의 대표가 공식으로 회담을 개최하여 화이트안과 케인즈안에 대한 통합적인 협의를 하였다. 이 협의상에서 케인즈안은 폐기되고 국제통화제도의 원안으로 화이트안이 채택되었다. 화이트안의 내용에 대해서는 1943년과 44년에 걸쳐서 신중하게 검토가 되었으며 그 내용이 부분적으로 수정되어 1944년 4월 국제통화기금의 설치에 관한 전문가의 공동성명(joint statement by expert on the establishment of an International Monetary Fund)으로 발표하게 되었다.

물론 이 원안이 나오기까지는 30개국 전문위원회에서 격렬한 토론과 의견의 마찰이 있었으며, 케인즈안과 화이트안이 제출되기까지는 상당한 연구와 기간이 걸렸다. 이들 양안은 미국과 영국의 국내경제여건이 상이하고 세계경제에서 차지하는 비중으로 보아 상호간에 상충되는 점이 많았으며, 1930년대에 있었던 쌍무주의와 국가의 직접적인 관세나 비관세를 통환 보호조치 등을 완화하고 외환시세의 안정과 세계 경제의 균형 있는 성장을 위해서는 국제 간에 서로 협력하는 것이 최선의 정책이라고 강조한 점은 같은 입장이었다.

이 공동성명은 영국 측의 입장을 고수하면서 화이트안의 내용을 부분적으로 수정한 것이다. (말하자면 미국과 영국의 타협안이었다.) 1944년 7월 1일 브레튼우즈에서 연합국 44개국의 대표가 모여서 연합국통화금융협회(united nations monetary and financial conference)를 개최하여 이 공동성명에 대한 협의를 한 끝에 IMF협정이 성립되었다. 그리고 이는 1945년 35개국의 비준을 얻어서 효력을 발생하였다. IMF의 성립과정은 미국의 원안인 화이트안과 영국의 원안인 케인즈안을 비교해 봄으로써 더욱 명백히 알 수 있다.

(1) 화이트안

전후에 국제통화제도를 재건하려고 주도하고 있는 미국의 기본적인 구상은 다각적인 결제제도를 수립하고자 하는데 있었다. 그러므로 경제정책의 목표도 외환시장이나 국제금융시장의 붕괴를 방지하고 경제성장을 통해서 증대시킨 상품들을 국제시장에서 서로 교환하기 위해서는 국제유동성을 원활하게 공급하는 것이 무엇보다 중요하다고 보았다.

전후의 미국은 세계경제를 끌고 나가는 견인차의 역할을 하고 있는 처지에서 가장 큰 애로요인으로 등장하고 있는 것이 관세장벽과 같은 국가 간의 차별조치와 지극히 불안하게 변동하고 경제개발을 촉진하기 위해서 해외무역에 대하여 차별적인 제한조치를 강력하게 실시하고 있는 것도 결국 국내에 자본 스톡을 증대하기 위한 것이다.

그러므로 미국은 각 국들이 차별적인 제한조치를 실시하면 무역수지 적자를 면치 못할 것이 충분히 예상되므로 쌍무적인 제한조치를 철폐하고자 강력하게 주장하였다. 그렇다고 미국의 입장에서도 완전하게 자유로운 결제제도를 수립하자는 주장이 아니고 관세장벽과 외환관리 등을 가능하면 완화시켜 줄 것을 강조했던 것이다.

화이트안은 국제안정기금안(proposal for an international stabilization fund of the united and associated nations)이라는 제안이 의미하는 바와 같이 각 국들이 협력해서 안정기금을 설립하여 이 기금을 통해 다각적인 무역과 결제를 촉진하고자 하는 내용이 위주가 되어 있다. 화이트안의 목적은 ① 외환시세를 안정시키고, ② 각 국들의 국제수지불균형을 조정하기 위해서 원조를 실시하며, ③ 생산원료와 상품 및 자본이동을 원활화하고, ④ 외환보유고의 제한을 철폐하며, ⑤ 차별조치를 완화하는 것이다.

이러한 목적을 달성하기 위해서는 국제안정기금을 설정해야 하며 이 기금의 운영을 통해서 국제 간에 다각적인 무역이나 결제를 촉진해야 한다. 이 기금의 규모는 총50억 달러로 결정하고 전 가맹국의 출자에 의해서 구성하도록 되어 있다. 또 각 가맹국에 대한 할당액은 금과 외환보유고, 무역량, 국민소득 등을 고려하여 결정하며 출자액의 일부는 금으로 나머지는 자국통화 및 정부증권으로 불입하도록 규정하였다.

화이트안은 국제적인 계산단위로서 유니터스(unitas)라고 하는 통화단위를 사용하도록 하였으며. 이는 순금 $137\frac{1}{7}$ 그레인(grains)으로서 당시 $10에 해당하는 금액이며 이를 변경시키려면 순투표권수 85% 이상의 찬성을 필요로 하였다. 또한 가맹국들의 화폐가치도 유니터스로 표시하며, 한번 결정한 화폐가치의 변경은 국제수지의 기초적인 불균형이 발생하는 경우와 가맹국 중에서 4/5의 찬성을 얻은 경우에 한해서만 승인하도록 하였다.

그리고 가맹국은 국제수지적자를 보전하기 위하여 필요한 외화를 기금에서 차입할 수 있으며 이 기금의 운영은 출자액에 비례하여 임명된 이사회에서 책임을 맡아 운용하도록 하였다. 그리고 중요한 사항을 결정할 때는 이사회에서 투표권수를 가맹국의 할당액에 비례하도록 규정하고 있었으므로 미국의 투표권 수가 압도적으로 크기 때문에 가장 큰 발언권을 행사할 수 있었다.

(2) 케인즈안

전후의 영국은 국민들이 전력을 경주하여 경제난국을 극복하려고 하였으나 국내경제는 좀처럼 회복이 어려웠다. 그래서 경제문제에 대해서는 어느 나라보다도 더 많은 관심을 갖고 있었으며 특히 영국에서는 미국 측이 다각적인 결제제도를 수립하자는 제안에 대해서 찬반 양론이 맹렬하게 일어났다. 영국 정부의 지도자들은 영국이 논쟁을 계속해 나가고 생산시설의 파괴로 인한 경제적인 어려움을 해결하는 길은 미국의 원조가 없이는 불가능하다고 인식하고 있었다. 그러므로 미국의 정책에 따르는 것이 영국의 입장에서는 오히려 경제적인 이익을 얻을 수 있다고 판단하였다.

더구나 당시의 노동당도 국제적인 협조가 절실히 요구되고 있는 시대적인 흐름에 편중해서 미국 측의 주장에 호응해 가는 경향이 있었다. 특히 2차대전 후에는 정치적인 긴장으로 인해 야기되는 국제경제질서의 위기를 해결하고 국민의 복지와 생활수준을 향상시키기 위해서는 국제협력기관이 필요한 것을 절감하고 있었으며 미드(J. Meade)와 같은 경제학자도 미국의 다각적인 결제제도를 수립하자는 의견에 대해 적극적으로 지지하였다.

그러나 영국의 실업계에서는 경제적으로 이미 고도로 성숙한 단계를 걷고 있는 미국과는 국제경쟁에서 비교가 되지 않으므로 다각적인 결제제도에 대해서 반대의사를 표명하였다. 또한 곡물조례(corn’s laws)에 대해서 반대를 했던 산업자본가나 농민들은 자유무역을 통해서 받게 될 손실이 두려워 영국의 관세제도를 계속 존속시킬 것을 제의하였다.

이와 같이 영국 내에서는 각계 각처에서 상반된 주장이 있었기 때문에 매우 곤란한 처지에 빠져 있기는 했으나 전체적으로 볼 때 미국의 주장에 동조해 가는 경향이 나타났다. 케인즈안은 1943년 3월 영국에서 국제청산동맹안(prorosals for international clearing union)으로 제출되었으며 이 안의 핵심은 세계 각 국들이 경제질서를 바로 잡고 전쟁의 참상에서 벗어나 균형 된 성장을 이룩하기 위해서는 ① 국제통화와 외환에 관한 기관을 설립하고, ② 각 국마다 무역정책을 실시하며, ③ 원료수입에 대해서는 제한을 하지 아니하며, ④ 경제개발을 위해서는 중장기 원조가 필요하다고 시사하였다. 그는 이런 제안들이 다 실시되면 좋겠지만 그 중에서 가장 시급한 것은 국제통화와 외환의 문제가 조속히 해결되어야 한다고 지적했다.

결국 케인즈안은 가맹국이 중앙은행으로서 기능을 발전할 수 있는 국제청산동맹을 창설하자는 것이다. 이 청산동맹에서는 뱅콜(bancor)이라고 하는 화폐단위를 사용하게 하고, 이는 금과 태환은 되지 않지만 금과 등가관계를 가지며 무역거래의 최종결제를 할 때만 이를 사용하도록 하였다. 또한 각 국들의 통화는 뱅콜에 링크시켜서 평가를 결정하며 국제 간의 자금결제는 각 국간의 청산계정에서 장부상으로 대체기장함으로써 자금이체가 될 수 있다. 이 청산동맹에서 가맹국에 대해서 무역거래의 실제를 기준으로 당좌대월한도 또는 대월자금(over draft facilities)을 결정하고 있는데 케인즈는 이 금액을 $260억 정도로 계산하였다.

그리고 가맹국들은 자국의 해외준비자산으로서 금, 외환, 뱅콜까지 보유할 수 있으며 평가절하나 평가절상에 대해서는 그 나라의 자유재량에 맡겼다. 그러나 차입금액이 2년 이상 할당액의 25%를 초과하면 5% 범위 내에서 자국통화의 평가절하를 인정하고 그 후는 이사회의 승인을 받도록 하였다. 더구나 국제수지가 계속해서 적자수준에서 벗어나지 못할 때는 할당액의 25%까지는 무제한으로 차입할 수 있으며 25%를 초과할 때는 년 1%의 과징금을 부과할 수 있도록 제안하였다. 또 할당액의 50%까지는 어떠한 규제도 받지 않고 자유롭게 차용할 수 있고 50%를 초과하면 다시 그 초과분에 대해서 1%의 추징금을 부과할 수 있으며 이는 국제수지흑자국에 대해서도 같은 원리를 적용할 수 있도록 하는 일반적인 대차균형원칙을 구상하였다.

케인즈안은 마치 은행부기에서 기록하고 있는 원칙을 국제 간의 자금결제에서도 적용하려고 한 것이다. 결국 이런 착상은 채무국가가 채권국가에 대해서 경제적으로 예속상태에 놓여 있을 것을 배제하려고 시도한 것이다. 물론 국내에서는 자금결제 후 대차잔액이 마이너스를 나타낸 은행은 시재가 부족한 금액을 중앙은행에서 지급하는 자금으로 보전할 수 있지만 국제 간의 자금결제는 청산동맹에서 제공하는 신용공여(credit facilities)만으로 되는 것은 아니다.

이는 국제수지 흑자를 지속한 국가가 일정한 기간 후에 반드시 적자를 감행해야 하고 또 국제수지적자를 시현한 국가는 일정한 기간 내에 반드시 흑자상태로 돌아갈 수 있어야만 채무를 변제할 수 있는 잉여자금을 수취할 수 있다. 이런 점으로 미루어 볼 때 신용창조를 근본원리로 하고 있는 청산동맹안은 다시 세계의 금이 거의 미국에 집중되어 있는 형편으로는 실현시킬 가능성이 희박하며 금환본위제를 중심으로 하고 있는 국제통화체제는 영국의 처지에서는 생각조차 할 수 없는 환상에 지나지 않았다.

2) IMF협정의 성립

IMF는 1944년 7월 미국의 뉴햄프셔주에 있는 브레튼우즈라는 지방에서 44개국이 참가하여 개최한 국제통화금융회의에서 다시 검토하여 최종적으로 성립시켰으며 이는 1945년 12월 27일 35개국의 비준을 얻어 정식으로 그 기능을 발휘하기 시작하였다. 앞에서도 언급한 바와 같이 화이트 안과 케인즈 안은 팽팽한 논쟁 끝에 마침내 합의를 보았으며 타협점에 도달한 요점을 정리하여 보면 다음과 같다.

첫째, 국제유동성의 양적인 규모와 사용방법에 있어서 견해차를 시사하고 있었다. 케인즈는 $260억 정도의 당좌대월한도를 설정하여 이를 각 국에게 신용공여를 하면 전후의 경제개발이 촉진될 것이라고 기대하였다. 반면에 화이트는 미국의 출자액을 $20-30억 정도로 예상하고 있었다. 케인즈의 계산으로는 $260억 가운데 미국이 부담할 수 있는 금액이 $230억은 가능하기 때문에 국제유동성이 크게 완화될 것으로 기대하였다.

둘째, 안정기금에 대한 구상인데 이는 가맹국들의 재정정책이나 금융정책이 앞으로는 상호 협력하는 무드에 따라서 전개될 것이므로 가맹국들이 자국 내에서 경제개발을 추진해 나가는데는 아무래도 독립성이 결여될 가능성이 있다. 이 안정기금은 금과 각 국 통화로 구성되는 데 각 국은 할당액에 따라서 출자하며 이는 나중에 원조액의 한도금액이 된다. 화이트안이나 케인즈안은 모두 다각적 자유무역을 원칙으로 하고 국제무역에 관한 중앙통제기구를 설정하자는 것은 공통점이 되고 있다. 그러나 케인즈는 완전고용이나 경제성장을 위한 경제정책의 일환으로 국제청산동맹에서 신용창조를 할 수 있도록 하고 환율도 각 국의 경제여건에 따라 탄력적으로 운용할 수 있도록 주장하였다.

이렇게 결렬하게 대립되고 있는 양안이 하나의 구심점까지 유도된 것은 국제유동성의 규모에 대한 미국의 부담금문제였다. 환언하면 미국의 입장에서는 $20-30억 정도의 출자라면 언제든지 협정할 수 있으나 너무 큰 금액을 요구할 경우는 양보할 수 없다고 강경한 태도를 표명하였다.

영국도 자국의 경제부흥을 위해서는 미국의 협력에 의지하지 않을 수 없는 위치에 있었기 때문에 자국의 주장을 양보하고 미국의 안에 타협할 수 밖에 없었다. 결국 미국도 화이트안에서 제안했던 것 보다 출자액을 증가시켜 기금 총액 88억 달러 가운데 31억 7,500만 달러의 출자를 약속함으로써 전후의 국제 통화는 질서를 수립하게 되었다.

이와 같이 세계 통화는 창출하지 않고 현실적으로 적용타당성이 있는 화이트안이 기본이 되어 IMF는 성립되었다. 이는 미국의 국민통화(national currency)인 달러화와 금을 링크시켜 국제통화로서 그 역할을 다 할 수 있도록 하는 기축통화제(key currency system)를 도입한 것이다.

3) IMF의 목적과 기본구조

국제통화기금의 목적은 다음과 같다.

(1) 국제통화문제에 관한 협의와 협력을 위한 기구가 되는 상설기관을 통하여 국제통화협력을 촉진한다.

(2) 국제무역의 확대와 균형 있는 성장을 조장하고 가맹국의 주요목표인 고수준의 고용 및 실질소득의 촉진 그리고 생산자원의 개발에 기여한다.

(3) 외국환의 안정을 촉진하고 가맹국간에 체결된 외국환협정의 질서를 지속하며 경쟁적인 평가절하를 방지한다.

(4) 가맹국간의 경상거래에 관한 다각적인 결제제도의 확립과 세계 무역의 성장을 저해하는 외국환에 관한 제한을 제거하는 데 협조한다.

(5) 적정한 보장조건 하에서 가맹국으로 하여금 기금의 재원을 잠정적으로 이용할 수 있게 하고 가맹국이 국내적으로나 또는 국제적 번영에 유해한 조치를 취하지 않고서도 국제수지의 불균형을 시정할 수 있는 기회를 제공함으로써 가맹국에게 안도감을 준다.

(6) 가맹국의 국제수지불균형의 기간을 단축하고 그 정도를 경감한다.

이 가운데서 브레튼우즈 체제는① 외환시세의 안정, ② 외국환의 자유화 ③ 단기신용의 공여를 활동상의 주요목표로 삼고 결국 이런 활동목표들도 IMF의 이념이었던 세계 무역의 균형적 성장과 확대를 위하여 또 각 국의 고용과 소득증대에 기여하기 위한 것이다. 여기서는 이상에서 살펴 본 바와 같이 IMF의 활동목표가 과거에 있었던 역사적 사실에 비추어 볼 때 어떤 의미를 내포하고 있는가를 파악해 보고자 한다.

첫째, 환율의 안정은 2차대전 이전에 있었던 각 국의 경쟁적인 평가절하가 세계 경제질서를 파탄시켰던 경험으로 미루어 보아 다시는 이런 쓰라린 고통을 당면하지 않기 위하여 협의하였던 것이다. IMF는 무엇보다 환율의 안정을 기초로 하여 국제무역의 안정된 성장을 이념으로 하고 있으므로 일정한 패리티(parity)를 유지하고 환율을 안정시키는 것은 각 국 정부당국의 입장에서도 경제정책상 필수 불가결한 수단으로 등장하고 있었다. 그러므로 환율을 초국가기관에 의해서 고정시켜야 할 것인가 또는 가맹국에게 자국의 경제여건에 따라 환율변경의 권한을 허용해 주느냐 하는 문제가 발생한다. IMF는 이러한 성격을 둘 다 지니고 있지만 평가를 유지하는데 중점을 두고 있었다.

둘째, 외환의 자유화는 양 대전 사이에 만연하고 있었던 외환관리 또는 청산협정과 같은 외환제한이 국제무역거래를 축소시켰으며 각 국 경제를 혼란상태로 빠지게 했던 반성에서 IMF는 가맹국이 대외거래를 제한한다든가 또는 여타국가에 대해서 차별거래를 금지하고 있다. 다시 말하면 IMF가맹국은 ① 경상지급에 대한 제한의 철폐, ② 차별적 통화조치의 철폐, ③ 외화보유잔고의 교환성 보장이라는 세 가지 의무를 준수해야 한다. 그러나 경상수지에서 발생하는 지급의 자유화는 경상거래로 한정하고 있으며 자본거래상 지급제한은 예외로 인정하고 있다. 이는 1,2차 대전 사이에 핫머니와 같은 투기성 자금이 대량으로 국제 간에 이동이 발생했을 경우 국제금융질서를 교란하는 요인이 되었으며 특히 국제정세의 불안이나 평가변경으로 인하여 자본도피가 생겨날 우려가 있다던가 환투기를 목적으로 하는 자본이동이 발생할 때는 이를 제한할 수 있다.

셋째, 단기신용의 공여는 한 나라가 국제수지 적자로 인해 자국내 외환보유고가 급격히 감소했을 경우에는 평가절하나 또는 수입제한이 없이도 국제수지의 균형을 회복할 수 있도록 단기간 필요한 자금을 공급하고 있다.

IMF에 가입한 국가는 금이나, 금과 링크되어 있는 달러화를 기준으로 자국 통화의 평가를 설정하도록 의무화하고 있으며 이는 환율의 안정을 유지하기 위해서 각 국의 환율을 IMF가 관리하며 또 일시적으로 불안한 요인이 나타날 경우에는 IMF에서 대여해 주는 외화자금으로 이런 어려움을 극복할 수 있다.

IMF는 원칙적으로 조정가능고정환율제도(adjustable pegged exchange rate system)를 채택하고 있지만 이는 절대적인 것이 아니고 가맹국의 국제수지나 기초적인 불균형이 발생하는 경우에 한해서 평가변경이 허용된다. 또한 평가변경을 실시하기 위해서는 IMF와 사전에 협의를 하도록 되어 있으며, 이도 1회에 상하10% 이내의 범위에서 인정되고 있다. 이러한 평가는 환율의 기준이 되고 있으므로 자국통화의 환율을 상하 1% 범위 내에 유지해야 하는 의무를 부여하고 있다.

이와 같이 비교적 신축성이 결여되어 있는 조정가능고정환율제도 하에서는 가맹국들은 달러에 대한 자국통화의 평가를 일정한 밴드(band)내에서 유지하기 위해서는 금융당국이 항시 개입해야 하고 미국의 연방준비은행은 달러와 금을 공정가격에 따라서 무제한으로 교환해 주어야 한다. 그렇게 해야만 각 국은 기준환율(central rate 또는 패리티)에 가깝게 유지할 수 있다.

그러나 이러한 조정가능고정환율제도는 다음과 같은 결함을 가지고 있다.

첫째, 조정가능고정환율제도 하에서는 시장환율(market rate) 또는 실세환율이 변동할 수 있는 범위가 너무 좁기 때문에 국제수지의 불균형은 기본적으로 국내물가와 소득수준의 변화 또는 평가변경과 같은 기준환율의 조정에 의해서 시정되고 있다. 물론 국내적인 균형정책과 국제적인 균형정책사이에 마찰이 있을 경우는 기준환율을 조정하는 것이 국내적인 불균형을 회복할 수 있는 수단이 될 수 있다. 그러나 조정가능고정환율제도에서는 기준환율의 조정을 오로지 기초적인 불균형이 발생하는 경우에 한해서 인정하고 있으므로 실제로 기준환율을 자주 조정할 수 없다, 그래서 각 국들은 수입을 제한하기 위한 수입 쿼터, 수입금지와 같은 조치나 수출을 장려하기 위한 세제 금융상의 혜택을 부여하여 이를 조정하는 정책이 채택되어 왔다.

둘째, 조정가능고정환율제도에서는 기준환율의 조정이 어디까지나 정책적으로 결정되기에는 적시에 환율변경이 이루어지지 못하고 있으며 또 기준환율의 조정시기를 자국 내에서 기초적인 불균형이 발생할 때만 인정하고 있으므로 현실적으로 자국에서 국제수지 적자가 시현되면 이것이 일시적인 현상이 될는지 아니면 계속될 것인지 판단하는 것은 쉬운 일이 아니다. 평가절하는 만성적인 국제수지 적자로 인해 자국의 외환사정이 극도로 악화되어 금융정책이나 재정정책으로서는 별다른 효과를 거두지 못할 때 실시되는 것이다.

결국 기초적 불균형이라는 정의자체가 모호한 점이 있어서 국제수지의 불균형이 장기간 지속된 후 평가절하가 이루어질 수 있기 때문에 이를 예상하고 있는 자본가들에 의해서 대규모의 환투기가 유발될 수 있다. 이런 환투기는 조정가능고정환율제도에 대한 위협적인 요인으로 등장하였다.

셋째, 조정가능고정환율제도 하에서는 기준환율을 자주 조정할 수 없기 때문에 가맹국가는 국제수지적자가 발생하면 이를 보정할 수 있는 금이나 외화를 보유하고 있어야 한다. 이와 같은 추세는 국제유동성에 대한 수요를 증대시켜 나중에는 유동성이 부족하기 때문에 무역거래마저 원활하게 결제할 수 없으며 무역량도 축소되기 마련이다.

이러한 기본적인 결함 때문에 외환의 자유화에 대해서 다음과 같은 조치를 명시하여 놓았다.

⑴ 경상지급에 대한 제한을 철폐 (외국무역 기타 경상적 업무 및 정상적인 단기신용조작에 관련되어 이루어지는 모든 지급, 대부이자 및 기타 투자로부터 얻은 소득의 지급, 대부 받은 금액의 할부상환 또는 감가상각비의 지급, 이민의 해외송금)

⑵ 차별적 통화조치의 금지(가맹국은 본 협정에서 수권되었거나 또는 기금이 승인한 경우 이외에는 차별적 통화협약이나 복수 통화조치를 재무부나 중앙은행으로 하여금 실시할 수 없도록 규정하는 의무를 준수한다.)

⑶ 외화보유잔액의 교환(가맹국은 다른 국가가 보유하고 있는 자국통화잔액을 매입할 것을 요청하면서 다음과 같은 사항에 해당될 경우에는 이를 매입하여야 한다). ① 매입될 잔액이 경상거래의 결과 최근에 취득된 금액. ② 그 교환이 경상거래 상의 지급을 위하여 필요하다고 인정될 때, 매입국은 매입상대국의 통화

로 지급할 것인가. 또는 금으로 지급할 것인가를 선택할 권리가 있다.

이 조항에 규정되어 있는 의무를 준수하여 국제 간에 자유로운 환거래를 할 수 있도록 협조하고 있는 나라를 IMF 8조국이라 한다. 그러나 제2차 세계대전 후 세계 주요국들은 경제적으로 피폐해 있었으며 경제부흥을 기하는데는 많은 시간이 소요되기 때문에 일률적으로 외환관리나 상무협정을 금지하는 것은 세계경제를 혼란하게 만들 우려가 있었다. 그러므로 오래 전부터 실시하여 오던 외환제도를 일시에 철폐하기 곤란한 국가가 예상되므로 IMF 8조국은 그 원칙에 대한 예외규정을 두고 있다. 환언하면 외환관리를 하거나 쌍무협정을 금지하는 것에 대한 유예규정을 설정하고 있는데 이것이 제14조의 내용으로 되어 있다. IMF협정 제14조에 의하면 아직까지 국가 경쟁력이 회복되지 못하고 국제수지가 불안한 국가는 IMF에 통보한 후 경상거래를 위한 지급 및 자금이전에 대한 제한을 계속할 수 있으며 경제사정의 변화에 따라서 이를 수정할 수 있다.

단기 신용공여제도에 대해서는 IMF자체가 자금을 창출할 수 있는 능력이 없기 때문에 자금을 조달하기 위하여 가맹국으로부터 할당액을 설정하여 기금으로 받게되는데 이를 IMF 쿼터라고 한다. 이 할당액의 규모는 가맹국의 국민소득, 대외준비, 국제무역 등을 기준으로 하여 결정하지만 이는 IMF에 대해서 이용할 수 있는 자금의 한도를 나타내며 가맹국의 투표권과 발언권에 주요한 의미를 가지고 있다.

제37차 총회(1982년 9월)에서는 복잡하게 되어 있는 현행 쿼터 산출방식을 단순화하는데 합의가 이루어졌으며 그 주요내용을 보면 다음과 같다.

첫째, 가맹국의 산출 쿼터를 산출하는데 사용할 공식의 수를 지난 제7차 쿼터 때의 10개 식에서 5개 식으로 크게 축소 조정하였다.

둘째, 일부 국가들의 국민소득에 대한 통계자료의 부족으로 리저브에 SDR 및 IMF 리저브 포지션을 포함하는 것이 합리적이라는 점등을 고려하여 쿼터 산출공식 내의 변수 가운데서 국민소득을 국내총생산(GDP)으로, 금 및 외환보유액을 총리저브(외환보유액, 보유금, SDR, IMF 리저브 포지션의 합계)로 대체하기로 합의하였다.

셋째, 각 공식 내 변수 중 경상수지 변동변수의 계수를 각각 20%로 축소조정하고 이로 인한 가맹국산출 쿼터 비중의 변동을 줄이기 위해 준비금 변수를 포함하고 있지 않는 식에 준비금 변수를 도입하였다. 이에 따라 산출 쿼터에 있어서 경상수입 변수의 과도한 영향이 크게 줄어들게 됨으로써 각 국의 산출 쿼터가 비교적 공평한 기준에 의해 도출되었다.

11-2 국제통화제도의 변화과정

1. 브레튼우즈체제의 변질

1) 고정환율제도의 붕괴

2차대전 후 세계경제질서의 회복과 국제통화의 안정을 목적으로 설립되었던 IMF는 금환본위제도와 조정가능고정환율제(exchange rate system of adjustable peg)를 기본지주로 하고 있었지만 유동성 딜레마와 환율 메카니즘의 경직성이라는 근본적인 취약성 때문에 무너지고 말았다.

미국의 국제수지는 1958년까지 흑자를 지속해 왔으므로 달러화는 그런 대로 안정세를 유지해 왔다. 그러나 1960년대 초반부터는 흑자폭이 점차적으로 감소하기 시작하더니 1968년 이후에는 완전히 적자에 빠지고 말았다. 이러한 요인은 그 동안(1948-1951년) 마샬정책에 의해서 막대한 자금이 저개발국의 경제원조와 군사비지원 등 트란스퍼의 형태로 유출되었을 뿐만 아니라 오랜 기간동안 끌어온 월남전에 의해 군비사지출과 상대적으로 EEC를 비롯한 여타국가들의 경제개발이 촉진되어 미국상품의 국제경쟁력(international competitive power)이 많이 약화되어 세계 경제의 발전은 오히려 미국에 불리한 방향으로 전개되었다.

따라서 그전까지 미국의 수출시장이었던 국가들이 이젠 오히려 미국의 수출 경쟁국가가 되어 버렸으며 각 국들의 보호정책이 강화되고 자원민족주의가 집요하게 작용함으로써 해외시장개방은 한층 어려워졌다.

달러 위기는 1957-58년의 불경기와 특히 1958년 유럽 주요국들의 통화교환성을 회복하고 나서부터 이미 싹트고 있었다. 1950년 전반까지는 미국의 국제수지 적자는 10억 달러 정도에서 맴돌았는데 1957-58년 이후부터는 국제수지 적자폭이 30억 달러를 상회하고 있었다. 이러한 만성적인 적자가 현저하게 나타나자 1958년부터 달러 위기는 표면화되었다.

1960년 10월 런던 금시장에는 골드러시(gold rush) 현상과 금가격 폭등으로 위기는 점점 심화되어 1960년 10월 20일 금가격은 1온스 당 40달러를 초과하였다. 그래서 미국정부는 달러 방위를 위한 경제정책을 실시하였으며, 이런 경기부양을 위한 적극적인 경비지출정책은 인플레를 만연시키고 있어서 달러 위기는 좀처럼 해소되지 않았다. 1967년 미국의 해외단기채무는 금준비고를 상회하였으며 파운드의 불안을 위시한 국제통화의 동요는 시작되어 1967년 가을부터 1968년 봄까지 대규모의 투기가 발생하였다.

그러므로 미국은 달러 방위정책의 일환으로 금푸울(international gold pool)제를 실시하게 되었다. 이 금푸울제는 미국의 연방은행과 영국, 프랑스, 서독, 이탈리아, 네덜란드, 스위스, 벨기에 8개국의 중앙은행으로 구성되어 금의 공동구입단을 구성하였다. 결국 이들 중앙은행은 2억7천만 달러의 금을 수집하여 1온스 당 35 달러의 금시세를 취득하기 위한 개입자금으로 비축하였다. 그리고 1963년에는 달러 방위조치의 일환으로서 자본유출을 규제하기 위한 이자평균세(interest equalization tax)를 부과하였다. 이러한 일련의 조치들은 달러화를 안정시키는 데 어느 정도 효과를 발휘하였으나 월남전이 발발함으로써 미국이 이에 개입함에 따라 군비지출이 증가되고 인플레의 심화로 미국의 국제수지개선은 하나의 구호에 불과하였다.

<표 10-2> 미국의 달러 방위조치 추이

	조치명	발표년월
아이젠하워	긴급명령	1960. 11
케 네 디	국제수지특별교서	1961. 2
케 네 디	국제수지특별교서	1963. 7
존 슨	국제수지특별교서	1965. 7
존 슨	국제수지문제각료위원회 성명	1965. 12
존 슨	달러 방위특별성명	1968. 1
닉 슨	달러 방위성명	1971. 8
카 터	달러 방위긴급조치	1978. 11

1967년 미국의 해외단기채무는 금준비고를 상회하였으며 1967년 11월 18일 14.4%라는 파운드 화의 평가절하를 전후하여 발생한 골드러쉬는 런던 금시장을 폐쇄시켰으며, 금푸울제는 더 이상 지속할 수 없어서 1968년 3월 18일 해체되고 말았다. 금푸울제가 해체되고 난 후 금가격은 1온스 당 35달러라는 공정가격과 시장가격으로 괴리가 발생하여 금의 이중가격제(two tiered gold system)를 발표하게 되었다.

이 협정의 내용은 다음과 같다. ① 각 국의 정부와 중앙은행간에는 금 1온스 당 $35의 공정가격을 유지한다. ② 지금부터 금을 보유하고 있는 것은 금융당국과 교환하는데 만 사용하고 금시장에서 판매하는 데는 사용하지 않는다. ③ 각국은 이미 민간시장에서 금을 더 이상 매입하는 것을 중지한다. ④ 미국과 영국은 국제수지개선에 노력한다. ⑤ 영국의 파운드화를 지원하기 위해서 7개국의 중앙은행들은 7개국의 중앙은행들은 영국에 대한 신용공여한도를 40억 달러까지 확대한다.

금의 이중가격제를 도입함으로써 금의 투기는 방지되고 국제유동성이 증가하여 국제통화는 어느 정도 안정을 되찾는 듯 했으나 세계는 또다시 통화불안에 직면하였다. 이와 같이 금의 공정가격은 공적인 거래에서만 통용되고 민간시장은 자유시장으로 이행되고 말았으니 결국 금푸울기구도 해체될 수밖에 없었다.

물론 그 이전에도 세계 주요국들은 자유시장에서 금가격을 1온스 당 $35이라는 공정시세(official rate)에 일치시키려고 노력해 왔다. 그러나 1968년 이후부터는 자유시장마저도 열리지 않아서 사실상 이런 기능은 마비되었다. 한편 각 국의 중앙은행들은 자국의 준비금 이상으로 금을 구입하지 않겠다는 협정을 하자 곧 이중시장이 형성되고 말았다.

그러나 간혹 온스 당 $45까지 상승한 민간시장의 금가격이 $35로 다시 환원되는 경우도 있었다. 이미 고정환율제도의 이탈은 1967년 파운드화의 대폭적인 절하로 발단이 되었으며, 이어서 스페인, 아일랜드, 덴마크까지 파급효과를 미쳐 금가격의 동요와 골드러시를 더 이상 감당할 수 없어서 금푸울제의 해체를 초래하였으며, 이것이 도화선이 되어 1969년 마르크화의 평가절하 등 주요국들의 통화가 걷잡을 수 없는 소용돌이 속으로 빠져 들어갔다.

그 동안 미국의 국제수지는 1970년 초에 약간 개선되는 것 같이 보이더니 1971년에는 급격히 악화되어 국제수지적자는 전후에 처음 보는 공적 결제 베이스로 135억 달러에 달하였다. 또한 미국의 해외단기채무는 급증하여 연방정부의 금준비고도 불과 102억 달러에 지나지 않았다. 상황이 이렇게 되니까 달러에 대한 국제적 신인은 계속적으로 떨어지고 금태환 가능성도 크게 위축될 수밖에 없었다.

국제 경제여건이 이렇게 변모하고 있으므로 미국의 닉슨 대통령은 마침내 1971년 8월 15일 달러화가 폭락하는 것을 막고 국제수지적자를 개선시키기 위해서는 10%의 부가세와 수입할당제 등 일련의 경제정책이 수입을 제한하는 방향으로 전개되었으며, 달러와 금의 태환을 정지한다는 성명을 발표하였다. 이 긴급조치를 계기로 하여 주요국의 외환시장은 폐쇄되었으며 각국은 환율을 다소 변동시키는 정책을 취했다. 이어서 프랑스, 스위스, 일본, 오스트리아, 이탈리아 등이 변동환율제도를 채택함으로써 브레튼우즈 체제의 기본 지주인 고정환율제도는 사실상 붕괴되었으며 국제통화제도는 새로운 전환기를 맞이하게 되었다.

2) 변동환율제도의 채택

IMF체제는 무엇보다도 고정환율제도를 고수하는 것이 중요한 의무규정으로 되어있었지만 IMF가맹국 가운데서 캐나다는 이미 1960년대 초반부터 동요되고 있었으며, 독일의 마르크화도 1969년 평가절상을 한 이래 1971년에는 변동환율제로 이행해 가고 말았다. 물론 이렇게 된 결정적인 원인은 미국의 구제수지적자가 악화됨으로 인해 야기되는 투기의 소산이라고 할 수 있다.

IMF가맹국들이 변동환율제를 채택함에 따라 외환시세변동을 대외 준비자산의 상대가치가 변동하는 주요한 요소가 되었다. 따라서 각 국의 중앙은행들은 대외 준비자산을 관리하는데 중요성을 깊게 인식하였으며, 이들이 각 국 통화를 선호하는 정도와 민간보유분이 외환시세변동의 잠재적인 요소가 되기도 하였다.

일반적으로 변동환율제도란 자유변동환율과 같은 신축적인 환율을 의미하고 있다. 전자는 완전한 자유변동을 인정하며 상한선과 하한선이 무제한으로 변동하는 것을 허용하는 제도로 프리드만(M. Friedman)이 제안하였다. 이에 비하여 후자는 IMF평가의 상하변동폭을 더욱 확대하려는 시도였다. 이는 일찍이 1966년 세계 경제학자 27인 그룹이 IMF평가를 중심으로 상하 1%의 변동을 지양하고 2.25%로 확대시킨 와이더 마진제를 주요내용으로 하는 안을 주장하여 왔다.

이는 한 나라의 국제수지가 외환시세의 변동에 따라서 더욱 탄력 있게 조정되도록 하자는 것이다. 그렇지만 너무 지나친 폭으로 변동하는 것은 환위험이 따르기 때문에 무역에 종사하는 실무자들로부터 환영을 받지 못할 것이다. 다만 외환시장에서 일정한 메카니즘에 따라서 신축적으로 조정되어 간다면 그 보다 더 이상적인 제도는 없을 것이다. 이와 같이 1960년대 후반에 와서 와이더 밴드 (wider band) 혹은 쉽터블 패리티(shiftable parities)형태의 환율제도가 더욱 합리적이라는 제안이 있었다는 것은 국제경제여건이 이미 그렇게 되지 않을 수밖에 없는 상태에 처해 있었기 때문이다.

요컨대 와이더 밴드라는 안은 외환시장에서 외환시세의 변동폭을 더욱 확대하자는 내용이다. 다시 말하면 기준환율을 중심으로 시장환율이 변동할 수 있는 범위를 더욱 넓히자는 것이다. IMF당국도 외환시장에서 자국통화의 환율변동을 이 범위 내에서 유지하도록 의무규정을 부여하고 있다.

물론 와이더 밴드를 채택할 경우도 환율체제가 신축적으로 조정 되도록 하기 위해서는 밴드 자체를 초월해서 변동하는 외환시세가 필요한 경우도 있을 것이고, 또한 이러한 환율변동은 밴드 자체의 상한선과 하한선에 압력을 불어넣을 가능성도 있을 것이다. 이런 경우는 변동폭이 너무 좁기 때문에 투기를 억제할 정도는 되지 못하고 있다.

그러므로 이러한 상황을 극복하기 위해서는 와이더 밴드 안과 기준환율을 자주 소폭 적으로 조정하되 시장환율의 변동범위는 지금 수준의 한계를 유지하자는 슬라이딩 패리티 (sliding parity)나 크로링 팩 (crawling peg)을 결합해야 한다고 제안하였다. 이는 외환시세가 변동하는 폭은 그대로 두고 기준환율(central rate)을 필요에 따라서 적은 범위 내(예컨대 1-5%)에서는 변동을 인정하는 것이다.

이런 제안들 가운데 와이더 밴드안은 이미 IMF에 의해서 채택된 바 있다. 1971년 12월 17일 이전까지는 IMF 협정에서 허용하고 있는 시장환율이 변동폭이 기준환율로부터 상하 각각 1% 였으나 워싱턴에 있는 스미소니언(smithonian)박물관에서 열린 선진 10개국 재무장관 및 중앙은행총재회의가 개최되어 여기서 시장환율의 변동폭을 기준환율에서 상하 각각 2.25%까지 넓히기로 합의를 봄으로써 곧 시행할 수 있었다.

이런 새로운 제도가 도입됨으로써 가맹국들은 사전에 IMF에 예고 없이 자국통화의 평가를 일정한 비율로 변경할 수 있도록 인정해 주고 있다. 물론 장기적으로 국제수지균형이나 경제안정의 달성이 어려운 나라에서는 투기와 환위기를 유발하는 사례가 간혹 발생하였다. 평가가 새로 재조정되고 난 후 국제통화는 소강상태를 유지하다가 1972년 1월을 기하여 마르크화와 길더화의 시세가 스미소니언협정에서 성립된 변동폭을 상회하기 시작하다가 달러와 금과의 태환이 완전히 거부되자 국제금융시장에서 달러의 가치는 폭락하였다. 또 런던의 민간시장에서 거래되고 있는 금가격도 치솟아 온스 당 $50을 초과하였으며 계속 약세를 나타내고 있던 파운드화까지도 기준환율(central rate)을 초과하여 마침내 1972년 6월 파운드 위기가 있고 나서 변동환율제로 이행하고 말았다.

이와 같이 스미소니언협정도 IMF체제가 안고 있는 국제유통성의 문제점을 완전히 제거한 것이 아니고 국제통화 체제를 안정시키기 위한 일시적인 조치에 불과했기 때문에 미국의 국제수지적자는 악화되었으며 독일이나 일본의 국제수지는 흑자폭이 더욱 크게 되었다. 그러나 엔이나 마르크에 대해서는 투기가 극심해지고 달러시세는 추락되었다. 이처럼 국제통화의 동요가 걷잡을 수 없이 되니 미국은 1973년 2월 달러를 10% 평가절하하여 금 1온스의 공정가격을 $38에서 $42.22로 인상하게 되었다. 결국 동년 2월에는 엔화도 변동환율제도로 이행하였으며 이탈리아도 국제수지 악화로 인해 이중환율제도에서 이탈하여 변동환율제도로 이행해 갔다. 이처럼 국제통화는 거듭 위기를 맞이하게 되고 투기도 계속되자 유럽제국은 달러화를 매입하는 개입정책을 전개하였다.

1972년 4월 EEC는 스미소니언의 통화조정에 따라서 외환시세 변동폭을 4.5%(기준환율에 대해 상하 각각 2.25%)로 확대하고, EEC역내통화 간에는 2.25%로 축소하였다. 그렇게 해도 좀처럼 각 국의 통화는 안정되지 않고 투기현상이 나타나자 1973년 3월 13일 공동변동환율제(joint floating system)라고 하는 획기적인 조치를 단행하였다. 이 공동변동환율제는 달러에 대해서는 자유변동 시키지만 역내국가 간의 통화는 2.25%의 변동폭을 유지하자는 것이다. 이 공동변동환율제에 참가하고 있는 나라는 독일, 덴마크, 벨기에, 네덜란드. 룩셈부르크, 프랑스 등 6개국이며 역외국가로서는 스웨덴, 노르웨이가 동조하였다. 그리고 영국과 이탈리아, 일본은 단일변동환율제를 채택하게 되니 결국 각 국들의 통화가 모두 변동하게 됨으로써 스미소니언 체제도 붕괴하고 말았다.

2. 신국제통화제도

1) 스미소니언협정

금과 달러의 교환성이 정지된 이후 미국은 수입과징금(import surtax)과 수입쿼터(import quota) 등 일련의 보호무역정책을 더욱 강력하게 실시하였으며, 각 국마다 빈번히 일어나고 있는 환투기는 외환거래를 제한시키고 경제적으로도 불안을 가져와 세계는 마치 1930년대의 공황처럼 큰 위기가 올 것 같은 느낌이 없지 않았다. 따라서 무역을 가능하다면 자유화시키고 환시세를 안정시키는 것이 시급한 과제였다. 한편 미국도 국제수지 흑자국들에 대한 통화를 평가절상 하도록 요구하였으며, 유럽제국과 일본은 미국의 국제수지 불균형을 회복시킬 목적으로 달러 절하와 금가격 인상을 주장하여 IMF와 OECD선진 10개국 재상회의에서 교섭이 계속되었다.

각 국들은 새로운 환율제도를 모색하기 위한 국제회의를 몇 차례 개최한 끝에 1971년 12월 17일-18일 워싱턴 교외에 있는 스미소니언박물관에서 10개국 재상회의가 진행된 결과 다음과 같은 내용이 성립되었다. ① 각 국은 기준환율을 설정하여 달러에 대한 자국통화의 환율을 절상한다. ② 각 국은 잠정적으로 환율의 변동폭을 2.25%로 확대한다. ③ 미국은 금에 대한 달러의 평가를 금 1 온스를 $35에서 $38로 7.89% 평가절하하기로 결정했다. ④ 미국은 수입과징금과 투자세 공제의 차별대우를 철폐한다. ⑤ 중 장기문제로서 환율안정을 위한 달러의 교환성확보, 국제유동성의 적정량, 변동폭의 재검토와 환율의 탄력성, 자금이동 등을 계속 논의하였다.

세계 주요국들의 달러에 대한 새로운 환율은 다음 표와 같다. 여기서 그 나라의 국제수지와 물가수준에 따라서 절상폭도 다소 차이가 있겠지만. 그 중에서 가장 높은 국가는 일본으로 16.88%이고, 서독이 13.58%, 영국과 프랑스는 8.57% 였으며, 가장 낮은 국가는 스위스로 6.4%이며, 이탈리아와 스웨덴이 7.48%로 산정되었다. 이와 같이 각 국들의 절상 폭이 상당히 큰 것은 달러화가 7.89%로 절하 폭이 크기 때문이다.

<표 10-3> 주요국의 신 환율(1971년 12월)

통 화	환 율	신 환 율	금에 대한 조정율	달러에 대한 조정율
일본 엔	$1=￥360	$1=￥308	+7.66%	+16.88%
서독 마르크	$1=DM3.66	$1=DM3.223	+4.62	+13.58
네덜란드 길다	$1=DGI3.62	$1=DGI3.245	+2.76	+11.57
벨기에 프랑	$1=BFr50	$1=BFr44.81	+2.76	+11.57
프랑스 프랑	$1=Fr5.554	$1=Fr5.116	±0	+8.57
영국 파운드	$1=$2.40	$1=$2.606	±0	+8.57
스위스 프랑	$1=SFr4.084	$1=SFr3.84	±0	+6.4
이탈리아 리라	$1=1L625	$1=1L581.5	-1.0	+7.48
스웨덴 크로네	$1=SKr5.173	$1=SKr4.813	-1.0	+7.48
미국 달러	金1온스=$35	金1온스=$38	-7.89	-
캐나다 달러	(C$=$0.925)	플로우팅	-	-

그러나 이런 합의가 성립된 후 6개월 정도 지나서 국제통화는 다시 시련을 맞게 되었다. 1972년 6월 파운드화는 대규모의 투기로 와중에 휩쓸려 들었던 것이다. 당시 영국 정부는 파운드화를 방위하기 위한 개입자금으로 막대한 외화준비자산을 상실하게 되었으며 이런 여파로 인해서 영국 정부도 변동환율제로 전환할 것을 결의하였다. 이 때문에 프랑스와 벨기에가 투기압력을 당하게 되어 이중환율제를 채택하게 되었다.

스미소니언협정은 IMF의 근본적인 문제점을 제거한 것이 아니고 통화불안을 일시적으로 진정시키기 위한 잠정적 조치에 불과하였다.

그러나 이런 와중에서도 미국은 국제수지가 좀처럼 개선되지 않는데다가 스태그플레이션(stag-flation)마저 강하게 나타나 달러의 불신을 국제적으로 더욱 표면화시켰다. IMF가맹국들도 스미소니언체제를 고수하기 위해서 대량으로 달러를 매입하였으나 여전히 투기의 압력은 계속되었다.

결국 미국은 1973년 12월 자국의 달러를 특별인출권에 대해서 10% 평가절하하는 조치를 단행하였으나 달러의 이런 재절하는 오히려 외환시장의 불안을 조성하는 결과를 가져왔다. 또한 EEC제국과 여타국가들도 불가피하게 변동환율제를 채택하게 되었다. 이처럼 국제적으로 경제질서가 계속 악화되어가고 있으니 스미소니언체제도 불과 2년을 지탱하지 못하고 붕괴되고 말았다.

요컨대 스미소니언 체제의 성격은 달러를 절하함에 따라서 미국이 국제수지 악화로 인하여 추락된 달러의 신인을 회복할 수 있다고 기대했던 것이다. 또한 IMF 가맹국들도 달러가치를 안정시키기 위해서 상호 협력하는 무드가 조성되었다. 미국 정부도 센트럴 레이트의 기준이 되는 미달러 본위제를 유지하려고 노력해 왔으나 두 차례나 있었던 평가절하로 인하여 달러는 이젠 본래의 위치를 되찾기는 어렵다는 것을 시인하게 되었다.

브레튼우즈체제이래 세계 경제는 미국만이 주도가 되고, 또 부담을 하여 안정적인 성장을 고수하여 왔다. 그러나 유럽경제가 회복되고 성숙함에 따라 세계 경제는 미국 한 나라만의 주도로서는 안정된 발전을 기대할 수 없었다. 따라서 세계 경제질서는 달러 중심의 일원적 체제에서 벗어나 엔화와 유럽통화 등 주요 강세통화를 포함하는 다원적 체제로 양상이 달라지고 있었다.

2) 국제통화의 이중구조

국제통화제도에 대해서 개선이라는 토의가 시작된 것은 달러와 금태환 정지가 된지 약 1년 정도 지나서 1972년 7월 국제통화제도의 개선 및 이의 관계사항에 관한 위원회(The committee on reform of the international monetary system and related issues) 소위 IMF 20개국위원회가 구성되어 이 문제에 대한 신중한 검토가 있고 난 후 본격적으로 시작되었다. 더구나 1973년 3월 이후 세계 주요국들은 변동환율제로 전환하였으며 거기다가 1973년 말에 있었던 석유위기(energy crisis)의 문제까지 겹쳐 있어서 국제경제는 새로운 전환기를 맞이하게 되었다.

당시상황으로서는 국제경제여건이 많이 변모하였으니 다시 고정환율제로 복귀한다는 것도 곤란한 처지에 놓여 있었다. 그래서 국제정세에 부합하여 국제통화에 대한 재검토가 진행되었으며 1973년 9월 나이로비의 잠정보고서를 통해서 1974년 6월 통화개혁에 대한 윤곽이 발표되어 신국제통화제도의 방향을 제시하였다.

마침내 1975년 미국정부가 해외로 유출되는 자본에 대해서 규제조치를 철폐하자 미국 내에서 다시 대규모의 자본이 해외로 빠져나갔다. 특히 산유국들이 석유 유출에 대한 대금결제를 달러 대신에 SDR로 대체하려는 움직임이 보이고 있어서 달러 시세는 다시 동요하기 시작하였다. 1978년까지 달러가 마르크, 엔화 등의 강세로 인해 미국은 종전의 자유외환정책을 버리고 외화안정기금을 방출하고 서독과 스왑(swap)협정을 통해서 외환시장을 안정시키기 위한 조치를 감행하였다.

3. 국제통화제도의 발전

1) IMF제도의 확충

이는 일찍이 1963년부터 경제학자와 정치가들 사이에 나름대로 의견을 제시하기 시작하였으며 그 동안 개정안과 반대안이 무수히 대립되어 왔던 것도 사실이다. 여기서 논쟁의 쟁점이 되었던 점도 바로 국제유동성문제이다. 이는 이미 1966년 OECD가 제안한 국제수지조정에 관하 보고서에서도 이러한 내용을 반영하였다. 물론 OECD와 같은 국제협력기관이 각 국들 상호간에 경제협력이라는 명목으로 이 문제를 심각하게 다룬 것은 전례가 없는 일이었다.

IMF는 협정조문에서 지시한 바와 같이 자국의 출자분에 대한 할당액을 증자해서 필요에 따라서 사용할 수 있도록 하였으며, 이러한 요구들을 충족시키기에는 미국이 보유하고 있는 준비금으로서는 불충분하므로 각 국의 중앙은행은 쌍무적인 결제를 할 수 있도록 환계약을 체결하였다. 그리고 국제유동성 부족을 해소하기 위한 보완책으로서 스왑 협정을 맺게 되었다. 이 스왑협정은 자금결제관계를 체결하는 중앙은행사이에 자국통화를 서로 예치하여 공여하기로 한 협정을 말한다. 환언하면 이 협정은 두 나라의 중앙은행이 스탠드 바이 신용(stand by credit) 조건으로 일정한 금액의 자국통화를 일정한 기간동안 상호 예치하는 협정이다.

이러한 스왑 협정을 체결하면 기축통화인 미국은 다음과 같은 자금사정의 편익을 도모할 수 있다. 즉 미국의 연방은행과 서독의 중앙은행 사이에 일정한 금액을 상호간에 예치할 협정을 체결하였다고 하면, 서독의 외환보유액이 예컨대 1억 달러 증가하더라도 이 1억 달러에 해당하는 금액은 스왑협정 기간동안 금으로 태환을 요구할 수 없도록 규정한 것이다.

그러나 미국의 연방준비은행은 1억 달러에 해당하는 마르크화를 가지고 서독의 중앙은행이 보유하는 1억 달러 상당의 금을 매입할 수 있다. 그러므로 미국의 연방준비은행으로서는 1억 달러에 상당하는 금태환을 억제할 수 있다. 결국 이 협정도 금유출을 방지하자는 데 그 목적이 있었다. 이런 자금조작은 일찍이 1962년 7월 뉴욕에 있는 연방준비은행과 스위스은행 및 국제결제은행간에 처음으로 시작되었다. 그 후 협정규모는 점차적으로 확대되어 1964년 말 23.5억 달러, 1968

년 3월에는 71.8억 달러로 대폭 증가하였다. 그리고 그 규모는 몇 차례에 걸쳐서 증액되어 1972년 말 117.3억 달러나 되었다. 또한 스왑 협정국의 수도 증가하여 미국연방준비은행과 협정을 체결한 국가는 14개국에 도달하였다.

더구나 미국정부는 달러 방위책의 일환으로서 1961년 10월 이후 중기채권을 발행하고 이를 유럽 주요국들의 중앙은행에 인수시키는 협정을 체결하였다. 이는 발행자의 이름을 따라서 루자본드(roosa bond)라고 하고 있다. 이러한 중기채권에도 외화표시와 달러 표시의 두 가지 종류가 있다. 그러나 달러의 신인자체는 국제적으로 유동하고 있으므로 달러 표시의 경우는 평가절하의 위험성을 수반하게 되므로 달러 표시의 증권은 국제적으로 외면당할 경향이 농후하였다.

그리고 당시에 투기성 대기자금으로 국제시장에 떠돌아다니는 유동성을 규제하기 위한 대책으로 다각적인 형태로 국제결제협정을 체결하였으며 국제결제은행의 가맹국은 지불협정을 통해서 가맹국의 중앙은행 상호간에 비공식적인 단기신용이 공여 될 수 있도록 협약하였다. 특히 1962년에는 일반차입협정(general agreements to borrow)까지 체결하였는데 이는 주로 장기신용공여를 골자로 하고 있었다. 이런 장기신용공여제도는 참가국의 10개국 중에서 어떤 국가가 IMF로부터 불가피하게 원조를 청구해야만 하는 상황이 발생했을 때 IMF가 이런 요구를 충족시킬 만한 자금을 가지고 있지 않으면 원조국에 의해서 IMF로 자금을 공여하게 된다. 이런 협정도 어디까지나 IMF가 보증을 하여 줌으로써 성립된다. 지금까지 언급한 협정들을 통해서 국제통화제도는 일시적이나마 안정을 유지할 수 있었다.

2) 복수통화제도

유럽 주요국가들이 일제히 교환성을 회복한 것은 IMF설립목적 가운데 일면이 되는 외환의 자유화를 실현할 수 있는 전기를 마련하였지만 반면에 미국은 만성적인 국제수지 적자로 달러의 교환성이 위협을 받고 있었던 것이다. 이와 같이 달러의 신인이 추락되고 있는 것은 바로 IMF가 위기에 처해 있다는 것을 나타내고 있는 것이다. 그러므로 국제통화유동성문제를 해결하기 위해선 무엇보다도 독일의 마르크화나 프랑스의 프랑화 그리고 스위스의 프랑화 등 주요국들의 통화가 기축통화로서 역할을 할 수 있도록 기능을 부여하자는 제안들이 일찍이 있었다.

여기서 제기된 대표적인 개혁안은 다수국통화제도(multiple currency standard system)에 의해서 준비금을 확보하여야 한다고 역설한 것인데 이런 제안도 결국은 국제유동성을 해결하기 위한 것으로서 루츠(Lutz), 베른스타인(Bernstein), 포스

투마(Posthuma)에 의해서 지지되어 왔다. 이는 국제적으로 통용되고 있는 달러와 파운드를 중심으로 한 국제통화제도를 더욱 확대하여 주요국들의 교환가능 통화를 준비자산으로서 활용할 수 있는 제도로 발전시키자는 것이다. 물론 여기서도 IMF가 중심이 되어 국제신용을 창출하거나 자금을 집중시키는 것이 내용의 핵심이 되고 있다.

그 중에서 베른스타인(E.M Bernstein)의 제안을 살펴보면, 그는 국제유동성문제를 IMF의 확대와 그 기능을 강화시킴으로써 차입준비를 더 넓히고 준비단위(reserve unit)창설에 의한 보유고를 증가하여 이를 해결하고자 한다. 이는 다음과 같이 요약할 수 있다. ① 파리 클럽 (paris club) 11개국이 IMF에 자국의 화폐를 기탁하고 IMF는 각 국이 기탁한 준비단위를 IMF에 설정된 준비계정에 대차 기장한다. ② 참가국들은 대외준비로서 금준비 단위 및 외화를 보유할 수 있다. ③ 참가국간의 공적결제는 금과 준비단위를 일정한 비율로 결합한 합성준비로서 결제한다. 단 참가국이나 비참가국 간의 결제는 종전과 같은 방법으로 한다. ④ 참가국상호간의 통화교환의무도 합성단위로서 상환한다.

그리고 슐츠(Sultz)는 가맹국들이 일국의 통화뿐만 아니라 다수국의 통화를 해외준비금으로서 보유해야 한다고 언급하였다. 더구나 달러를 보유하는 국가는 다각적인 결제를 위해서 다수 국의 통화를 해외준비금으로 보유해야 하며 미국정부도 금 이외에 다른 국가의 통화를 반드시 보유해야 한다고 언급하였다. 물론 이런 경우도 모든 통화가 기축통화로 되는 것이 아니라 달러와 파운드화만이 새로운 기축통화가 되며 이는 단기채무와 금준비와의 비율을 개선할 수 있다고 하였다.

결국 다수국통화준비도 어떤 나라의 통화가 다른 나라의 통화로 교환될 수 있는 가능성이 있느냐 혹은 없느냐 따라서 혼란이 야기될 수 있다. 또한 포스투마(postuma)는 이 문제에 대해서 각 국의 중앙은행이 일정한 비율로 유동성을 보유해야 한다고 제안하였다. 이런 내용도 국제수지 흑자국이 금으로 태환을 요구할 것이므로 금준비가 부족한 미국의 입장을 옹호하기 위한 의미를 내포하고 있다.

이 밖에도 몰딩(R. Maulding)의 상호통화계정안은 이런 범주에 속한다고 볼 수 있다. 지금까지 언급한 개혁안들은 직접적으로 국제금융을 중재하든지 아니면 국제통화기금을 통해서 가맹국의 중앙은행에 상호 예치시켜 결제해 나가자는 방안이다. 이 보다 좀더 획기적인 방법으로서는 IMF나 혹은 다른 기관으로 하여금 국제통화의 발행권을 발휘할 수 있도록 하자는 소위 국제중앙은행으로서 자격을 부여한다는 것이다.

이를 지지하고 있는 것은 케인즈의 청산동맹안과 트리핀(R. Triffin)의 초국가은행(super national bank)안이다. 이 두 안도 처음에는 각 국들이 일정한 출자분을 불입하는 데서 공통점을 찾을 수 있다. 그러나 차이점은 당초 두 안이 모두 중앙은행에 예치한 자금은 통화로서 사용할 수 없도록 하자는 것이다.

케인즈의 국제통화에 대한 구상은 환상으로 끝났지만 지금도 국제통화제도의 개혁에 관한 제안 중에서 그 이념을 찾아 볼 수 있다. 케인즈 안에 의하면 어떤 나라가 지불초과로 국제수지적자가 발생하였을 경우 아무런 제약이 없이 사용할 수 있는 초과인출 퍼실리티(facility)를 가지고 있다가 이를 보정시켜 나가자는 것이다. 이 안도 나중에 중앙은행에 예치되어 있는 채권으로 청산시키자는 것을 말하는데 이런 기관도 극히 소극적인 역할만을 할 뿐 스스로 예금을 확대시키기 위해서는 별다른 방안을 제시하지 못하고 있다.

그러나 트리핀(Triffin)안의 골격은 초국가적인 중앙은행을 만들어 이를 통해서 스스로 준비자산을 창출해 나가자는 것이다. 즉 IMF이사회도 적극적으로 각 국의 통화를 구입해서 그 대가로 입금되어 있는 기금으로 단기채권을 창출함에 따라 지불해 나갈 수 있다. 또한 모든 주도권은 IMF가 가지고 있어야 하며 IMF는 국제유동성을 확대시켜 나갈 수 있고 유동성을 필요로 하는 국가에게 공여하도록 하자는 것이다.

요컨대 트리펀안은 IMF쿼터제도를 폐지하고 뱅콜 예금제를 설정하여 가맹국은 공적인 지불준비율 가운데 일정한 비율을 금이나 교환이 가능한 통화로 IMF에 기탁할 의무를 규정해 놓았다. 그러므로 IMF는 뱅콜 예금을 기초로 하여 신용창조를 할 수 있으며 그 결과 IMF의 뱅콜 예금잔고가 증가하면 국제유동성을 증대시키는 데도 기여하게 할 수 있다.

결국 양안 모두 뱅콜이라고 하는 국제적인 화폐단위를 사용하도록 하자는 것인데 이는 금보증이 되어 있으며 정부간의 거래에만 사용하도록 의무 규정을 부가하고 있다. 또한 세계중앙은행도 각 국들의 중앙은행에 대해 직접적으로 간섭할 수 없으며 지불준비율의 조작이나 통화발행의 한도액을 억제하지 못하도록 하였다. 트리펀안의 골격을 형성하고 있는 것은 IMF쿼터제도를 폐지하고 뱅콜 예금제도를 설정하여 가맹국은 공적인 지불준비율 가운데서 일정한 비율을 금이나 교환이 가능한 통화로 IMF에 기탁할 의무를 규정해 놓았다. 따라서 IMF는 뱅콜 예금을 기초로 하여 신용창조를 할 수 있으며 이런 신용창조의 결과 IMF의 뱅콜 예금잔고가 증가하게 되면 국제유동성을 증대시키는 데도 기여하게 할 수 있다는 것이다.

이와 유사한 안으로서는 세계지폐제도라는 것이 있다. 이는 IMF가 일정한 기간동안 한도금액까지 신용창조를 인정하고 있다. IMF증권 자체도 국제적으로 구매력을 가지고 있으므로 이를 발행하여 저개발국에게 제공하도록 하고 있다. 이 IMF증권도 금으로 표시하고 있지만 IMF에 제시하여도 금으로 태환은 되지 않고 단지 국제통화로서 상호간의 최종결제에만 사용하도록 제한하고 있었다.

그러나 이러한 개혁안들도 어디까지나 이론적으로 제기된 것이었고 당시 현실경제와는 괴리된 화폐금융 측면에서만 문제를 다루고 있었던 것이다. 따라서 유동성의 부족문제를 해결하기 위해서 금과 직결되는 집합준비단위(collective reserve unit)를 구상하였으며 금본위제로 복귀하는 것과 금가격 인상론도 강조하였다.

11-3 신국제금융정책

1. SDR의 본질

1) SDR의 창출경위

브레튼우즈체제는 해가 갈수록 증대하고 있는 국제거래를 결정할 정도의 국제유동성을 공급하는데는 그 기능이 결여되어 있다는 것은 많은 경제학자들도 이를 시인하고 있다. SDR(special drawing right)이 창출되기 이전의 국제유동성은 가맹국들의 통화당국이 보유하고 있는 화폐용금(monetary gold) 및 교환가능외국통화(convertible foreign currencies)와 IMF신용공여제에 따른 IMF포지션으로 구성되어 있었다.

금의 생산은 한정되어 있고 IMF의 쿼터 증가도 미미하였기 때문에 국제유동성은 주로 기축통화국인 미국의 국제수지적자폭이 너무 심화됨으로써 국제유동성의 적정공급이 한계에 부딪치게 되었다. 그래서 가맹국들은 금 공급이나 기축통화국의 국제수지적자와는 관계없이 공급될 수 있는 방안을 모색하던 중 새로운 국제준비자산인 특별인출권에 관한 조항이 성립되었으며, 이러한 과정을 거쳐오는 가운데 1969년에 관련된 제24회 IMF · BRD총회에서 SDR이 발동하게 되었다.

물론 구조적으로 전환기에 들어선 세계 경제로서는 국제통화협력이라고 하는 명제가 절실히 필요한 문제로 부각되었다. 새로운 국제통화제도도 지금 당면하고 있는 국제유동성의 모순과 문제를 근본적으로 해결할 수 있는 처방이 되기보다 당시에 처해 있는 위기를 모면해 보려는 의도에서 시도된 제도적인 협약에 불과하였다.

이와 같이 SDR도 국제 금융면에서 볼 때 어디가지나 국제협력을 바탕으로 하고 있으며 제도적으로 운영의 기법을 살리지 못할 때는 또 다시 국제통화제도에 큰 혼란이 초래될 것으로 예상된다. IMF협정 조문 제21조 2항에 의하면 기존의 준비자산을 보완할 필요가 있을 경우 SDR 참가국들은 SDR을 배분 받게 되는데 이도 어디까지나 준비자산(reserve assets)이라고 하는 성격을 띄고 있다.

2) SDR의 가치

1969년 처음으로 개정된 IMF협정에 의해서 창출된 1SDR의 단위가치는 미국통화 1달러화의 금 평가가 1971년 12월 18일 및 1973년 2월 13일 두 차례에 걸쳐서 평가절하됨에 따라 SDR의 평가는 1SDR = \$1.20635 ($\frac{42.22}{35}$)로 변동하게 되었다.

그래서 1974년 6월 IMF 20개국 잠정위원회(interim committe of the board of governors)을 SDR의 기본적인 준비자산으로서 가치보전기능을 제고시키기 위하여 SDR의 가치를 평가할 때는 주요국 통화의 가중평균인 표준바스켓(standard basket)이라고 알려진 새로운 SDR 가치결정방법을 선택하기로 결정하였다.

표준바스켓방식에 의한 SDR의 평가방법은 미국을 비롯한 16개국 통화로 구성된 바스켓을 통해 SDR과 미달러 가치를 1차적으로 결정한 후 기타 통화에 대한 SDR가치는 각 국 통화의 대미 달러환율에 의하여 결정된다. SDR의 가치를 결정하기 위하여 구성되는 주요통화는 1968년부터 1972년까지 5년 간 평균 수출액이 세계 수출액의 1% 이상을 차지하고 있는 16개국 통화로 합의하였으며, 달러화가 준비통화로서 차지하고 있는 비중을 감안하여 달러의 가중치는 33%로 결정하였다.

<표 10-4> SDR 가치 산정바스켓(1974~81년)

통 화	1974. 7. 1 ~ 1978. 6. 30		1978. 7. 1 ~ 1980. 12. 31		1981. 1 이후	
	최초의비중 (%)	통화 단위수	최초의비중 (%)	통화 단위수	최초의비중 (%)	통화 단위수
미국(달러)	33.0	0.40	33.0	0.40	42.0	0.54
서독(마르크)	12.5	0.38	12.5	0.32	19.0	0.46
영국(파운드)	9.0	0.045	7.5	0.05	13.0	0.071
프랑스(프랑)	7.5	0.44	7.5	0.42	13.0	0.74
일본(엔)	7.5	26.0	7.5	21.0	-	34.0
캐나다(달러)	6.0	0.071	5.0	0.070	-	-
이탈리아(리라)	6.0	47.0	5.0	52.0	-	-
네덜란드(길더)	4.5	0.14	5.0	0.14	-	-
벨기에(프랑)	3.5	1.6	4.0	1.6	-	-
스웨덴(크로나)	2.5	0.13	2.0	0.11	-	-
오스트레일리아(달러)	1.5	0.012	1.5	0.017	-	-
스페인(페세타)	1.5	1.1	1.5	1.5	-	-
노르웨이(크로네)	1.5	0.099	1.5	0.10	-	-
덴마아크(크로네)	1.5	0.11	-	-	-	-
오스트리아(실링)	1.0	0.22	1.5	0.28	-	-
남아프리카공화국(랜드)	1.0	0.0082	-	-	-	--*
사우디아라비아(리알)	-	-	3.0	0.13	-	-
이란(리알)	-	-	2.0	1.7	-	-

이 바스켓의 16개국의 구성통화와 가중치 및 이를 기초로 하여 산출한 각 국 통화의 미 달러 상당액은 <표 10-4>와 같다. 이 표를 이용하여 새로운 SDR의 가치를 산정할 수 있으며 1975년 10월 미달러로 표시한 SDR의 가치는 다음과 같다. 여기서 1SDR = 1.2062달러임을 알 수 있다. 이와 같이 1개국통화의 SDR에 대한 환율은 구성통화에다 가중치를 두고 같은 통화에 대해서 시장환율을 적용하여 같은 통화단위로 일일이 환산한 다음 이를 합계한 것이다.

이와 같은 SDR가치산정은 78년 7월 1일부터 72~76년 기간 중 세계 무역양상의 변화를 반영, 같은 16개 통화 중 덴마아크 크로네와 남아프리카공화국 랜드화가 제외되고, 대신 사우디아라비아 리알과 이란 리알을 포함시키게 되었으며, 그동안 보였던 영국 파운드와 이탈리아 리라의 가중치가 하향 조정되는 등 여타 통화의 가중치가 재조정되었다.

그런데 각 구성통화의 가치가 수시로 변동함에 따라 일개통화의 SDR에서 차지하는 비중 또한 수시로 변동하였으나 미 달러의 비중은 대체로 당초의 33%선에서 유지되었다.

이후 1980년 9월 IMF이사회에서는 SDR바스켓을 종전의 16개 통화에서 5개 통화로 대폭 단순화하여 81년 1월 1일부터 적용키로 하는 등 일련의 중요조치를 단행함으로써 SDR의 준비자산으로서의 매력 및 민간금융시장에서의 활용을 크게 제고시킬 수 있는 계기를 마련하였다. 새로운 SDR바스켓 구성통화로서는 미 달러, 서독 마르크, 영국 파운드, 프랑스 프랑, 일본 엔의 5개 통화가 선정되었는데 이는 이들 당사국과 여타국과의 수출액 격차가 상당할뿐더러 가까운 장래에 격차가 해소될 것으로 보이지 않고 있으며 SDR 이자율 계산 바스켓이 앞에서 예시한 바스켓과 동일해야 할 것이라는 필요성이 작용하기 때문이다.

한편 새로운 바스켓에서의 각 통화의 상대적 중요도는 통화 선정에 사용된 것보다 좀 더 광범위한 대표성(representativeness)에 근거하고 있다. 실제로 세계의 재화 및 용역 수출에서의 미국의 비중은 국가금융거래에서의 미 달러의 중요성을 적절히 반영치 않기 때문에 새로운 바스켓에서 미 달러에 미국무역의 세계무역에서의 비중보다 큰 비중이 주어졌다. 즉 75~79년 기간 중의 재화 및 용역수출과 IMF가맹국에 대해서 대외준비로 보유된 통화잔고에 동일한 중요성이 주어짐으로써 미 달러에는 미국의 수출액이 바스켓 구성통화당사국 5개국의 전체 수출액 중에서 32%를 차지하고 있다는 점에도 불구하고 42%로 결정되었으며, 서독 마르크는 19%, 영국 파운드, 프랑스 프랑, 일본 엔은 각각 13%로 결정되었다. 이와 같은 비중에 따라 산출된 각 통화 단위수는 <표 10-5>의 1항과 같은 바, 1980년 12월 31일 현재 각 통화시세를 사용 종전의 방식으로 산출한 SDR가치와 새로운 방식으로 산출한 SDR가치가 동일하도록 결정된 것이다.

<표 10-5> 새로운 SDR 가치계산

통 화	통 화 단 위 수	91. 1. 2 현재 대미달러 환율	미 달러로 환산한 가치
미 달러	0.5400	1.00000	0.540000
서독 마르크	0.4600	1.97400	0.233029
프랑스 프랑	0.7400	4.56000	0.162281
일본 엔	34.0000	202.87000	0.167595
영국 파운드	0.0710	2.37800	0.168838
합 계			1.271743

미 달러의 SDR 가치 = 0.786322

SDR의 미 달러 가치 = 1.271743

IMF는 영란은행으로부터 보고되는 매일 정오 여타 4개 통화에 대한 미 달러 단위수로 환사한 다음 이를 합계함으로써 SDR의 미 달러 가치를 얻게 된다.<표 10-5 참조> 그러나 미 달러 이외의 여타통화(바스켓 구성통화건 아니건 간에)의 SDR가치는 미 달러에 대한 통화의 대표환율(representative rate : 각국 중앙은행이 IMF에 보고)을 사용, 계산하게 된다. IMF는 약 40개 통화에 대한 매일의 SDR환율을 계산, 고시하고 있다. SDR구성통화 및 같은 통화단위수는 매 5년마다 IMF 상무이사회가 달리 결정하지 않는 이상 년 1월 1일부터 적용될 새로운 바스켓은 80~84년 기간 중의 실적을 토대로 결정될 것이다. 그러나 새로 대체시키려는 통화당사국의 해당 5년 간의 수출액이 대체되는 통화당사국의 같은 기간 중 수출액을 1%이상 넘지 않으면 안 된다. 또한 새로운 SDR바스켓 내 구성통화의 비중은 통화당사국의 재화 및 용역 수출액 뿐 아니라 여타 IMF 가맹국에 의한 대외준비로서의 통화보유 상황을 반영함으로써 현재의 비중에서 결정된 기준이 그대로 유지되도록 되어 있다. 그러나 IMF도 SDR에 대한 환율을 계산하려고 하는 모든 통화의 시장환율을 다 파악하기란 대단히 번잡스러운 일이다. 그러므로 IMF는 하나의 편법으로 각 구성통화에 대하여 미국 달러의 시장환율을 적용하여 달러에 대한 SDR의 환율을 계산한 다음 이를 이용하여 여타국 통화에 대한 환율을 계산하고 있다.

SDR이 처음으로 창출되었을 때는 금과 교환성은 인정되지 않았지만 금가치보증(gold guarantee)이 부여되어 있었다. IMF가 공통표시단위로서 금이나 특정한 국가의 통화대신에 SDR을 선정하고 있는 것도 SDR을 중심적인 역할을 하자는 의미가 내포되어 있고 금이나 단일통화가 공통표시단위로 되는 것을 배제하자는 것이다.

국제통화제도는 오늘에 이르기까지 금과 불가분의 관계를 맺으면서 발전하여 왔다. IMF협정조문 제4조 8항에 의하면 IMF가 보유하고 있는 금의 평가는 가맹국들의 통화에 대한 평가나 외환시세의 변동에 따르지 않고 일정하게 유지하여야 한다는 것을 명시하였다. 그러나 IMF가맹국 전체의 통화에 대한 일률적인 변경이 제의되는 경우는 금가치보증이 적용되지 않고 있으므로 사실상 여기서도 예외규정을 두고 있다. 그러므로 어떤 의미에서는 완전하게 금가치보증이 되어 있는 것은 실제로 존재하지 않고 있다고 언급할 수 있다.

3) SDR과 일반인출권

IMF의 신용제도는 가맹국의 출자가 없이 SDR에 의해서 운영되는 특별인출계정과 가맹국들의 기금을 거출하여 신용공여를 해 나가는 일반인출계산으로 구별

된다. 흔히 IMF의 신용제도라고 말할 때는 이 일반인출계정을 의미한다. IMF가 가지고 있는 골드 트랑쉐(gold tranchee)등 크레디트 트랑쉐(credit tranchee)의 인출권을 일반인출권(general drawing rights)이라고 하는데 SDR과 골드 트랑쉐와 차이점은 골드 트랑쉐의 인출에는 반드시 그를 불입해야 하고 그 대가에 해당하는 금액만큼 행사할 수 있기 때문에 준비자산은 증대하지 않는다.

SDR계정은 금의 불입이 필요하지 않으므로 그 자체가 얼마든지 준비자산을 증대시킬 수 있다. IMF골드 트랑쉐의 경우는 IMF에 신청하여 일정한 기간이 지난 후 외화가 수취된다. 그러나 SDR계정에서 신용공여를 받으려면 IMF를 경유해서 각 국가 간에 직접적으로 SDR과 외화의 교환도 동시에 행할 수 있도록 하였다. 다시 말하면 SDR은 바로 대외결제로 사용할 수 없으며 필요한 외화를 참가국으로부터 입수해서 그것을 대외결정에 사용하도록 하고 있다. 전자는 직접거래인데 비해 후자는 간접거래이다.

SDR계정에 참가할 수 있는 국가는 IMF 가맹국으로 제한하고 있으며 비회원국이 가입을 원할 때는 서류상으로 기탁이 필요하다. SDR은 민간결제수단으로서는 사용하지 못하며 각 국의 통화당국 간에만 유동성수요를 충족하기 위한 준비자산이다. SDR이 다른 준비자산과 다른 점은 참가국 전체의 준비자산을 감소시키지 않고 참가국 전체의 국제유동성을 증가시킨다는 것이다. 또한 SDR은 그 자체가 구매력을 갖고 있는 자산도 아니고 다만 SDR배분액 내에서만 자국통화를 제공하는 하나의 신용에 지나지 않는다.

2. SDR의 성격

1) SDR의 사용

IMF에 가입한 국가는 IMF쿼터에 따라서 SDR을 할당받을 수 있으며 국제수지 조정에 필요성이 있다고 인정될 때 총준비 포지션에 큰 변화가 없는 한 이를 사용할 수 있다. 이는 마치 참가국간의 통화제공의무를 기초로 한 통화청구권과도 같은 것이다. SDR을 사용하는 국가는 IMF당국으로부터 사전에 조사나 다른 조건이 따르지 않기 때문에 무조건적이다.

SDR의 거래와 운용에 관한 특징은 다음과 같다.

① 이는 IMF협정 개정문에서 명시한 바와 같이 SDR거래의 자유화로 미국은 서독으로부터 600백만 SDR 상당의 서독마르크와 일본으로부터 500백만 SDR에 상당하는 엔화 매입을 위하여 SDR을 사용하였으며, 결국 이 자금은 1978년 11월

1일에 발표한 바 있는 미국의 달러 방위책의 일환으로 쓰여졌다.

② IMF의 지정거래규모는 10억 8천만 SDR로 최고수준을 기록하였는데 이는 주로 IMF의 일반계정인출에서 통화 대신에 SDR을 수취한 가맹국은 SDR을 보유하거나 외환을 매입하기 위한 지정거래로 SDR을 사용할 수 있도록 규정하였다.

③ IMF당국은 환원(reconstitution)의 요건을 대폭 완화시키고 SDR의 배분을 다시 실시함으로써 환원을 위한 SDR의 신청은 크게 감소하였다.

④ 종래에는 SDR거래가 가맹국이 보유하고 있는 자국통화를 환수(repurchase)하기 위해서나 환원을 위한 경우에만 인정되어 왔지만 신협정에서는 SDR의 지위를 높이기 위하여 참가국 상호간에 합의에 의해서 SDR을 자유롭게 사용할 수 있다. 특히 환원조건의 완화로 참가국들이 국제수지불균형을 보전하기 위하여 SDR을 대량으로 이용하였다.

한편 SDR거래는 IMF지정거래와 참가국간의 거래로 나누어진다. 전자는 IMF가 개입하여 거래를 권장하고 있으며, 후자는 참가국간의 합의에만 의존하는 것이다. 그리고 IMF의 지정에 의한 거래는 먼저 한 나라가 SDR을 사용하여 준비통화를 사용하고 싶은 경우는 IMF에 의사를 통고한다. 그러면 IMF가 참가국들의 국제수지와 준비자산에 대한 동태를 파악하여 지정계획(designation plan)에 따라서 여타국들이 보유하고 있는 SDR과 교환하여 사용국이 요청한 통화를 제공하도록 지정한다. 이때 지정대상국은 반드시 당해국이 보유하고 있는 준비통화의 발행국이 아니더라도 관계없다.

IMF로부터 SDR의 인수를 지정받은 나라는 일정한 한도 내에서 자유이용가능통화(freely usable currency)를 제공할 의무를 부가하고 있는데 이를 SDR의 수령의무(acceptance obligation)라고 한다. 이 때 한도금액은 IMF로부터 할당받은 순누적배분액(net cumulative allocation)의 2배까지 될 때이다. 어떤 가맹국가가 국제수지 불균형이 장기적으로 심화되었을 때 이를 조정하기 위한 거래가 결정되면 그 나라가 보유하고 있는 SDR을 사용할 수 있다. IMF당국은 SDR을 수취한 대신에 이용가능통화를 제공해 준 지정국에 대해서는 보수(remuneration)를 지급하고 있다.

그러나 이는 다음과 같이 수정하는 것이 국제유동성의 부족을 더욱 보강할 수 있을 것이다. 즉 배분(allocation)에 따르지 않는 SDR을 창출해서 수령의무의 제한을 철폐시켜 하나의 지시메카니즘에 의거하도록 하자는 것이다, 그렇지만 준비자산을 SDR과 교환할 수 있는 제도가 확립되면 반드시 지시메카니즘에만 의존해서 거래가 발생하는 것도 아니며 국제수지를 조정하기 위한 정책상 필요한 경우에만 거래가 발생하므로 무리하게 제한할 필요는 없다. 현실적으로 SDR거래는 참가국의 자유에 따라 확산되고 있으며 지시메카니즘에 의존하는 것은 거의 불가능한 실정이다.

더구나 이런 자유거래의 체계가 점차적으로 발전되어 감에 따라 참가국 가운데서 SDR의 사용을 선호하지 않는 국가도 있다. 실제로 SDR의 사용을 제한해서 거래하는 것은 이런 지시메카니즘이 필요없을 것이다. 그러므로 SDR거래를 더욱 활성화시키기 위해서는 가능하면 통화준비와 금준비를 축소시켜야 하며 IMF의 일반계정도 다른 준비자산이나 금 대신에 SDR을 사용할 수 있는 거래나 운용(operation)의 범위를 확대하는 방안이 적합할 것이다. 그러나 IMF에서 국제수지나 총준비포지션이 강한 나라에게는 증여(transfer)나 자금대여를 허가하는 것도 있다.

SDR을 사용하는 국가는 국제수지나 대외준비 포지션의 변동으로 인한 필요성이 있는 경우에 한하여 SDR을 사용할 수 있으며 단순히 대외준비자산의 구성을 변경시키기 위한 목적으로 사용하지 못하도록 되어있다. 또한 참가국에 대해서는 통화공급의 의무(obligation to provide currency)를 부담해야 한다. 다시 말하면 모든 SDR사용국가는 동액의 교환가능통화(convertible currency)를 제공하는 것이 아니고 순누적배분되는 금액의 2배까지이다.

일반적으로 국제수지가 흑자를 시현한 국가는 대외준비자산이 풍부하기 마련이다. 그러나 이런 원리와는 상이하게 국제수지는 다소 적자를 나타내면서도 대외준비자산이 풍부한 국가도 있으며 이와 반대로 국제수지는 흑자를 나타내면서도 비교적 부족한 국가도 있다. 그러므로 여기서 대외 준비자산이 풍부하다는 판정을 받기는 어려운 일이다.

그런데 가맹국들의 관심을 집중시키고 있는 것은 SDR의 보유액 전체와 금과 다른 외화준비와의 비율이 일치하도록 규정하고 있는 점인데 이것은 어디까지나 부담의 공평성(equity)이라고 하는 입장을 중시하고 있기 때문이다.

SDR의 배분에 참가하고 있는 국가들은 SDR의 순사용잔고가 운용기간(1970 ~ 72년)동안 총배분액의 70%내에서는 사용이 자유롭게 이루어지지만 이를 초과할 때는 반드시 환원을 해야 한다. 이는 SDR을 아무렇게나 사용하는 것을 규제하고 또 신인이 실현되는 것을 방지하기 위한 것이다. SDR은 참가국상호간에 직접 사용하든지 IMF를 통해서 사용하든지 간에 반드시 IMF에 설치된 특별인출권회계의 각 국 간에 기록된 대차잔액으로 처리되고 있다.

결국 SDR거래에서 특색이라고 할 수 있는 것은 모든 참가국들에게 환원의 의무를 준수하도록 규정하고 있는 점인데 이 조항에 대해서는 일찍이 철폐하자는 견해도 있었으나 종전과 마찬가지로 지금의 규정을 그대로 적용하되 총투표권수

85% 다수결로서 조항을 수정하거나 폐기할 수 있는 권한을 IMF당국에 부여하여 놓았다.

2) SDR의 결함

SDR은 국제금융협력이라고 하는 세계적인 추세와 국제통화에 대한 보완적인 조치로 인해 창출된 것은 자타가 공인하는 사실이다. 브레튼우즈체제 이후 국제유동성에 문제가 있기 이전까지는 미국의 달러유출은 금보유국들의 금매각으로 그런 대로 경제질서가 유지되어 왔다. 지난 30여년을 돌이켜 보면 국제통화제도는 유통면에서 상당한 협조가 이루어져 왔으며 일시적으로 불균형이 나타나더라도 다른 제도적인 장치와 SDR의 발동을 통해서 국제수지의 불균형을 단기적으로 조정할 수 있었다.

최근 기축통화인 달러에 대해서 문제가 발생하고 있는 것은 SDR의 발동에 따라서 국제적으로 포지션이 강하게 된 통화는 하나의 집단보장제와 같은 것이 확립되어 있기 때문이다. 특히 통화의 청구권을 가진 SDR이 누적적으로 배분되는 것을 좋아하지 않는 것은 기축통화국인 미국의 국제수지적자가 심화되거나 대외준비자산이 그만큼 감소되기 때문에 자금사정이 어렵다는 것을 실증하고 있기 때문이다.

그러나 달러의 포지션이 강하게 나타날 때는 다수국 통화제도를 확립하여 이에 의존하는 것이 오히려 안정성을 높일 수 있다. 지금처럼 달러의 불안이 고조되고 있을 때는 이런 성향이 국제금융시장에서 자주 발생할 수 있다. IMF가맹국들도 SDR을 창출한 의의를 인정하면서도 미묘한 요인들이 횡적으로 가로 놓여 있다는 것을 실감하고 있다. 다시 말하면 근본적인 것은 금과 링크되지 않는 SDR을 발동시키는 자체부터가 국제통화제도를 더욱 복잡하게 만들어 놓고 말았다.

국제통화제도에 있어서 가장 관건이 되는 것은 금관리를 어떻게 하느냐에 달려 있으며 지금까지 동요가 일어나고 있는 것도 달러나 파운드와 같은 기축통화로써 역할을 하고 있는 국민통화가 금과 태환이 되지 않는 점에서 발단이 되었다. 더구나 SDR을 운용하는데 있어서도 미국과 영국이 좀처럼 국제수지개선에 노력하지 않고 있으며 양국의 입장에서는 SDR을 발동해서 자국통화를 환매하는 것이 오히려 유리한 결과를 가져왔다.

결국 가맹국의 대외준비고는 금, 달러, IMF 준비포지션에 SDR이 첨가되어 더욱 어렵게 되었다. 신국제통화제도가 보다 잘 운용되기 위해서는 세계화폐로서 구실을 해 온 금을 중심으로 해서 준비자산을 결의하여 직접적이든 간접적이든 금과 태환이 될 수 있는 것이 긴요한 과제이다. 과거에도 금과 링크되어 있는 달러를 태환하는데도 표리가 있었으며 지금의 SDR은 금과 거리가 있는 실정이다. SDR은 어떤 경제적인 뒷받침이 없이 가맹국의 결의에 의해서 창출된 것에 지나지 않으므로 가치의 보전은 참가국들의 의무이행에 달려 있다고 할 수 있다. 만약 참가국이 의무를 이행하지 않는다면 SDR은 국제통화로서 기능을 발휘하지 못할 것이다.

SDR은 아직까지 초기단계에 있으며 국제통화로서 충분히 성숙되어 있지 못하지만 단지 국제협력에 의해서 새로운 준비자산을 창출하였다는 점에 큰 의의가 있다. 또한 지금의 IMF는 단순히 기금의 성격을 초월하여 명실공히 세계중앙은행적인 성격을 가지게 되었다.

여기서 언급하고자 하는 것은 SDR이 과연 국제통화로서 구실을 할 수 있는 자격요건을 갖추고 있는 것인가라는 성격에 대해서 고려해 보고자 한다. 실제로 국제통화로서 그 역할을 다해 온 달러도 본래부터 그런 자격을 갖춘 것이 아니고 지금까지 세계 화폐로서 역할을 다해 온 금에 연결시켜서 금 대용의 화폐로서 금과 동일한 자격을 부여한 통화를 의미한다.

그러면 SDR이 어떻게 해서 국제통화라고 호칭되고 있느냐? 이런 의문이 때로는 제시되고 있다. 여기에 대해서는 다음과 같이 말하고 있다. SDR의 기본적인 성격은 국제채무의 결제수단으로서 이를 사용하는데는 무조건부를 원칙으로 하며 참가국에 대해서는 IMF쿼터에 따라서 배분하고 있는 동시에 일반적인 수령성도 갖고 있기 때문이다.

특히 여기서 문제해결의 실마리는 SDR 자체가 국제결제수단으로서 기능을 발휘하고 있다는 점이다. 환언하면 SDR의 기능은 마치 은행거래에서 이용되고 있는 현금과 같이 교환성을 가진 증권과 흡사한 원리를 갖고 있다. 지금제도는 국제통화라고 하는 외화에다 교환성을 부여하여 창출시킨 것이 SDR이므로 이를 흔히 제3국의 국제통화라고 부르기도 한다.

그러나 통화로서 요건을 갖추려면 가장 중요한 본질은 교환성인데 SDR은 금과 교환은 허용되지 않고 있으므로 국민통화와 국제통화 사이에 혼란이 발생하기 마련이다. 지금 국내에서 통용되고 있는 관리통화제도(managed currency system)도 국가의 강제적인 통용력을 부여한 것이 무엇보다 중요하다. 현실적으로 볼 때 국제금융시장에서 금도 거래되긴 하지만 금과 교환이 보장되지 않는 것은 엄밀한 의미에서 국제통화와 같은 자격을 가졌다고 말하는 것은 이율배반적이라 하겠다.

한편 SDR이 환원의 의무가 있다는 조건으로 언급한다면 이도 은행화폐와 마찬가지이다. 교환성에 기초를 두고 있는 것은 국제통화인 외화를 수취하려면 반대급부로서 상품이나 용역이 수출되어야 하므로 이중거래가 발생하게 된다. 또한 SDR거래도 채권 채무의 관계를 동시에 발생시키며 어떤 국가가 대부금을 반제하는 것은 채무가 소멸하므로 은행예금과 기본적인 원리는 동일하다고 말할 수 있다.

물론 그렇다고 해서 SDR자체가 은행화폐로 되는 것은 아니다. 예금통화도 잔고가 있을 때는 자유롭게 이용될 수 있다. 그러나 SDR은 처음으로 SDR배분이 있은 후 기초기간(5년)이 지났을 때 순누적배분액이 30%를 하회한 나라에 대해서는 반드시 환원을 해야 한다. 이는 SDR의 사용이 점차 늘어감에 따라 남용으로 인해서 신인이 떨어지는 것을 방지하고 절도(discipline)를 지키도록 하기 위하여 SDR보유액을 일정수준까지 유지하도록 규정하고 있다.

사실 SDR을 운용하는데 어느 범위까지 임의성이 인정되고 있으므로 채무국의 입장에서는 아주 편리한 자본조절수단이 되고 있다. SDR은 IMF의 사전 승인을 받지 않아도 자유롭게 발동할 수 있으나 참가국의 통화제공의무를 이행함에 의해서 SDR이라는 준비자산은 계속적으로 통용될 수 있다.

그런데 지금처럼 IMF쿼터비율에 따라서 SDR을 배분할 때는 무엇보다도 배분의 공정성이 중요한 과제이다. 다시 말하면 국제유동성의 보유분이나 특혜가 일부 소수국에만 편재될 수 있는 결함을 지적할 수 있다. SDR은 특정한 국가나 특정한 그룹의 국제수지조정을 위한 개별적인 이익을 위해서 고려하지 않았으며 장기적이며 전체적인 필요(secular and global needs)가 있을 때만 결정한다. 국제유동성의 측면에서 본 SDR의 성격은 다음과 같다.

① SDR은 참가국이 희망할 경우 SDR을 사용하여 자유이용가능통화를 수취할 수 있으므로 유동성이 높은 자산이지만 통화당국간에만 사용하도록 제한되어 있기 때문에 유동성이 완전한 자산이라고 말할 수 없다.

② SDR을 사용할 수 있는 것은 국제수지 적자국만으로 제한하고 있다.

③ SDR을 배분 받았을때는 기초기간동안 70%이상을 사용할 수 없으며 이를 초과하여 사용한 것은 즉시 반환하여야 한다.

④ SDR을 사용할 경우 이를 수령할 국가를 결정할 때는 IMF의 지시에 따라야 한다.

이상에서 살펴 본 바와 같이 SDR의 성격 면에서 가장 현저한 특징은 외환에 대한 하나의 청구권에 불과하지, 그 자체가 화폐라고 할 수 없는 것이다. 그러므로 SDR은 달러나 파운드처럼 개입통화로서 사용할 수 없도록 되어 있으나 결제통화인 외환만은 구입할 수 있게 규정하여 놓았다.

그런데 여기서 주목할 만한 것은 기초기간의 설정을 5년을 단위로 하여 결정하여 놓고 배분은 1년 간격으로 매년 이루어지며 일단 배분된 후에도 IMF할당액의 일정비율로 표시하도록 지시하고 있다. 그리고 SDR의 창출로 인해서 준비자산의 공급이 과잉상태에 있을 때에는 SDR을 말소(cancellation)시키는 절차도 규정하여 놓았다. 이때 말소시키는 원칙은 SDR을 배분하는 경우와 마찬가지이다. 그렇지만 배분에 관해서는 IMF의 약 17%나 되는 투표권을 가진 EU가 결합하면 지금 발동되고 있는 SDR에 있어서도 거부권을 행사할 수 있도록 되어 있는 점이다.

참가국들은 IMF총회에서 SDR배분을 결정하면 이를 수락할 의무가 있지만 ① SDR의 배분에 찬성투표를 하지 않았으며 ② 최초의 SDR배분이 이루어지기 전에 이를 원하지 않는다는 표시를 문서로 IMF에 통지하면 SDR을 배분 받지 않을 수도 있다. 이를 선택적 불참가권(opting out)이라고 하는데 IMF가 인정하면 나중에 다시 SDR배분을 받아들일 수 있도록 규정하고 있다.

3) SDR의 역할

SDR을 창출한 이후 이를 국제금융제도에서 중심적인 위치로 부각시키기 위하여 종래 보다 SDR을 사용하는 제한 폭을 확대시켜 SDR의 교환성을 더욱 강화하여 왔으나 아직까지도 SDR은 준비통화로서 지위가 다른 주요통화와 비교하여 볼 때 상당히 약화되어 있다. 더구나 국제통화마저도 주요국들의 통화가 변동환율제로 이행해 감으로써 금의 역할이 축소되고 민간신용이 오히려 팽창하는 변화를 겪어 왔다.

특히 기초기간 동안에 발생하였던 최초의 변화는 금에 관한 것이 구심점이 되어 참가국들의 관심을 고조시켜 왔다. SDR이 창출될 당시만 하더라도 금은 공정거래 가격으로 매각할 수 있었기 때문에 금은 외환준비 SDR 및 IMF 포지션과 더불어 국제유동성으로서 그 역할을 다해 왔다. 그러나 오늘날 자국의 국제수지가 적자수준에서 맴돌 때는 가맹국들이 보유하고 있는 금을 매각하려고 하지 않기 때문에 금은 이제 더 이상 준비통화로서 사용하기 어려운 상황이 되고 말았다. 비록 일국의 금보유분이 대외준비자산을 완화하는데 아직도 기여한다고 하지만 유동성에 대한 의문은 분명히 가시지 않고 있다. 따라서 대외준비자산으로서 금의 역할은 점차적으로 감소할 수밖에 없으며 앞으로도 대외준비자산을 축적해 나가는데 금은 고려되지 않을 것이다.

SDR을 창출한 이래 세계 경제여건은 많이 변화하였지만 SDR은 여전히 대외준비의 공급에 큰 역할을 담당해 나갈 것이다. 앞으로 국제통화제도가 더욱 발전하기 위해서는 SDR에 대한 추가적인 역할 즉 대체계정의 역할이나 개입통화로서 기능을 발휘할 수 있는 것이 요청되고있으며 SDR의 이용을 점차 증대시켜 나가는 것은 계산단위(numeraire)로서의 역할도 강화될 수 있을 것이다.

SDR의 거래 및 운용방법을 요약하면 다음과 같다. ① SDR거래는 참가국간의 거래와 IMF거래로 나누어진다. 전자는 IMF가 개입하여 SDR거래를 권장하며, 후자는 참가국 간의 합의에 의존하고 있는 것이다. IMF지정에 의한 거래는 먼저 일국이 SDR을 사용하여 준비자산을 획득하고 싶은 경우 IMF에서 의사를 통고한다. IMF는 회원국들의 국제수지와 준비자산에 대한 상황을 파악하여 지정계획(designation plan)에 따라서 여타국들이 보유하고 있는 SDR과 교환하여 사용국이 요청한 국제통화를 제공하도록 지정한다. 이때 지정대상국은 반드시 당해국이 보유하고 있는 준비통화의 발행국이 아니더라도 관계없다.

② IMF로부터 SDR의 인수를 지정받은 나라는 일정한 한도 내에서 국제 통화를 제공할 의무를 부과시키고 있는데 이를 SDR의 수령의무라고 한다.

③ 참가국간의 합의에 의한 거래는 다른 국가들이 보유하고 있는 자유통화를 환매(repurchase)하기 위하여 SDR을 사용하는 것을 의미하며 이를 사용할 때는 국제수지조정 상 필요한 경우라야 한다.

④ IMF는 일반계정을 통하여 거래되는 양만 SDR을 취득하던가 사용할 수 있다. 즉 참가국은 일반계정에 있어서도 수수료를 지급하고 있으며 자국통화를 환매할 때만 SDR을 사용할 수 있다. 이런 참가국과 IMF와의 SDR거래를 대 IMF거래라고 한다.

그런데 IMF가맹국이 이러한 SDR을 국제결제수단으로서 도입하면 자연히 SDR은 주요준비자산으로서 확립되기 마련이다. SDR의 성격은 국제통화의 역할을 보충하는데 지나지 않는 결제수단으로서의 역할과 주요준비자산으로서도 역할을 하고 있다.

어떤 국가가 국제수지의 불균형이 장기적으로 지속되었을 때 이를 조정하기 위한 거래가 결정되면 자동적으로 SDR의 이동이 발생한다. 현재 조문은 수령의무(acceptance obligation)는 순누적배분액(net cumulative allocation)과 직접 연결시켜 놓았으므로 이를 다음과 같이 수정하는 것이 필요할 것 같다. ① 배분에 따르지 않는 SDR을 창출해서 수령의무를 더욱 인상시키고, ② 순누적배분액의 기준을 결정하여 여기에 따라서 SDR을 배분하도록 하며, ③ 수령의무의 한도를 철폐시켜 지시메카니즘에 의거하도록 하는 것이 바람직하다.

그러나 준비통화를 SDR로 교환할 수 있는 대체제도가 확립되어도 반드시 지시메카니즘에만 의거해서 거래가 발생하는 것도 아니며 국제수지조정상 필요한 경우에 한해서 거래가 발생하므로 제한하지 않아도 된다. 실제로는 참가국의 자유에 따라 거래가 확산되고 있으므로 지시메카니즘이 필요 없을 것이다. 그러므로 SDR을 증대시키기 위해서는 통화준비와 금준비를 감소시켜야 하며 IMF의 일반계정이 통화나 금 대신에 SDR을 수취하고 사용할 수 있는 거래나 운용의 범위를 확대시키는 방법이 적절할 것이다. 그리고 다른 방법으로는 증여나 담보를 허가하는 것도 있다.

SDR은 국제통화에 대한 금융협력이라는 세계적인 조류와 보완적인 조치로서 창출된 것은 틀림없는 사실이다. 그래서 가맹국들은 시대적인 추세와 국제경제구조으로 변화로 인하여 SDR제도를 채택하여 이용하게 되었다. 국제유동성의 문제가 있기 이전까지는 미국에서 달러 유출과 금보유국들의 금매각으로 그런 대로 질서가 유지되어 왔다. 지난 40여 년 동안 국제통화는 유통 면에서 상당한 협조가 이루어졌으며 전체적으로 볼 때 그런 대로 조화가 이루어져 왔다. 또 일시적으로 불균형이 나타나더라도 SDR의 발동을 통해서 국제수지의 불균형을 단기적으로 조정할 수 있었다.

지난 몇 년 동안 기축통화인 달러화에 대한 문제가 발생하고 있는 것은 SDR의 발동에 따라서 국제적으로 포지션이 강하게 된 통화는 일종의 집단보장제가 확립되어 있기 때문이다. 특히 통화에 대한 청구권으로서 SDR이 누적되는 배분을 좋아하지 않는 것은 국제수지 흑자국은 평가절상(revaluation)과 같은 조치를 당하게 됨으로써 외화유출이 촉진되어 국제 간에 불균형이 다소 조정되었다.

그러나 달러의 포지션이 강하게 나타났을 때는 다수국통화에 의거하는 것이 오히려 안정성을 높일 수 있다. 현실처럼 달러의 불안이 조정되고 있을 때는 이런 경향이 국제금융시장에서 자주 발생할 수 있다. 이는 가맹국들이 SDR의 창출에 대한 의의를 인정하면서도 전도가 복잡하고 불분명한 요인들이 횡적으로 가로 놓여 있다는 것을 인식하고 있다. 환언하면 근본적인 문제는 금과 직결시키지도 않고 SDR을 발동하고 있는 것이 국제통화체제를 점점 더 어렵게 만들어 놓고 만 결과를 초래했다.

국제통화에 있어서 가장 핵심이 되는 문제는 금관리를 어떻게 하느냐에 달려 있으며 지금까지 동요가 일어나고 있는 것도 달러나 파운드같이 기축통화역할을 하고 있는 국제통화도 금과 태환이 되지 않는 데서 발단된 것이다. 예컨대 1970년까지 미국이 부담지고 있는 해외 단기부채총액은 432억 달러에 도달하였으며 이를 용이하게 해결하기 위해서 SDR을 대량으로 발동하면 국제통화문제는 더욱 와중의 늪으로 빠져들고 말 것이다. 더구나 SDR을 운용하는데 있어서도 미국과 영국이 좀처럼 국제수지개선에 노력하지 않고 있으며 양국의 입장에서는 SDR을 발동해서 자국통화를 환수하는 것이 오히려 유리한 입장에 있었다.

결국 각 국의 대외준비고는 금, 달러, IMF준비포지션에 SDR이 첨가되어 더욱 어렵게 되었다. 이와 같은 제도가 가장 잘 운영되기 위해서는 세계화폐인 금을 중심으로 해서 다른 준비자산을 결의하여 직접적이든 간접적이든 금과 태환할 수 있는 것이 긴요한 과제이다. 과거에도 금과 직결된 달러를 태환하는데서 표리가 있었으며 현재의 SDR은 금과는 거리가 더욱 먼 실정이다.

그래서 IMF이사회는 1978년 국제통화제도상 SDR의 역할을 제고시키기 위한 몇 가지 조치를 단행하였다. 이 조치의 중요한 취지는 SDR의 용도를 확대하고 이자율을 과거 1.5% 수준에서 3.5%로 인상하는 것이다. 이는 바로 SDR을 주요준비자산으로 부각시키자는 의미이다. 그 동안 가맹국들의 경제성장과 더불어 통화의 비율이 급속히 증대함에 따라 국제유동성에서 차지하는 SDR의 구성비는 점점 감소하였다. 이와 같이 준비자산을 증대하는 정책이 참가국의 순누적배분에만 의존하고 있는 것은 SDR의 역할을 제고시키는 데는 오히려 역행하는 처사가 되고 있다.

3. SDR본위제도의 전망

1) SDR의 현상

창출당시의 SDR은 5년을 기본기간으로 하여 거래할 수 있도록 하였지만 국제유동성에 대한 수요를 정확하게 예측하기가 어렵다는 점을 감안하여 우선 3년간(1970~72) 제1차 기본기간 중에 약 93억 SDR을 창출하여 배분하였으며, 제2차 기본기간 중에는 국제유동성이 과잉으로 공급되는 것을 우려하고 국제통화제도에 대한 개혁작업이 종결되지 않아 SDR의 창출을 보류하였으나 제3차 기본기간 중에는 1979년부터 3년간 매년 40억 SDR씩 총120억 SDR을 추가로 배분하였다. 그리고 제4차 기본기간(1982~86) 제5차 기본기간(1987~91) 및 제6차 기본기간(1992~96)에는 SDR의 추가배분이 이루어지지 않았으며 1997년 IMF연차총회에서 SDR배분의 불공평한 문제를 해결하기 위해 214억 SDR을 특별 배분하기로 결정하였다.

본래 SDR은 달러 위기를 해결하기 위해 구체적으로 탄생한 것이다. 그렇다고 이 제도가 출범할 때부터 SDR이 달러로 대체되는 성질을 갖고 있는 것은 아니었다. SDR을 달러의 방위책으로 이용하려고 하면 SDR과 달러는 등가관계에 있다는 것을 인식시켜야 한다. 이는 SDR자체가 보유하고 있는 가치에 해당하는 문제인데 SDR은 처음부터 모순을 내포하고 있었다. SDR은 국제유동성을 해결하기 위한 목적으로 창출되었으므로 당연히 금과 달러는 동등의 자격을 가져야 할 것이다.

SDR은 유동성 딜레마를 해결하기 위한 필요조건으로 되어 있지만 이는 대외적으로 볼 때 하나의 명목가치에 지나지 않았다. 1974년 6월 이후부터 잠정조치이기는 하지만 표준 바스켓 방식에 따라 가치가 표시되고 있다. 피상적으로는 SDR자체가 달러로 환산되고 달러와 동등한 지위를 확보하고 있는 것으로 나타나 있기 때문에 달러가 변동환율제로 이행하게 되면 자동적으로 금, 달러, SDR의 등가관계는 붕괴되고 말 것이다. 여기서 SDR과 동등한 위치에 두자는 것은 달러와 금을 결합하는 것이다. 환언하면 주요국들의 통화가 변동환율제로 옮겨가도 이런 체계가 확립되면 보다 이상적인 국제금융제도가 될 것이다.

그러나 시간이 갈수록 SDR거래가 점차적으로 감소하고 있으므로 이런 문제를 해결하기 위해 IMF이사회는 1973년 11월 5일 참가국들의 자발적인 거래에 맡겨 버렸으며 SDR거래도 상대국과의 합의에 의해서 사용할 수 있도록 승인하였다. 이로 인해 1973년 11월 이후부터 IMF의 지시거래와 자발적인 거래가 증가하였으며 EEC역내국가들도 공동변동환율제를 지속하기 위해 개입통화로서 SDR을 사용하기 시작하였다.

SDR의 가치결정에 대한 모순은 주요국가들의 통화가 변동환율제로 전환하여 감으로써 더욱 명백히 드러났다. 여기에 대해서는 그 동안 세계 주요국간에 관심을 집중시켜 왔으며 마침내 새로운 가치기준에 대해서 IMF20개국 잠정위원회의 합의가 있었으며 IMF이사회의 승인을 거쳐서 1974년 7월 1일 이후부터 실시되었다. 새로운 방식에 의한 가치결정기준도 영구적인 척도는 될 수 없겠지만 16개국 통화를 가중평균하여 결정하였다는 점에서 의의가 있다. 또한 바스켓을 구성하고 있는 16개국의 통화시세가 매일 변동함에 따라 SDR의 시세도 변동하게 되었다. 그러므로 이런 상태에서는 무엇보다 SDR의 가치기준과 금을 분리함으로써 변동환율제도하에서 당면하고 있는 금, 달러, SDR의 관계에 있어서 상호모순을 제거할 수 있을 것이다.

이렇게 중요한 역할을 수행하기 위해서 탄생시킨 SDR도 처음에 기대했던 것만큼 실효를 거두지 못했던 것은 이미 알려진 사실이다. 더구나 1971년 8월 15일 닉슨성명 이후 SDR은 본래의 기능을 상실하고 있었다. 이는 1973년이래 신규창출이 정지되어 있다가 1979년부터 다시 재배분이 시작되었다는 기록만으로도 이를 표명하는 이유가 된다.

그러나 주요국들이 변동환율제로 전환한 이후 새로운 방식에 의한 평가가 채택되고 달러 시세가 하락하므로 인해서 SDR의 가치가 변동할 때도 우연한 현상이기는 하지만 SDR의 평가는 달러시세가 하락하는 것만큼 절감(depreciation)되지는 않았다. 이는 아직까지 SDR이 새로운 계산단위로서 기능을 하고 있다는 것을 시사해주고 있다. 또한 최근에는 중동 산유국들의 통화와 SDR의 링크는 이런 관계를 실증하여 주는 것이다.

그렇지만 SDR이 통화로서의 역할을 다하고 있는 것은 아니며 민간거래가 인정되는 것도 아니다. 다만 계산단위로서는 이 정도로 유력하게 기능을 발휘한 것은 일찍이 존재하지 않았다. 특히 계산단위로서 역할을 하고 있는 것은 국제금융시장 뿐만 아니라 1975년 5월 국제항공운송협회가 통화단위를 측정하는 기준으로 SDR을 사용하는가 하며 유럽 기채시장에서도 SDR로 발행하는 등 그 범위가 확대되고 있다.

SDR이 새로운 계산단위로서 역할을 하고 있는 것과 관련해서 살펴보면, 이는 개발도상국에 대한 원조와 직결되고 있다. 이런 방향에서 생각해 본다면 SDR역할에 대한 변화는 앞으로도 관심을 집중시킬 것으로 예상된다. 다시 말하면 이는 SDR의 배분과 개발도상국의 링크 문제로 남아 있으며 이런 구상은 선진국이나 개발도상국간에도 좀처럼 실시하기 어려운 실정이다.

가끔 이런 논쟁(controversy)이 일어나고 있는 것은 SDR을 개발도상국간에 링크시키려고 하는 요구를 미국이 강력하게 반대하고 있는 처지였다. 이와 같이 SDR을 개발도상국의 자금에 링크시키려고 하는 것은 분명히 SDR의 본질이 상당히 변화하고 있는 것을 의미한다. 또한 이런 형식으로 링크가 되어진다면 SDR은 지금처럼 단순히 계산단위로서의 기능 이상으로 중요한 매개체가 될 수 있을 것이다.

현재의 요건으로서는 SDR의 성질이 처음 시도했던 것과는 이질적으로 발전하고 있으며 여기서 제기되고 있는 링크문제도 현실과는 거리감이 있는 추상적인 제안들도 있다. 하나는 개발도상국에 대한 IMF쿼터에 따라서 수령액 이상으로 SDR을 직접 배분하는 형태가 있고, 다른 하나는 지역적으로 개발금융기관에 대해서 SDR을 배분하는 간접적인 형태가 있다.

앞에서도 언급한 바와 같이 SDR의 배분액은 세계 전체의 유동성과 관련하여 논의되고 있는 것을 볼 때 이런 착상도 유동성을 제한하자는 의미가 내포되어 있다. 최근에 와서는 개발원조자금에 대한 신청국수도 늘어나고 선진국과 개발도상국간의 대립도 점차 달라지는 암흑적이고도 미묘한 점들이 일어나고 있는데 이런 것들이 바로 SDR링크문제에 연계(involvement)되는 것이다. 이런 의미에서 본다면 SDR창출이 IMF가맹국의 발전에 상당한 애로(bottle-neck)가 있는 요인으로 등장하고 있다고 생각된다. 더구나 개발도상국과 선진국이 SDR문제에 대해서 견해차를 보이면서 마찰이 일어나고 있는 것은 SDR의 변질을 촉진하는 결과가 되고 있으며 이런 문제는 앞으로도 국제금융면에서 중요한 의미를 가지게 될 것이다.

2) SDR의 장래

1차, 2차 석유위기 이후에 더욱 명백하게 나타나고 있는 것은 비산유개발도상국들의 자금부족현상과 국제금융구조의 문제로 집약될 수 있다. 산유국들이 보유하고 있는 것은 오일달러는 자금사정이 어려운 국가들에게 환류기능(recycling mechanism)에 따라서 이동하고 있으며 자금원조도 아랍권을 중심으로 해서 이루어지고 있으나 아직도 불투명한 면모가 나타나고 있으므로 또다시 자금환류의 남북문제가 부각되고 있다.

물론 비산유개발도상국 중에서는 그 나라의 경제구조에 따라서 자금사정에 차이가 있을 수 있으나 이런 괴리현상을 전형적으로 볼 수 있는 곳은 유럽지역에서 거래되고 있는 금융시장이며 그 중에서 개발도상국을 지원하는 신용공여 면에서 뚜렷한 특징이 나타나고 있다. 이런 현상은 결국 유럽 자본시장의 동요와 불안을 배경으로 하여 나타난 것이며 선진국과 저개발국의 자금현황 그리고 유럽 자본시장의 동태를 파악할 수 있는 하나의 지표가 되고 있다.

IMF가 실시한 조사에 의하면 개발도상국 중에서 멕시코, 브라질, 스페인, 알젠틴, 그리스, 페루, 필리핀, 한국에 대해서 자금공여를 하고 있는 것이 전체개발도상국을 위해서 지원한 금액의 76%를 차지하고 있다. 그리고 유럽 금융시장의 채널을 통해서 비산유개발도상국에게 실시한 융자는 국제적인 규모를 갖춘 굴지의 금융기관에 예속되어 강력한 통제를 받고 있으나 경제적으로 위기를 면하지 못하고 있는 국가들에게는 융자조건을 완화하여 주고 있는 것이 특징이라고 말할 수 있다.

그러나 아직까지 자금사정이 좀처럼 해결되지 못하고 있는 것은 세계적인 경기후퇴로 개발도상국들의 외화준비가 감소하고 있으며 국제정세가 어려워지니까 회원국들 사이에도 의견대립이 심화되어 가고 있기 때문이다. 또한 자금의 일부분은 석유기금에 의해 비축된 자금으로 특별융자 방식에 의해서 비산유개발도상국들에게 자금편의를 제공하고 있지만 차입한도가 비교적 낮게 책정되어 있기 때문에 외환사정이 악화일로에 있는 것을 미연에 방지할 정도의 충분한 효력은 나타내지 못하고 있는 형편이다.

더구나 세계 전체의 금융구조를 보면 주요 선진국들 간의 내부문제로서 소위 자본의 편재현상이라고 말할 수 있다. 이런 구조적인 어려움이 해결되지 않으면 지금까지 기대했던 국제금융시장도 오히려 역작용을 일으킬 우려가 없지 않다. 한편 합작투자기업이 발달하고 그 경제적인 힘이 강화됨에 따라서 높은 이익을 추구하려고 대출기회를 찾고 있는 금융기관도 출현하고 있으나 세계적인 경기침체의 여파로 불황의 늪에서 헤매고 있는 국가들은 자본도입을 주저하고 있는 실정이다.

이런 와중에서 마침내 1975년 6월 IMF에 석유특별융자제도를 설치하자는 합의가 이루어져 제3창구와 특별신탁계정을 통해서 비산유개발도상국에게 자금공여를 폭넓게 고려하고 있었다. 그러나 이와 같은 융자혜택도 비산유개발도상국들에게 부분적으로 임시변통의 효과를 발휘할 수 있겠지만 아직도 자금사정을 해결하기에는 요원한 느낌이 든다.

최근에 와서 개발도상국들이 기술개발을 기하고 경영방법을 개선하여 생산량을 증대시키고 있으며 또한 판로망을 개척하여 무역량도 늘이고 있지만 선진국과 개발도상국 사이의 무역이익(gains from trade)은 불균등하게 배분되고 있다. 그래서 개발도상국들은 IMF 등 국제기구에 대해서 요구조건을 한층 더 강력하게 제시하고 있으며 그 중에서 SDR의 동향에 대해서 아주 민감한 반응을 보이고 있다.

마침내 IMF는 SDR의 이익률(yielding)과 특성을 높이고 준비자산으로서의 역할을 강화하기 위해서 다음과 같은 결정을 하게 되었다.

① SDR의 배분규모를 확대시키기 위해서 SDR의 배분액과 배분기간은 여러 가지 조건들을 고려하여 결정하였다. 왜냐하면 국제무역량의 증가율을 볼 때 가맹국의 공적 대외준비는 매년 200억 SDR이상 증가할 것이라는 점과 국내 자본시장을 통한 대외준비자산의 높은 공급탄력성으로 인하여 SDR배분의 확대는 일정 수준에서 제한될 것이라는 예상이 일어나고 있다. 물론 SDR의 지나친 배분으로 인해서 세계적인 인플레이션이 일어날 수도 있기 때문에 배분의 연간규모와 배분기간은 적정수준에 머물러야 한다.

② SDR에 대한 이자율의 인상을 제고시키자는 것이다. 지금의 SDR의 가치계산방식의 변경과 이자율의 인상으로 다른 준비자산에 비해서 SDR의 신인과 선호도는 더욱 높아졌다.

③ 환원조건을 완화시키기 위해서 1979년 1월 1일 IMF이사회는 순누적배분액에 대한 SDR보유액의 최저 평균비율을 30%에서 15%로 인하하였다. 이런 환원조건의 완화로 SDR은 준비자산으로서의 기능이 강화되었으며 SDR사용이 자유화됨으로써 그 거래량은 늘어갔다.

④ SDR참가국간에 SDR의 사용범위를 확대시켜 나가는 가운데 중요한 변화는 SDR참가국들이 IMF의 인가를 받지 않고 또 필요성의 요건을 갖추지 않고도 참가국들의 통화를 얻기 위하여 자국이 보유하고 있는 SDR을 자유롭게 사용할 수 있다. 다시말하면 증여를 제외한 당사국간에 합의한 금리, SDR대출에 따른 이자지급 및 원금상환도 SDR로 결제할 수 있으며 채무이행의 담보로서도 SDR을 제공할 수있다.

3) SDR제도의 개선

IMF당국은 준비통화(reserve currency)서 SDR의 기능을 강화하여 국제통화제도에서 SDR을 주요준비자산으로 만들기 위해서 대체계정(substitution account)설치를 논의하여 왔다.

이 대체계정의 요지는 IMF 가맹국으로부터 자국이 보유하고 있는 준비통화를 동계정에 예치하게 하고 이 예치액에 해당하는 SDR표시채권(SDR denominated claims)을 수취하도록 지시함으로써 국제거래에서 준비통화가 차지하는 비중을 줄이고 SDR의 비중을 높여 국제통화제도의 안정된 발전을 기하기 위한 것이다.

이러한 대체계정설치문제가 거론되기 시작한 것은 1960년대 중반부터 미국의 국제수지가 대규모의 적자폭을 시현하므로 인해서 달러화에 대한 신인이 크게 실추되자 기축통화 또는 준비통화에의 역할에 많은 문제점이 나타나기 시작한 이후부터이다. 더구나 1971년 8월 15일 닉슨성명이 발표되고 달러화의 금태환정지조치로 금환본위제도가 붕괴되자 대체계정설치를 정식으로 다루었다.

IMF상무이사회는 1972년 9월 국제통화제도개혁에 관한 보고서(report on reform of the international monetary system)에서 대체계정설치를 처음으로 제기하였다. 이 대체계정은 달러화가 과잉으로 공급되는 것을 방지하는 것보다 미국이 무역거래를 통한 자금을 결제할 때 자국이 보유하고 있는 준비자산을 사용하도록 함으로써 준비자산의 발행국과 가맹국들 사이에 존재하는 불균등한 문제를 해결하기 위한 것이 목적이었다.

다시 말하면 IMF가맹국가들은 국제수지 적자가 발생하면 이를 결제하기 위해서는 금, SDR, 외환 등 자국이 보유하고 있는 준비자산을 사용하여야 하며 미국도 국제수지적자를 시현하면 자국의 통화인 달러화를 가지고 결제하는 대신에 준비자산을 인도하는 것이 국제통화제도의 혼란을 막을 수 있다는 것이다.

특히 IMF가맹국들은 IMF내에 대체계정을 설치하여 자국이 보유하고 있는 달러화의 일부분을 SDR을 대가로 하여 이 계정에 예치하도록 하고 미국은 국제수지적자가 발생하면 이 계정에서 SDR을 대가로 하여 적자폭에 해당하는 금액만큼 달러를 매입하도록 하며 흑자가 발생할 때는 달러를 이 대체계정에 매각하도록 하고 있다.

그 후 이 대체계정 설치문제는 IMF에 설치된 20개국위원회(committee of twenty)에서 본격적으로 논의되었으며 결국 20개국위원회는 국제통화제도개혁 개요라는 보고서에서 금과 준비통화의 역할을 축소하고 SDR을 주요준비자산화 함으로써 앞으로 국제통화제도에서 교환성(convertibility)을 회복하고 또 이를 유지하기 위해서는 대체계정을 설치하는 것이 무엇보다 필요함을 강조하였다.

그러나 20개국위원회가 제의한 대체계정안은 그 동안 국제금융시장에서 과잉으로 공급된 달러를 흡수하기 위한 성격이 농후하였다. 그러므로 가맹국들은 보유하고 있는 준비통화자산을 수익성이 낮고 사용하는데 제한이 있는 SDR로 교환하는 것을 찬성하지 않았으며 미국도 달러를 SDR표시채권으로 대체하는 것을 좋아하지 않아 결국 큰 지지를 받지 못하였다.

그래서 1979년에 와서 다시 IMF가 검토하고 있는 대체계정안은 종전에 제기되었던 대체계정안과는 다소 성격상에 차이가 있다. 즉 이는 SDR의 성격과 기능개선 등 장기적인 안목에서 SDR의 지위를 강화하고 국제수지의 흑자국이나 적자국이 다같이 국제수지조정을 위한 절도를 지켜 나감으로서 국제통화제도의 점진적 개선을 촉진하는 것이 주요한 목적이었다.

이와 같이 대체계정이 성격을 달리하면서 활발하게 논의되고 있는 것은 제2차 IMF개정협정이 가맹국에 대해서 SDR을 주요 준비자산으로 확립하기 위한 의무를 부과하고 있고 IMF잠정위원회는 1979~81년 사이에 해마다 40억씩 총 120억 SDR을 추가로 배분하기로 합의한 것은 SDR과 준비자산에 대한 국제경제여건이 보다 성숙되었기 때문이다. 최근에 와서는 달러화에만 지나치게 의존하여 온 준비통화제도가 모든 IMF가맹국가들에게 바람직스럽지 못할 뿐만 아니라 그렇다고 단일준비통화가 모든 단일준비통화가 없는 현실에서 복수준비통화제도(multiple reserve currency system)를 채택하는 것도 외환시장을 더욱 불안하게 만들 우려가 있으므로 SDR을 기본으로 하는 대체계정의 필요성이 절실하게 느껴졌다.

<표 10-6> SDR의 신규배분상황

	신규배분액(천 SDR)	총배분액(백만 SDR)
미　　국	874,120.0	3,168.1
영　　국	304,200.0	1,310.5
서　　독	224,224.0	766.6
프 랑 스	199,576.0	684.6
일　　본	172,536.0	549.9
카 나 다	141,128.0	499.8
이 탈 리 아	128,960.0	447.0
인　　도	119,.080.0	445.3
네 델 란 드	98,592.0	335.1
벨 기 에	92,560.0	301.9
오스트렐리아	82,160.0	307.8
브 라 질	69,160.0	221.7
이　　란	68,640.0	130.5
베네주엘라	68,640.0	180.9
사우디아라비아	62,400.0	62.4
총 합 계	4,032,724.8	13,347.6

이와 같이 SDR을 국제통화제도에서 주요한 준비자산으로 만들자는 국제적인 추세와 함께 SDR제도는 몇 가지 면에서 개선책이 발표되었다. 먼저 양적인 측면에서 IMF총회는 1979년 1월 1일 40억3,2705만 SDR을 배분하였으며 세계 주요국들에게 배분된 SDR은 <표 10-6>과 같다.

특히 준비자산으로서 SDR의 매력을 높이기 위해서 SDR가치를 재평가하였다. SDR의 가치를 결정하기 위하여 구성되는 통화는 1972년부터 1976년까지 5년 간 상품과 용역의 평균 수출액을 기준으로 하여 수출실적이 IMF가맹국의 평균 수출액 가운데서 1%이상을 차지하고 있는 16개국으로 선정하여 1978년 4월 IMF당국은 표준 바스켓의 내용을 조정하는 결의를 채택하였다. 또한 각 국 통화의 수출구성비에 따라 계산되는 각 국의 가중치(weight)를 결정하여 1976년 6월 30일로 종료되는 3개월 간 뉴욕의 평균 외환시세를 반영하여 신축 바스켓의 기준이 되는 SDR의 가치를 산출했다.

그리고 환원의무를 완화하기 위해서 SDR의 배분에 참가한 국가들은 SDR의 순누적배분액이 계속해서 5년 간 SDR평균보유 잔고의 30%이상을 반드시 유지해야 하는 의무규정에 대해서 1978년 9월 IMF잠정위원회는 이를 15%로 낮추는 규정을 IMF이사회에 승인을 받아 1979년 1월 1일부터 실시하였다. 또한 SDR의 사용범위에 있어서도 SDR을 차관이나 담보 및 채권을 직접 결제하는데 사용할 수 있도록 하고 앞으로 현물환거래나 선물환거래는 물론 증여에도 SDR을 사용할 수 있도록 요청하였다.

한편 IMF의 대체계정을 통해서 달러를 예치하는 대가로 이행될 SDR표시 채권의 성격과 기능은 SDR과 같은 수준까지 높여야 한다. 사실 대체계정이 단순히 개입메카니즘(intervention mechanism)으로서 역할보다는 SDR의 기능을 높여 장기적으로 국제통화제도를 발전시키는데 그 목적이 있다. 그러므로 표시채무에 대한 수익률도 다른 준비자산에 대한 이자율과 같은 수준으로 제고시켜야 한다.

SDR표시채권이 각 국의 준비자산으로서 역할을 충분히 이행하기 위해서는 언제든지 자유롭게 사용할 수 있고 양도할 수 있어야 한다. 다시 말하면 양도자나 양수자 간의 자유의사에 의해서 아무런 제약이 없이 거래될 수 있어야 한다. SDR표시채권의 이용을 더욱 확대하기 위해서는, 이도 SDR과 마찬가지로 해외차관이나 증여, 담보(collateral)등에도 제공될 수 있어야 하고 현물환이나 선물환거래까지 가능해야 할 것이다.

특히 SDR표시채권의 사용을 보장하기 위해서는 SDR채권을 가진 국가가 언제든지 자국이 보유하고 있는 SDR채권을 자유롭게 이용할 수 있는 통화(freely usable currencies)와 교환할 수 있어야 한다. 이와 같은 조치들은 SDR의 지정계획과 같은 지정메카니즘(designation mecanism)을 활용하여 IMF당국은 SDR표시채권을 적게 보유하고 있는 국가 중에서 국제수지가 개선되거나 외환포지션이 양호한 국가를 선정하여 일정한 범위 내에서 이 SDR채권을 매입하도록 하고 있으며 특히 국제수지를 조정하기 위해서 외화을 매입하도록 하며 특히 국제수지를 조정하기 위해서 외화가 필요한 국가는 자국이 보유하고 있는 SDR채권을 제공하고 자유롭게 이용가능통화를 매입할 수 있도록 제시하고 있다.

그러나 이러한 대체계정은 SDR표시채권의 성격과 기능 그리고 기술적인 면에서 문제점이 나타나고 있다. SDR표시채권은 환위기 면에서 달러보다는 유리하지만 SDR보다는 오히려 불리하다. 또한 장기적으로 내다보아도 SDR표시채권의 가치는 달러를 보유할 경우의 수익률을 SDR표시채권을 보유한 경우의 수익률에 격차가 있다. 다시 말하면 SDR의 가치는 5개국의 통화로 구성된 표준 바스켓에 의해서 결정되므로 어느 정도 안정되어 있지만 SDR표시채권은 그렇지 못하다. 더구나 SDR표시채권의 양도는 SDR처럼 제한되어 있으므로 달러보다 불리하다. 또 이 채권은 직접적으로 대외결제에 사용할 수 없으며 지정메카니즘을 통해서 이용한다고 하더라도 SDR 참가국에게만 양도할 수 있기 때문에 사용범위가 극히 제한되어 있다.

결국 1960년대 중반부터 달러가 공급과잉 현상을 나타내고 그 가치가 크게 떨어지면서 기축통화에 많은 애로요인이 나타나고 있었다. 이리하여 IMF당국은 급기야 준비자산을 강화하기 위해서 대체계정 설치를 구상하게 되었다. 그러나 미국에서는 민간 부문에서 거액의 국제 유동성을 보유하였으며 달러는 제2의 준비통화(자산)으로 남게 되고 만다는 인상을 주기 때문에 정치적 문제가 제기될 수 있다는 이유로 이런 구상을 반대하고 있었다. 또한 유럽 국가들도 신중한 태도를 나타내고 있었다.

그러나 1978년에 와서는 미국정부도 이런 구상을 수락하는 태도로 돌변하였으며 준비통화국으로서 책임을 깊이 인식하고 있었다. 이런 현상은 다른 주요국에 대해서도 국제통화제도를 운영해 나가는 데 실제로 책임분담을 더욱 제고시키는 요인으로 되어 대체계정을 본격적으로 추진하게 되었다. 결국 대체계정의 목적도 국제통화제도에서 SDR을 주요한 준비자산으로 만들려는 추가적인 조치의 일환이라고 말할 수 있다. 앞으로 이 계정에 의해 발행될 SDR표시채권의 성격이나, 규모, 외환시장에서의 변동금리 등 제문제에 대해서 가맹국들이 관심을 집중시키고 있다.

제12장 국제금융과 유로 금융시장

12-1 유로 달러시장의 발생요인

1. 유로 달러시장의 생성

지난 몇 년 동안 국제 금융시장에는 이자율이 등귀하고 외환시세의 불안으로 인해 환위험이 발생하였으며 국제 간에 채무불이행이 야기되는 등 일연의 사태가 국제금융 질서를 문란하게 만들어 놓았다. 이런 추세로 미루어 보아 장차 국제 자본시장에도 우려와 불안이 내재하고 있으며 해가 갈수록 국제 금융 및 자본 시장의 중요성에 대한 인식이 높아져 가고 있다.

유로 달러(Euro-dollar)라고 불리워지고 있는 단기자본은 미국이외의 국가들에 산재해 있는 은행에 예치된 외환을 의미하고 있다. 이는 미국이외의 국가들이 보유하고 있는 달러잔고가 유럽을 중심으로 하여 확산되어 있기 때문에 유로라는 접두사(prefix)가 붙게 되었다.

유로 달러시장은 달러 표시의 단기자금을 거래하는 국제금융시장인데 이는 주로 뉴욕과 런던간을 연결하여 표시된 자금을 흡수하는 국제 단기신용기구의 하나이다. 최근 유로 달러 시장이 현저하게 확대된 것은 단기 자본의 국제 간 이동에 큰 영향을 미치고 있었다.

유로 달러시장이 출연한 것은 1958년부터이지만 불과 20여 년 사이에 단기 자본이동이 주요한 채널로서 급성장하였다. 미국은 1950년대 후반부터 계속해서 국제수지 적자를 시현하였으며 미국의 국제수지 적자는 여타국들에게 달러를 이용할 수 있도록 공급하는 원천이 되었다. 요컨대 유로 달러의 기원은 1958년 유럽 각 국들의 경제 성장과 병행해서 통화의 교환성이 회복되고 미국의 국제수지악화에 의해서 달러화가 해외로 유출됨으로써 출범하였다.

한편 유로 달러 거래가 활발하게 이루어지고 있을 때 미국 정부는 예금금리에 대해서 규제를 완화하였다. 따라서 미국의 상업은행들은 고액의 CD(certificate of deposits)에 대하여 시장시세와 같이 이자를 지급할 수 있으므로 예금을 유치시키는데 용이한 정책이 되었으며 이렇게 흡수시킨 자금으로 유로달러 시장에서 차입한 자금을 거의 상환하였다.

그러나 영국은 파운드화의 방위를 위해서 신용규제를 실시하였다. 파운드화의 위기가 발생하였을 때에 신용공여를 제한하였기 때문에 각 국의 은행들은 달러화를 차입하였을 때에 신용공여를 제한하였기 때문에 각 국의 은행들은 달러화를 차입하여 자금결제를 할 수 있어서 차입조건이 유리하여 유로 달러는 점점 확대되어 나갔다. 결국 이런 제한조치는 오히려 유로달러 시장을 성장시키는 자극제가 되었다.

유럽 각 국들은 경제성장과 더불어 자본축적을 증대시킴으로써 급기야 외환관리를 완화하게 되었으며 통화의 교환성회복과 함께 계속해서 달러자금을 공급함에 따라 국제금융시장으로서 시스템을 확립하여 국제적으로 자금배분이 적절히 이루어지도록 기여할 수 있었다.

이와 같이 유로 달러시장은 언제나 자유롭게 거래할 수 있는 민간 보유분의 달러가 있어야 하지만 이런 자금은 미국 연방준비은행의 금융정책에 의존하고 있다고 언급할 수 있다. 그리고 자금을 보유하고 있는 자본가들도 뉴욕이나 다른 금융시장 보다 오히려 유로 달러시장을 선호하는 것은 금리차(spread)가 상존하고 있기 때문이다. 더구나 자국 내에서 자금사정이 핍박해 질수록 자금을 필요로 하는 수요자들이 유로 달러시장으로 쇄도하는 것을 볼 수 있는데 결국 이런 원인도 마찬가지이다. 실제로 이런 금리차는 자본가나 차용자에게는 상당히 매력적인 시장으로 느껴졌다. 또 이러한 금리차는 자본의 이동을 야기하는 인자가 되었으며 유로 커렌시(Euro-currency)시장을 창출하는 모체가 되었다.

일반적으로 유로달러의 개념은 유로 커렌시의 일부분으로 정의되고 있다. 유로 커렌시란 어떤 은행이 소재하고 있는 국가의 화폐단위가 아니고 여러 국가의 통화로 표시된 은행예금이다. 크렌덴닝(E.W.Clendenning)은 유로 커렌시시장에 대해서 다음과 같이 언급하고 있다. 오늘날 유로 커렌시시장이 발달한 것은 국가와 국가 사이에 의존하고 있는 형태로서 이는 각 국의 정부가 외환관리를 실시하고 자국 내의 금융기관이 정상적인 업무활동을 추진하는 데 장애요인으로 등장하였으며 국가에 따라서 정도의 차이야 있겠지만 단기자본의 자유로운 이동을 저해하는 원인이 되었다고 지적하고 있었다.

그렇지만 이런 여건 가운데서도 금리차를 이용해 보려고 하는 동기가 바로 국제금융시장을 확대시킨 결과가 되었으며 더욱 괄목할만한 것은 유로 커렌시시장의 발전이었다. 이 시장의 기본적인 기능은 순수히 수요와 공급의 메카니즘에 따라서 유리한 장소로 단기성자금을 이전시키는 것이다.

유로 커렌시시장은 유로 달러시장에 달러 이외의 통화 즉 파운드화, 마르크화, 프랑스 프랑화, 스위스 프랑화 등 유럽 각 국들의 통화가 참여함으로써 더욱 확대되었으며 시장의 기원이나 시장에서 차지하는 구성비가 제도적으로 크기 때문에 지금도 유로 달러시장으로 호칭되고 있다. 유로 달러의 근원을 좀더 자세히 살펴보면 1950년대 초 미·소간의 냉전으로 인해 뉴욕에 예치되었던 소련의 자금이 유럽 각 국들의 은행으로 옮겨가기 시작한 1950년대 초를 유로 달러시장의 형성기로 보는 사람도 있으나 이는 1950년대 이전까지도 소급하고 있다. 즉 1차대전을 전후한 시간에도 이미 유럽의 상업은행들이 외국통화표시의 예금을 수취하여 이를 대출하는 거래가 행하여졌으며 특히 2차대전 후에는 캐나다와 스위스 은행이 달러화를 인수하여 이를 뉴욕 금융시장에 대여한 경우가 많이 발생하였다.

이러한 관습이 1950년대 후반부터는 유럽 각 국들의 상업은행 간에도 점차 소급되어 갔으며 그 중에서 영국의 상업은행이 중심이 되어 이런 업무를 선도해 나갔다. 이때부터 유럽의 상업은행들은 달러 자금을 미국으로 환류(recycling)시키는 대신에 무역금융이나 자금편의(facilities)를 위해서 여신활동이 이루어졌다.

이상과 같이 1950년대 말 국제금융 환경을 배경으로 하여 유로 달러 시장이 생성되기 시작하여 급기야 유로 커렌시시장으로 발전되었던 것인데 결국 유로 달러 시장의 근원은 달러 자금의 공급이 충분히 이루어진 것이 중요한 계기가 되었다. 당시 유럽 각 국들의 교환성 회복과 외환 관리의 완화로 인해 유로 달러 거래는 중앙은행의 규제를 받지 않으면서 비교적 자유롭게 이루어졌으며 가장 중추적인 역할을 하고 있는 영란은행도 호의적이며 중립적(benevolent neutrality)인 태도를 나타내고 있었다. 특히 무담보 신용거래로 되어 있어 거래가 간편하게 이용될 수 있는 장점이 유로 달러시장의 발전을 더욱 촉진시켜 왔다.

2. 유로 달러시장의 성장

앞에서는 주로 유로 달러시장의 생성을 촉진시켜 온 공급측면(supply side)을 살펴보았으나 실제 유로 달러시장은 공급뿐만 아니라 수요의 측면이 크게 작용하였다. 1957년 스털링 위기(sterling crisis)이후 영국 정부는 비거주자 사이의 무역거래에 파운드화의 사용을 제한함으로써 영국과 여타국의 상업은행들은 달러화를 사용하게 되었으며, 또 달러예금을 적극적으로 유치하도록 유도하였다.

이때부터 유로 은행들은 유로 달러를 예치시켜 이를 대출하는 자본거래가 활발하게 이루어졌으며 유럽 주요국들의 통화가 교환성을 회복하면서 외환관리를 완화하는 것은 달러화를 보유하고 있는 자본가들이 달러화를 반드시 중앙은행에 매각해야 하는 의무 규정을 지키지 않아도 되므로 달러의 공급을 증가시키는데 기여하게 되었다.

한편 달러화를 보유하고 있는 사람들도 달러를 자국 통화나 여타국들의 통화와 스왑 거래(swap transaction)를 통해서 교환할 수 있으므로 달러화에 대한 수요는 저절로 증대하였다. 특히 1958~60년에 걸쳐서 주요국들이 실시한 긴축금융정책으로 인해 자국내의 이자율이 인상되었으며 유로 달러에 대한 선호도는 점점 높아졌다.

OECD의 한 보고서에서 나타난 바에 의하면 1970년에 있어서 기대할 만한 것은 국제유동성의 주요 원천이 미국의 국제수지 적자로 달러가 유로 달러시장으로 옮겨갔다. 이에 의하면 대외 준비자산의 증가 중 미국의 국제수지 적자에 의한 유동성 증가분은 1970년~73년 간 약 50%에서 1975년에 와서는 30%수준으로 하락하였다.

또한 OECD의 연구결과에서 밝힌 바에 의하면 유로 커렌시시장의 대외 준비자산의 증가에 기여한 것이 1974년 이전에는 20%정도에 머물렀으나, 1974년~75년 사이에는 40% 이상의 수준으로 증가한 것을 알 수 있다. 그리고 대외 준비자산의 증가로 인한 유로 커렌시시장의 기여도는 공공 기관의 유로 커렌시 예금이 증가하는 계수로 측정하고 있으며, 특히 미국의 국제수지적자에 의한 기여도는 근본적으로 외국 공공 기관에 대한 미국 정부의 부채증가에 의하여 계산되어 지고 있다. 여기서 미국의 부채는 외환 시장에서 달러화의 공급량이 달러화에 대한 수요를 초과하는 양과 같다고 설명하고 있다.

그러나 미국의 국제수지 적자가 대외 준비자산을 증가시키는 효과(impact)를 분석할 때 위에서 언급하고 있는 방식은 유로 커렌시시장이 존재하지 않는 경우에는 합리적인 방식이 될 수 있다. 오늘날은 유로 커렌시 거래로 인하여 미국의 국제수지 적자가 대외 준비자산의 증가에 미치는 영향력이 어느 정도인지 정확하게 계산하는 것은 불가능하다. 유로 커렌시 거래는 어떤 국가의 중앙은행이 유로시장에 있는 어떤 상업은행에 예치를 하면 이 나라의 중앙은행이 가지고 있는 미국에 대한 채권을 외국 민간은행에 대한 채권으로 전환할 수 있다.

한편 이 상업은행은 중앙은행에 대해서 부채가 발생하는 동시에 미국은행에 대해서는 채권을 가지게 된다. 또한 미국내의 은행이 짊어지고 있는 외국 중앙은행에 대한 부채는 외국 상업은행에 대한 부채로 대체된 셈이다. 결국 외국 중앙은행에 대한 미국은행의 부채는 대외 준비자산의 규모가 변동하지 않으면서 감소하므로 외국의 중앙은행이 그들의 대외 준비자산을 미국 내에 있는 은행 대신에 유로은행에 예치함으로써 미국의 국제수지 적자가 대외 준비자산의 증가에 미치는 영향은 점차적으로 축소되어 왔다.

유로 커렌시시장은 통계자료가 충분하지 못하고 은행 간 거래의 이중계산으로 규모를 정확하게 파악하는 것은 어려운 일이다. 유로 달러의 규모에 대한 추계는 국제결제은행(bank for international settlements)년차 보고서에 나타나 있는데, 이는 1964년 90억 달러에서 1974년 1,330억 달러로 확대되어 왔으며, 1958년~67년 간의 증가는 미국내에서 자금 인출이 유로 달러 거래를 증대시킨 요인이 되었으며 1968년~69년 동안 무려 200억 달러나 되는 놀랄만한 금액은 미국정부에서 실시한 해외 투자규제조치로 인해서 대기업들은 유로채 발행으로 자금을 조달하고 잠정적이긴 하지만 유로 달러시장에서 융통하고 있었다.

미국내에서는 자금핍박 현상이 갈수록 심화되니까 금가의 안정을 위해서 1968년 3월 금의 이중가격제를 실시하게 되었으며, 1969년 8월 프랑스 프랑화의 평가절하와 1969년 10월 마르크화의 평가절상정책이 각 각 실시됨으로써 외환시세의 불안이 국제적으로 파급되어 투기성자금이 유로 달러 시장으로 몰려들었다.

한편 미국 정부는 1970년에 경기부양책의 일환으로 이자율을 인하하기 시작하더니 다음 연도에는 이런 정책이 더욱 적극성을 띄기 시작하였다. 따라서 자금수요 면에서 완만하기는 하지만 서서히 회복세를 보였으며, 이런 현상은 바로 미국은행들의 거래가 활기를 되찾고 개발도상국에게까지 대출을 확대시켜 나가는데 기여하게 되었다. 또한 자금의 공급 면에서도 미국과 무역거래를 통해서 받아들인 잉여자금을 개발도상국에 대한 자금지원과 단기성자금을 요구하는 국가들에게 신용공여를 할 수 있도록 대출의 문호를 개방해 놓았다.

특히 1973년에 와서 갑작스럽게 신장된 것은 개발도상국으로부터 장기간 유로 커렌시 대부가 실시되었으며, 만기연장(roll over)방식에 의한 신용으로 은행간이자율에 연동시켜 조정을 해 나가고 있었

다. 그 중에서 공동대출(syndicate loan)은 많은 은행들이 공동으로 분담하고 있었으며 대규모의 에너지와 관련되는 장기 프로젝트 융자를 주로 담당해 나가고 있었다.

<표 11-7> 유로 달러 시장의 규모

(단위 : 억 달러)

년　도	유로달러잔고	전년비증가액	전년비신장율
1964	90	-	-
1965	115	25	28%
1966	145	30	26%
1967	175	30	21%
1968	250	75	43%
1969	375	125	50%
1970	460	85	23%
1971	540	80	17%
1972	710	170	32%
1973	970	260	37%
1974	1,330	360	37%

이 만기연장 한 공동대출은 1972년에 110억 달러에서 1973년에는 220억 달러로 되었는데 이는 자금수요 측면에서 투기(speculation)나 연계(hedge)거래가 자주 일어나고 있기 때문이다. 결국 이는 유로채(euro bond)의 부진으로 유로 달러가 1,330억 달러나 되었으며 유럽역외지역을 포함한 유로 커렌시 규모는 역내에서 1,850억 달러 역외지역가지 합계하면 220억 달러로 추계 되고 있다. 이는 석유가격의 인상에 따라서 산유국으로부터 잉여자금이 유입되고 있으므로 더욱 확대되어 나갔다.

<표 11-8> 유로 커렌시 시장의 규모

(단위 : 억 달러)

	지 역 내			미국	역외 지역	지역분류 불가	합 계
	계	은 행	은행이외				
원천							
1969	217	95	122	41	176	6	440
1970	277	135	142	45	240	8	570
1971	324	164	160	61	314	11	710
1972	352	174	178	69	479	20	920
1973	515	240	275	95	680	30	1,320
1794	685	316	369	110	953	13	1,770
1969	150	70	80	168	120	2	440
1970	240	90	150	131	190	9	570
1971	328	137	191	83	289	10	710
1972	389	181	208	96	431	4	920
1973	513	218	295	132	668	7	1,320
1974	619	209	410	182	946	23	1,770

<표 11-9> 유로 시장의 규모

(단위 : 억 달러)

년 월 말	BIS추계			
	유 로 달 러 시 장		확 대 유 로 시 장	
	Gross	Net	Gross	Net
1970	753	570	1,100	650
1971	977	710	1,500	850
1972	1,319	920	2,050	1,100
1973	1,921	1,320	3,100	1,600
1974	2,208	1,770	3,900	2,150
1975	2,587	2,050	4,800	2,500
1976	3,107	2,470	5,900	3,100
1977	3,962	3,000	7,250	3,800
1978	5,108	3,770	9,250	4,850
1979	6,658	4,750	11,850	6,000
1980	7,287	5,400	13,000	6,500

BIS추계는 일정한 지역 내에서 이들 국가의 상업은행이 중앙은행에 제출한 대외 채권채무 포지션을 기초자료로 하여 작성되었다.

한편 유로커렌시시장의 거래통화별 구성을 보면 1979년 현재 달러의 비중이 66.2%로서 제도적으로 높지만 1970년대를 통해서 달러화의 불안이 빈번히 일어남에 따라 마르크화와 스위스 프랑 등을 준비자산으로서 보유하려는 성향이 점점 증대하고 있는 것을 반영하고 있으며 유로 엔의 잔고도 100억 달러를 상회하는 것으로 추계 되고 있다.

<표 11-10> 유로 시장의 통화별 구성

(단위 : %)

	1971	1972	1973	1974	1975	1976	1977	1978	1979
달 러	72.4	73.3	68.4	70.9	73.2	74.1	70.4	68.2	66.2
마 르 크	15.0	14.8	16.7	15.6	15.4	15.2	17.3	18.2	19.4
스위스 프랑	7.9	6.7	8.9	8.3	5.9	5.1	5.7	5.5	6.2
기 타	4.7	5.2	6.0	5.2	5.5	5.6	6.6	8.1	8.2

유로 시장에서 획기적인 변화는 1970년대부터 변동금리방식(floating rate)의 유로 크레디트가 출현하고 있으며 또 그것이 현저하게 신장하였다는 점이다. 변동금리 방식에 의한 유로 크레디트는 1970년 초에 국제금융시장에 나타난 급박한 자금수요를 충족시키는데 적합한 형태였다. 이는 1960년대 후반에 발생하기 시작한 신용위기와 국제 인플레 등으로 국제은행들은 고정되어 있는 이자율로 중장기자금을 대출하는 것을 주저하였으며, 반면에 다른 곳에 투자하기 위한 자금조달을 위해서 유로 시장에서 중장기자금을 차입하는 국가나 기업수는 늘어갔다.

그리고 이러한 변동금리방식이 일반화되어 감으로써 중장기 유로 커렌시를 차입하는 사람이나 신용을 제공하는 유로은행의 입장에서도 금리변동에 따른 위험부담을 최소한으로 줄일 수 있었다. 또한 유로 커렌시시장에서는 금융제공방식에 있어서 중장기 유로 크레디트의 발달과 함께 규모가 커지고 만기연장이나 공동대출의 제공 등 변화가 다양해졌다. 처음에 유로 커렌시시장은 무역금융이나 기업의 운영자금 등 단기신용을 공여 하는 것이 주요한 목적이었으나 1960년대 말기에는 장기프로젝트(long term project)에 대해서도 중장기신용을 제공하는 방식으로 전화되었으며 대부분의 융자가 장기적이고 대규모로 대출이 실시되어 유로은행들 사이에도 콘소시엄(consortium)이나 신디케이트를 통한 유로 크레디트의 형태로 이루어졌다.

이와 같이 유로 달러시장은 오일 달러(oil dollar)를 환류(recycling)시키는 큰 역할을 수행할 뿐만 아니라 동시에 단기자금의 차입과 장기자본의 대출이 늘어남에 따라 위험부담도 커졌다. 그래서 독일의 헤르슈타트(Herstatt)은행을 중심으로 하여 중소규모의 은행들은 환차손을 커버하고 있었으며 연쇄적인 도산을 방지하기 위하여 대출규모를 확대시켜 나갔다. 특히 국제수지적자를 나타내고 있는 국가의 은행들은 런던 은행 간 금리(libor rate)보다 2% 높은 프레미엄을 지불하고 있어서 만기연장한 공동대출의 이회율은 상당히 높은 수준이다.

3. 유로 달러시장의 구조

1) 유로 달러시장의 형태

넓은 의미에서 국제금융시장은 단기자본을 거래하는 금융시장과 장기자본을 조달하기 위한 국제채권시장이 모두 포함되고 있지만 좁은 의미의 국제금융시장은 단기자본중심의 중장기시장을 의미하고 있다. 유로 달러시장도 국제금융시장의 일부분에 지나지 않는다. 유럽 전체를 넓은 의미의 국제자본시장으로 볼 때 유로 커렌시시장은 단기위주의 유로 크레디트시장이고, 유로 본드시장은 장기 자본시장에 해당되는 것이다.

여기서 유로 커렌시시장이라고 부르고 있는 것은 단지 달러 이외의 통화, 파운드화, 마르크화, 스위스 프랑화가 추가로 참가함으로써 규모도 크고 범위도 넓은 금융시장으로 발달되어 있으므로 편의상 유로 달러시장으로 호칭되고 있다. 달러 이외의 다른 국가통화가 자국이외의 여타지역에 소재하고 있는 은행에 예치하여 놓았을 대 이 통화도 마찬가지로 유로 커렌시(Euro currency)가 된다. 예컨대 프랑스 프랑화에 예치해 둔 예금잔고가 비대해 진다면 유로 프랑시장이 형성될 수 있다. 단지 여기서 언급하고자 하는 것은 미국의 달러가 지금까지 기축통화의 역할을 해왔으며 국제금융시장에서 아직도 달러 잔고가 크므로 유로 달러시장에다 목적을 두게 되었다. 그러므로 여기서 언급되고 있는 유로 달러시장은 유로 마르크, 유로 리라, 유로 길더, 유로엔 등을 포함하고 있는 유로 커렌시시장에도 동일하게 적용할 수 있다.

유로 달러시장은 달러 자금을 소유하고 있는 사람들로부터 자금을 예치하여 일정한 이자를 지급하고 있으며 비거주자에 대해서도 같은 자격을 부여하고 있다. 유로 달러는 미국은행이든 그렇지 않던 간에 미국이외의 국가에서 소재하고 있는 은행에 의해서만 창출될 수 있다.

유로 달러시장이라고 부르고 있는 국제자본시장은 국적이나 규제도 없으며 자유로운 성격을 띄고 있어서 많은 국가의 차용자들과 투자가들로부터 환영을 받고 있다. 또한 유로시장은 세금이나 여타 다른 규제로부터 벗어나 자유롭게 거래할 수 있는 장점도 있지만 최후의 대여자(lender of last resort)로서 역할을 수행할 중앙은행이 없기 때문에 시장자체가 불안정(destabilizing)한 상태로 빠질 위험성을 내포하고 있어서 일단 투기현상이 조성되면 시장전체가 동요될 단점도 있다.

어떤 이유로 유로 달러시장이 형성되었는지 아직 불명확한 점이 있지만 이 시장의 생성에 중요한 계기가 된 것은 유로 달러 공급의 증대라고 언급되고 있다. 여기에 대해서 마흐럽(Machlup)은 다음과 같이 지적하고 있다. 즉 유로 달러나 유로 달러시장에 관한 논의가 때로는 명료성을 잃으면서 혼란을 야기하고 있는 것은 여기에 대한 개념이나 이론의 뒷받침이 부족하기 때문이다.

유로 달러시장은 일종의 역외시장체제라고 말할 수 있으며 이는 유로 커런시, 유로채시장, 런던 CD시장, 아시아 달러시장 등의 하부시장(sub-market)조직을 가지고 있다. 1958년 이후부터 전성시대를 누려왔던 유로 달러시장은 서유럽, 중동, 극동지역 등 세계 각국의 은행업무(commercial banking)와 함께 수입의 주요한 원천이 되어 있다.

유로 은행이 담당하고 있는 주요업무로는 유로 커런시 자금의 수취와 대출, 각국통화표시의 유로 CD, 정기예금증서발행, 단기무역결제, 금리재정거래, 다국적기업 및 공공기관에 대한 중장기 유로 차관 인수 등이다. 또한 유로달러의 거래형태는 투자와 차입의 두 가지로 나누어지는데 투자업무로는 은행예금, 유로 CD와 유로 CP(commerical paper) 등이 있으며 차입업무에 해당하는 것은 은행대출, 회전대출(revolving line), 중장기금융, 은행간 거래 등이 있다.

유로 은행의 특성은 이렇게 다양한 업무를 취급하면서도 자유시장으로서 그 메카니즘을 충분히 발휘할 수 있는 점이다. 더구나 이는 금융혁신과 새로운 기법의 발전을 촉진시켰으며 1950년대에 유로 달러시장이 탄생한 이후 시장의 규모면에서나 무역결제의 중요성으로 보아 국제 금융사상 볼 수 없었던 새로운 양상을 나타내고 있다.

2) 유로 달러의 창출과 기능

유로 달러 예금이 창출되는 경로는 다음과 같다. 지금 갑이라는 기업이 뉴욕에 있는 A은행으로부터 100만 달러를 인출해서 런던에 있는 B은행은 100만 달러에 해당하는 유로 달러가 창출되는 것이다. 한편 대다수의 은행들은 상호 간에 코레스 계약이 되어 있으므로 뉴욕에 있는 A은행은 런던에 있는 B은행 명의의 예금구좌가 있다. 런던에 있는 B은행은 이러한 형태의 현금을 거래은행인 뉴욕에 있는 A은행에서 수취할 뿐만 아니라 뉴욕에 있는 A은행은 미국에 있는 갑회사의 예금구좌에서 B은행의 예금구좌로 100만 달러를 이체(transfer)시키는데 지나지 않는다.

그러나 B은행은 예금채무가 100만 달러 증가하는 대신에 뉴욕에 있는 A은행에 예금자산이 1백만 달러 증가하였으며 A은행에 있는 총예금잔고에는 변화가 없으나 다만 예금자 간의 이체만이 발생하였을 뿐이다. 그렇지만 뉴욕에 있는 갑 명의의 유로 달러 1백만 달러가 창출되는 것이다.

A은행

자산	부채
	-$1,000,000 (갑의 예금)

B은행

자산	부채
+$1,000,000 A은행에 있는 코레스계정	+$1,000,000 갑회사명의의 정기예금

이렇게 해서 런던의 B은행은 100만 달러를 자금으로 하여 다른 기업에게 대출하는 소위 유로 뱅킹이 시작된다. 그리고 다른 유로 은행인 C은행이 그 회사에 대출하기 위한 예금을 유로 달러의 여유자금을 가지고 있는 B은행으로부터 은행간 거래를 통해서 차입할 수도 있다.

이러한 유로 달러시장은 런던을 중심으로 하여 스위스, 암스테르담, 부루셀, 빈, 프랑크푸르트, 카나다, 바함 등이 대표적인 시장이라고 말할 수 있는데 이 중에서 런던이 유로시장의 중추적 역할(central role)을 해 나가고 있는 것은 영국 정부의 깊은 배려가 있었으며 금융시장이 다른 나라보다 우월하였기 때문이다.

이상에서 언급한 바와 같이 유로 은행들이 민간부문이나 금융기관으로부터 예금을 흡수하여 기업이나 공공기관에 대출을 하는 정도에서 유로 달러가 창출되었다. 프리드만(M. Friedman)은 유로 달러의 원천은 기장담보자의 펜(book keeper's pen)이나 단순히 은행장부상의 조작에 지나지 않는다고 말하였다. 유로 달러의 일부분은 미국으로 환류되고 나머지는 유로 달러로 남게 된다. 미국의 국제수지적자에 의해서 공급되어진 달러화도 동일한 형태와 규모만큼 유로 달러를 증대시키지는 않는다. 여기에 대해서는 1970년 프리드만(M. Friedman)과 크롭스톡(F. H. Klopstock)사이에 유로 달러시장의 신용창조에 대한 논쟁이 벌어졌다. 실제로 유로 달러시장이 신용창조능력을 갖는 것으로 추론하고 있는 것은 일리는 있다. 유로 달러 예금은 대부분이 국제결제수단으로서 달러 잔고 사용권을 유럽 은행에 일정한 기간동안 위임한 결과로 발생한 채권이다. 그러므로 본질적인 것은 역시 정기예금이며 무담보대부채권이라고 볼 수 있다. 유로 달러가 신용창조능력이 있다고 해서 미국의 채무가 증가하지 않고 있으므로 승수의 크기가 얼마이든 달러 잔고의 합계는 마찬가지이다고 보는 것이 바로 프리드만의 유로 달러 신용창조 메카니즘이다.

그러나 미국관련준비은행의 크롭스톡(Klopstock)은 유로 달러 예금 그 자체가 지급수단이 아닌 점에 착안하여 신용창조 부정론을 전개하였다. 그에 의하면 국내금융기관의 채무인 당좌예금은 그 자체가 지급수단이므로 대부분이 은행조직 외에서 거래될 수 있다. 이에 대해서 유럽은행의 채무는 지급수단이 아니면 대출의 원천이 되는 달러잔고도 거의 유럽 은행 내에서 인출되어 그것이 재예금으로서 유럽 은행 조직 내에서 환수될 가능성은 극히 희박하다. 예컨대 유럽에 있는 미국은행지점에 예치된 달러는 거의 미국에 있는 본점에 대출되고 남미나 아시아 국가들에게 대출된 달러도 이들 국가를 통하여 미국이나 제3국에게 지급으로 충당시키는 경우가 많다. 또한 유럽 각 국의 거주자에 의해서 수취된 달러는 국내 자금부족을 보전할 목으로 금융당국에 매도되는 경우가 대부분이다. 환언하면 유럽 은행은 단순한 신용중개기관일 뿐이며 그 역할도 신용조합으로서의 기능에 지나지 않는다고 주장하고 있다.

결국 신용창출에 관한 찬반 양론은 다음과 같은 것으로 끝을 맺었다. 유로 달러시장이 결제수단으로서 요구불잔고의 지배기구이므로 유로 달러 예금이 본질적으로 정기예금인 것은 부정하지 못할 사실이다. 따라서 대출자금의 원천이 되는 달러잔고는 그 몇 배의 유로 달러 예금을 창출하고 있는데 그것은 국내금융에서처럼 신용창조 과정에 있는 것이 아니라 크롭스톡이 말하는 바와 같이 신용의 중개로 보는 것이 타당성이 있을 것이다.

이와 같이 유로 달러시장에는 본원적예금과 파생적 예금 간에 통화승수가 있는 것은 사실이지만 승수를 추정하는 과정에서 프리드만도 1을 상회하는 정도에 지나지 않는다고 시사할 뿐이다. 그러나 1971년에 와서 마흐럽(Machlup)은 유로 달러의 절반 이상이 유럽 각 국의 은행들이 금융에 의한 결과라는데 관심을 두고 유로 달러 승수는 그 이상이 된다고 주장하였다.

유로 달러시장은 신용창조의 메카니즘에 따라서 그 자체가 달러를 창출해 낼 수 있는 능력을 가지고 있으므로 유로 달러 시장은 반드시 미국의 금융정책만으로 규제되지 않고 있다. 즉 유로 달러시장에서 창출된 달러는 독립적인 힘으로 움직이는 것이다. 그러므로 세계 각 국들이 보유하고 있는 달러 자금은 실제로 미국이 해외에 지급한 달러보다 훨씬 많이 유통되고 있는 것은 당연한 귀결이다.

4. 유로 달러시장의 영향

1) 금리에 미치는 영향

유로 달러시장은 유로 달러를 거래하고 있는 각 국의 이자율에 매우 탄력적인 영향을 미치고 있다. 최근 유로 달러로 인해서 단기 자본의 이동이 더욱 활발하게 이루어지고 있으며 대부분의 유럽 국가들도 국내 자본시장에서 형성되고 있는 금리체계도 유로 달러 금리가 상승하는 추세가 나타난다면 금리가 비교적 낮은 국가의 자본이 유로 달러시장으로 유입(inflow)되므로 유로 달러시장에서는 금리가 하락세를 나타낼 것이고 달러화가 유출(outflow)되는 국가에서는 이를 억제하기 위해서 국내 금리를 인상하거나 다른 규제조치를 실시하게 될 것이다.

특히 유로 달러시장에서 자금조달을 하고 있는 국가들로 투자 붐이 발생하고 경기가 더욱 상승하는 국면에 접어들면 자본에 대한 초과수요가 증대되어 계속해서 금리가 상승무드를 시현 할 수 있는 것도 자금이 원활하게 공급됨으로써 이를 억제할 수 있다.

유로 달러 금리구조의 특징은 첫째, 유로 달러시장이 달러 신용의 단기시장으로서 미국은행 채널과는 외적인 요소에 있으면서 미국금융당국의 통제 하에 있는 국내금리와는 독립되어 있다는 점이다. 또한 달러를 보유하고 있는 사람들은 미국의 금리가 유로시장의 금리보다 높으면 유로시장의 예금보다 높게 마련이며 양 시장의 금리는 상호관계를 가지고 서로 영향을 미치고 있다.

그러나 미국 금융시장이 자금공급 측면에서나 수요 측면에서 탄력성이 매우 크기 때문에 유로 달러 금리의 대미의존도는 높은 반면 미국의 금리에 미치는 영향은 적다고 볼 수 있다. 1960년 대 후반에 와서 미국 금리와 유로 금리간의 관계를 보면 두 금리 사이에 괴리가 있으며 기간이 일정하지 못할 뿐만 아니라. 특히 1969년 이후 국제통화가 위기에 놓여 있을 때는 유로 달러가 투기자금으로 이용되는 추세를 나타내고 있었다. 그러나 최근 유로 달러 금리가 결정되는 것은 오히려 독립적이다.

둘째, 유로 달러 금리는 미국의 예금금리 중에서 양도가능정기예금(negotiable certificate of deposit) 금리를 차입금리의 하한선으로 하고 미국의 국내 대출실효금리를 대출금리의 상한으로 하여 이 범위내에서 변동하고 있다.

유로 달러 금리의 하한 = CD의 조달비용 = CD의 표면금리 = 예금지급준비율 + 예금보험이율

유로 달러 금리의 상한 = 미국의 대출실효금리

<표 11-11> 미국의 CD와 유로 달러 금리

	72.6	72.12	73.6	73.13	74.6	74.12	75.6	75.12	76
미국의 CD(3개월)	4.75	5.50	7.50	9.70	13.75	9.88	6.40	6.50	5.95
런던유로달러(3개월)	5.25	6.50	9.00	70.31	13.75	10.25	6.81	6.47	6.10

셋째, 유로 달러 금리를 변동시키는 요인은 ① 미국의 금융정책과 국제경제 여건의 변화와, ② 투기적인 요인을 지적할 수 있는 이 투기적인 변인은 국제통화가 동요될 때는 유로 달러 금리는 상승시키는데 결정적인 역할을 하였는데 당시 환투기와 금투기에 동원된 유로 달러는 정확하게 계산할 수 없지만 1969년 런던의 유로 달러 3개월물 금리가 11%, 1974년에는 13%까지 올라가기도 하였다.
지금처럼 국제 간에 자본이동이 자유로울 때는 유로 달러시장과 각 국의 자본시장과는 서로 밀접한 관계를 맺고 있다. 미국 이외의 국가들이 국내자본을 유로 달러시장으로 유입시키기 위해서는 외환시장에서 달러로 교환해야 한다. 유로 달러도 금리가 높은 국가로 진입하기 위해서는 그 나라의 통화로 교환이 되어야 할 것이다.

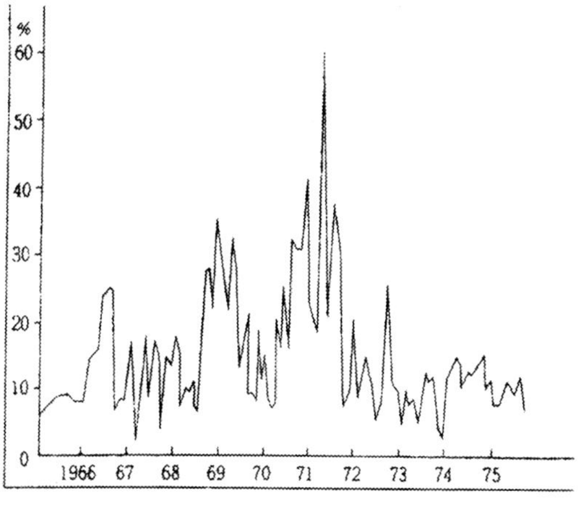

[그림 11-1] 미국 CD금리에 대한 유로 달러금리의 프레이엄율

예컨대 어떤 국가의 투자수익이 유로 달러 예금에 대한 금리보다 더 하회한다면 그 나라의 자본가는 자금을 외환시장에서 달러로 교환하여 유로 달러 시장에 예치할 것이며 환투기업자라면 금리가 낮은 국가에서 자금을 차입하여 이를 달러로 교환하는 소위 스왑(swap)거래를 통하여 유로 달러시장으로 유입시킬 것이다.

이와 같이 유로 달러 시장은 국내금융시장에서 국제금융시장으로 혹은 이와 반대가 되는 경우에도 단기자본이동을 유발함으로써 전 세계 시장에까지 파급효과를 미치게 된다 그러므로 유로 달러시장의 출현과 성장은 국내 금융시장의 독립성을 상실하게 하는 요인으로 등장하고 있다.

특히 오일 쇼크가 발생한 이후 금리동향을 보면 미국의 금융완화정책에 따라서 CD금리도 하락하였으나 유로 달러 금리는 산유국들로부터 자금유입이 늘어났기 때문에 인하되었다. 그 후 미국내에서 예금인출은 CD의 금리를 상승시키고, 1974년 헤르슈타트(Herstatt)은행의 도산으로 받은 충격 때문에 CD시장은 일시적으로 신인을 잃기도 하였다. 이 무렵 유로 달러 금리는 유사이래 최고수준인 년 14%까지 상승하였으나 마침내 연방준비은행의 금융완화정책으로 유로 시장이 신축성을 회복함과 동시에 CD금리와 유로 달러 금리도 하락세를 나타내었다.

한편 유로 달러 금리는 미국 내에서 정기예금이자나 다른 채권이자보다 높지만 재무성채권이자보다 정기예금이자와 밀접한 관계에 있는 것으로 나타나고 있다. 유로 달러시장은 미국 내에서 다른 어떤 투자자산보다 더 높은 이회율을 견지하고 있으므로 투자기회를 제공할 뿐만 아니라 금리도 우대금리(prime rate)보다 더 낮아서 코스트 부담이 저렴한 특색을 지니고 있다. 더구나 유로 달러와 유로 스털링의 자금조달이 용이하기 때문에 자금을 차입하는 거래선으로부터 상당한 인기를 끌고 있을 뿐만 아니라 중장기나 단기간에도 유로 달러에 대한 시간적 재정거래와 유로 달러를 이용한 헷지(hedge)거래를 가능하게 하였다.

유로 달러 이자는 뉴욕과 런던의 단기 투자수익율에도 영향을 받고 있으며 특히 미국 내에서 이자율이 인상하는 폭이나 파운드화와 스왑거래로 사용한 금액은 영란은행의 최저대출금리와 롬바드 금융가의 금융센터 및 각종 금리에 충격을 가하고 있다. 유로 달러는 은행에서 대출되는 금액의 승수 배만큼 신용창조를 할 수 있기 때문에 국제유동성의 증대에도 기여하고 자국통화와 스왑거래를 통해서 경제성장에 필요한 자본 스톡의 증가를 가져왔다. 또 자금에 대한 초과수요가 발생할 때 유로 달러로 보전할 수 있으므로 이는 각 국 금리의 평준화에도 기여하는 것이 되고 있다. 유로 달러와 자국통화를 서로 스왑 거래를 하는 경우 현물환거래(spot exchange transaction)는 물론 선물환거래(forward exchange transaction)에도 변화를 일으키며 특히 유로 커렌시 간의 금리재정거래가 평가에 미치는 효과는 크다고 보고 있다.

이러한 현물환과 선물환의 유기적인 거래는 지극히 민감한 외환시장에서 경제여건에 따라 신속한 적응을 가능하게 하며 외환시장을 보다 탄력적인 시장으로 만들고 말았다. 다시 말하면 현물환율이나 이자율의 변화에 대한 예상 등은 현물환과 선물환의 거래를 자극하게 되는데 유로 달러시장은 이 두 시장의 유기적인 거래를 증강시키고 있다. 만약 현물환시장에서 선물환시장으로 혹은 선물환시장에서 현물환시장으로 자금이동을 시키는 것이 제한을 받게 된다면 외환시장에서 경쟁적인 효과를 기대할 수 없을 것이다.

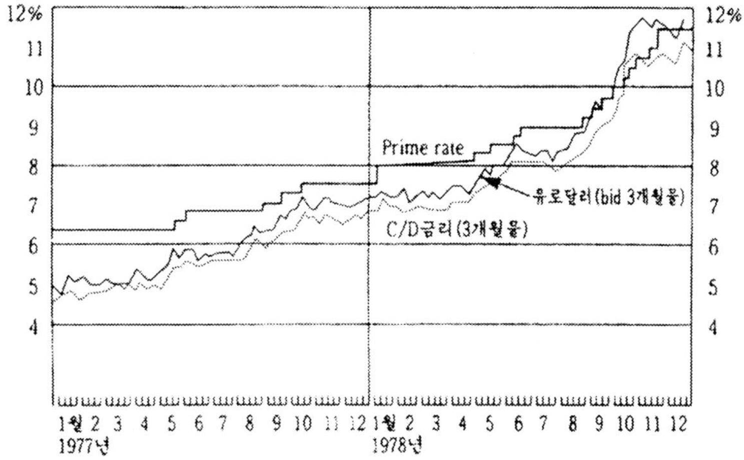

[그림 11-2] 유로 달러 금리와 미국 금리

그래서 각 국은 유로 달러시장으로 유입되는 자본을 규제하기 위해서 다양한 정책수단을 전개하고 있다. 특히 자금 포지션에 대한 직접적인 규제로 영국은 1971년 12월 20일 은행의 순 매입한도를 10만 본드(bond)로 제한하였으며 이탈리아, 프랑스, 벨기에, 네델란드, 일본도 이런 형태의 규제를 실시한 바 있다. 그러나 미국과 독일은 선물환시장에 개입하거나 은행의 소재지에 따라 차별적인 지불준비율 정책을 실시하는 등 간접적인 방법으로 유로 달러시장을 규제하여 왔다.

2) 환율에 미치는 영향

유로 달러 거래도 어디까지나 신용을 대상으로 하고 있지만 거래대상이 달러화이므로 이는 환율의 변동에 직접적인 충격을 가하고 있다. 유로 달러 거래가 오로지 수요와 공급에 의해서만 이루어진다면 환율에 미치는 영향은 적겠지만 거래형태에 따라 달러화의 매매가 개재되기 때문에 현물환율이나 선물환율도 여기에 따라서 변화가 일어나고 있다. 유로 달러시장이 존재함으로써 환율에 미치는 영향은 다음과 같다.

첫째, 유로 달러시장에서 자금을 차용하는 사람이 달러를 스왑거래에 의해서 제3국 통화로 교환하는 경우인데 이런 경우에는 달러의 현물환시세나 선물환시세가 다같이 영향을 받는다. 스왑거래는 이중거래가 동시에 성립하기 때문에 해외 투자나 국내 신용공여가 있는 이상 유로 달러시장과 미국 외의 국가에서 결정되고 있는 이자율간에도 괴리가 있기 마련이다. 비록 유로달러의 이자율은 여기에 참가하는 예금자의 저축함수와 투자가의 투자함수 그리고 예금자와 투자가, 유로 은행들의 유동성 선호에 의해서 결정된다고 하지만 유로 달러시장은 각 국의 금융시장과 독립된 위치에 있는 것이 아니고 상호 의존하는 관계를 맺고 있다.

둘째, 유로 달러를 이용한 재정거래(arbitrage transaction) 및 환투기와 외환시세의 변동에 직접적으로 충격을 가하고 있다. 예컨대 달러화가 동요될 때 유로 달러로 구성된 거액의 투기성자금이 마르크화 시세를 상승시키고 프랑화와 파운드화 시세를 하락시킨 경우가 있었다.

셋째, 유로 달러의 금리변동을 들 수 있다. 유로 달러시장에서 예금에 대한 이자율이 변동하면 유로 달러에 대한 수요와 공급의 증감이 발생하므로 자국 내에서 외환시세까지 따라서 움직이게 된다.

넷째, 거대한 유로 달러시장이 존재하고 있다는 그 자체가 외환시장에서 심리적인 요인으로 작용하여 자국통화와 외화에 미치는 영향은 지대하며 세계 인플레를 유발할 위험성도 내포하고 있다.

3) 국제수지에 미치는 영향

유로 달러시장은 국제 자본시장으로서 나름대로 금리체계를 갖추고 있기 때문에 유로 달러시장으로 인해서 국제 자본이동의 규모도 커지고 속도도 빨라졌으며 이런 요인이 각 국의 외환보유고를 감소시키는 변수로 작용하게 되었다. 그러므로 외환보유고를 제고시키기 위해서 국내인플레 요인을 제거하고 금리를 낮추는 것이 급선무적인 금융정책으로 요망되어 왔다.

유로 달러 금리가 상승하면 유로 달러시장으로 자본이동이 발생하여 국제수지 적자국이나 금리가 비교적 낮은 국가의 외화보유는 감소되고 반면에 국제수지흑자국은 단기자본의 유출로 적자폭은 더욱 심화되어 소위 국제 유동성의 편재현상이 뚜렷하게 나타나게 된다.

유로 달러시장은 각 국의 국제수지에 부의 효과를 초래하는 경우도 있지만 때로는 유리한 영향을 미칠 경우도 있다. 환언하면 국제수지적자국은 자국내의 금리를 인상시켜 유로 달러시장에서 자금을 차입하여 국제 수지적자를 보전시킬 수 있으므로 국제수지 흑자국은 잉여자금을 융통해 나갈 수 있는 자본시장이 되어 왔다.

한편 국제유동성의 증가가 세계 인플레를 유발할 수 있고 공공기관이 유로시장에 참여하는 것에 대한 규제문제가 대두되었다. 특히 각 국들이 국제수지 적자를 보전하기 위해서 유로 커렌시시장이나 기타 국제금융시장으로부터 차용금을 증대시키고 있는 것은 최근에 문제점으로 지적되고 있다. 이 밖에도 민간상업은행이 외국정부에 대하여 조건부대출을 하는 경우 여기에 따라 야기되는 정책적인 논쟁이 차입국이나 대출국에 있어서도 역시 문제점으로 제기되고 있다. 또 상업은행의 입장에서 생각해 보면 자금을 차용하는 국가가 생산적인 목적을 위한 것보다 한계상황에서 어쩔수 없이 차입하는 경우는 더 높은 위험이 따르는 것이다.

그래서 유로 달러시장에서 공적인 차용을 규제하는 것이 과연 어느 정도의 타당성(relevance)이 있느냐 하는 의문이 일어나고 있다. 미국에서 여타국가로 달러가 유출되는 것은 유로 달러시장의 공적인 참여에 규제가 실시되므로 대외준비자산의 증감이나 상업은행의 국내 지급준비율 그리고 유로 달러 통화 승수 등 제반의 변수에 미치는 영향을 상쇄시킬 것이므로 지금 상황으로서는 그러한 규제는 요망되지 않고 있다.

유로 달러시장은 미국 정부의 규제를 받지 않으면서 미국이 보유하고 있는 달러를 끌어들이고 있는 유인책이 있으므로 미국의 국제수지에는 악영향을 미치는 경우도 있으며, 다른 한편에 있어서는 유로 달러시장이 국제유동성이나 미국의 국제수지에 기여해 온 면도 있다. 다시 말하면 미국의 대외 공적인 채무 - 외국중앙은행의 달러 보유고 중에서 상당한 자금이 유로 달러시장으로 유입되어 대외 단기 민간채무로 전환되었기 때문에 미국의 금준비에 대해서 직접적인 압력을 경감시킨 결과가 되었다. 만약 유로 달러시장이 존재하지 않았더라면 미국에 대한 단기 민간채무는 자국의 중앙은행에 매각되어 미국의 공적인 대외채무는 증대하고 이런 공적인 채무가 금과 태환이 된다면 국제유동성이 감소하고 달러 신인도 실추될 것이다.

흔히 보면 미국 이외의 지역에 있는 단기 자본시장은 미국시장보다 규모도 크지 않고 중재자금에 대한 수요와 공급탄력성도 작다. 따라서 미국 이외의 국제자본시장이 유로 달러시장에 미친 영향이나 유로 달러시장으로부터 받은 충격을 상쇄시킬 자체의 능력은 미국의 경우보다 훨씬 적어진다. 유로 달러시장은 미국 이외의 신용시장으로부터 영향을 받기보다는 오히려 이들 시장에 영향을 미칠 가능성이 크다. 그러므로 미국 이외의 국가가 실시하는 유로 달러시장에 대한 단기 자본유출입을 규제하기 위해서는 유로 달러시장의 독립성을 더욱 강화하는 것이 우선적인 정책이다.

5. 유로 본드시장

1) 생성 및 발전

유로 본드(Euro bond)시장은 1950년대 말 유럽은행들이 주로 룩셈부르크에서 국제 신디케이트조직을 통한 매출발표에서 비롯되었으나 유로 본드시장의 본격적인 생성은 1963년경부터이다. 유로 커렌시시장을 단기 자본시장이라고 볼 때 유로 본드시장은 유럽을 하나로 하는 복수 자본시장으로서 기채시장국 이외의 통화로서 발행되며 국제적으로 인수되는 시장을 통칭한다. 장기 자금을 국제적으로 조달하는 방법에는 장기 국제채(international bond)를 발행하는 방법이 있는데 이는 다시 유로 본드와 외채(foreign bond)로 구분된다. 외채라고 함은 전통적으로 사용되어 온 개념과 같이 일종의 채권형태로서 차입자(borrower)가 타국 자본시장에서 그 나라 투자가들을 대상으로 그 나라 통화표시로 발행한 채권을 말하며 이는 그 나라 영토 내에서 소화된 후 국제 자본시장에서 유통된다. 이에 반하여 유로본드라고 하면 차입자가 2개국 이상의 외국 투자가를 대상으로 발행한 채권을 말한다. 이 본드는 1960년대 초부터 나타나기 시작했다. 표시통화는 동채권이 발행되는 국가가 아닌 제3국 통화 또는 혼합통화단위(composite unit of account)로 표시되고 있다. 또한 동채권은 수 개국이 금융기관 또는 인수업자로 조직된 국제인수단(international or multinational syndicate)을 통해서 발행되고 매각되는 것이 일반적인 현상이다. 유로 본드시장은 그 역사가 짧고 특히 각 국 금융당국으로부터 비교적 규제를 받지 않는 시장(invisible free market)으로서의 성격 때문에 OECD, BIS, IMF, IBRD 등 국제기구는 물론 모르건 신탁회사와 화이트 웰드회사(Morgan Guaranty Trust and Co, ltd, White Weld and Co, ltd)등이 유로 본드에 대한 개발상황을 통계발표하고 있으나 그 내용 역시 상이하다.

OECD, IBRD 등은 유로 본드를 국제 본드라고 부르기도 하나 은행이나 다른 많은 학자들은 유로 본드와 외국 본드를 총칭하여 국제 본드라고 부르고 있다. 유로 본드의 성격은 다음과 같다고 할 수 있다.

첫째 유로 본드는 표시통화국 이외의 지역에서 모집되고 판매와 발행이 자유롭다. 이것은 외국 본드의 규제조치에 대하여 상치된다. 그러나 완전한 자유는 달러표시 유로 본드 발행에만 한정되어 있고 기타 30~40%를 차지하는 다른 통화표시로 발행되는 유로 본드는 표시통화국의 국제수지 상황과 국내 자본시장의 질서와 관련하여 약간의 규제를 받고 있다.

둘째 외국 본드와 같이 기채국의 금융기관에 의해 인수되고 판매되는 것이 아니고 수 개국의 금융기관의 참여에 의해 인수되고 판매하는 신디케이트(syndicate)의 구성이 국제적이다.

셋째 기관투자자들의 비중이 높아 소매적 성격이 강한 국제적인 신디케이트가 구성되는 다양성이 있다.

넷째 유로 본드의 이자소득은 원천지국가에 의한 원천세(with holding tax)의 부과 없이 지불되어 국제적인 투자자에게 매력 있는 투자대상이 된다. 이와 같이 유로 본드의 성격을 살펴볼 때 전후 주요 선진국의 성장정책 추구와 세계 무역량의 확대는 기업들로 하여금 투자확대와 기술혁신 및 세계적인 경영확대 정책에 불가피한 여건에 의하여 발생되었고 또한 성립되었다. 그리하여 오늘날 각 국의 기업들은 국제화 과정에서 다국적기업, 세계기업 또는 초국가적 기업으로 성장 발전하였으며 해외투자 확대에 따른 기업의 막대한 장기 자본의 수요를 다양하게 조달할 수 있게 되었다. 이러한 경제적 요구에 따라 국제자본시장으로 탈바꿈하게 된 유로 본드시장의 생성과정은 대체적으로 3단계로 말 할 수 있다.

제1기는 1950년대 말까지의 달러 부족(dollar shortage)기로 대전 이후 파운드화의 약세로 인해 달러화와 뉴욕시장이 국제적 금융시장으로써 주도적 위치를 차지하게 되면서부터 외국기업에 대하여 거의 유일한 장기 금융의 공급처였다.

제2기는 유럽 각 국의 경제부흥과 경제적 자유화의 확대에 따라 세계적인 달러부족사태가 점차 해소되어 가는 시기였다. 그러나 이 시기에는 유럽 각 국이 장기자본시장에 대하여 엄격한 규제가 가하고 있었기 때문에 국제적 기채는 어려운 편이었다. 그러나 달러 부족시기에 비하여 유럽시장은 해외 차입자의 접근이 용이해져서 외국채권은 스위스, 네덜란드, 영국 등지에서 발행되기 시작했다.

제3기는 미국은 국제수지 개선책의 일환으로 이자평형세 제도를 도입하고 그 이후 대외 직접 투자에 대한 규제를 강화한 시기였다. 이자평형세는 형식상 외국

증권에 투자하는 미국 거주자에 부과되는 것이지만 실질적으로는 자금을 조달하는 발행회사가 부담하기 때문에 실효금리 코스트를 평균 1.25%증가 시키는 결과를 초래하였다. 미국의 자본시장이 이와 같이 비거주자에게 봉쇄되자 유럽 각 국 민간기업이나 공공기관 및 유럽소재 미국계 기업의 자회사 등은 채권을 미국 이외의 자본시장에서 발행하기 위한 콘소시움(consortium) 또는 신디케이트의 구성과 유로채 마아케팅 기술을 개발하게 되었다. 결국 미국의 레규레이션 Q에 의한 예금금리와 상한규제가 유로 달러시장의 급속한 발전을 가져온 것과 마찬가지로 미국의 이자평형세는 유로 본드시장의 발달을 촉진시켰다고 할 수 있다.

2) 유로 본드의 구조와 기능

유로 본드시장은 국별 통화의 제한 없이 수요와 공급의 원리에 따라 상대지역과 표시통화가 다국적이다. 따라서 채권발행의 경우 공모발행의 경우 공모발행의 방법을 유통시킬 때에 점두거래의 방법을 택하고 있으므로 세계 전지역이 유통시장으로 포괄되어 있다. 점두거래의 수단으로 전화 전보 및 텔렉스(telex) 등이 이용되는데 이러한 면에서 유로 본드시장의 유통은 유로 커런시시장이나 외환정책에 의하여 거의 절대적인 영향을 받게되며 유통에 있어서도 많은 제약이 따르게 된다. 그런데 유로 본드의 발행을 위해서는 먼저 국제적인 성격을 가진 인수단의 결성이 선행되어야 한다. 왜냐하면 국내 채권이 대부분 국내 기관투자가에 의해 투자되는 것과는 달리 유로 달러는 대부분 공모발행 방법에 의하여 투자은행(underwriting investment bank)에 인수된 후 세계 각 국 투자가에게 매각되기 때문이다. 이 때 투자은행(investment bank)은 주요국의 투자기관과 협의하여 인수단을 조직하는 한편 전 세계 각 국을 망라하여 판매단(selling agents)을 조직한다. 전형적인 유로 본드 인수의 신디케이트는 대체로 ① 관리단(managers) ② 인수단(underwrites group) ③ 판매단(selling group)으로 구성된다. 관리단의 역할을 하는 투자은행들은 여러 나라와 접촉하여 인수단을 선정하여 인수단의 배수가 되는 판매단을 범 세계적으로 조직한다. 그런데 인수단의 구성에 있어 미국식 방법과 영국식 방법에 약간의 차이가 있다.

미국의 경우 투자은행으로 구성된 인수단(syndicates)의 모든 인수자는 차입자와 직접계약하고 시장상황을 감안하여 우선 일부 실험발행(initial attentative issue)을 하며 동발행 업무를 감안한 발행조건을 약간씩 수정하는 것이 보통이다. 한편 영국에서는 런던의 은행으로 구성하고 간사은행(manager bank)이 인수자 그룹과 판매단(selling group)을 조직한다. 따라서 기채에 관한 모든 기본원칙은 대체로 간사은행과 기채자 간에 결정된다. 유로 본드시장의 기능은 유로 커런시시장과 비슷

하지만 그 성격상의 차이는 다소 있다. 그 기능을 간추려 보면 ① 자본시장의 다양화와 고도화 ② 국제 유동의 안전화로 국제수지의 역조를 개선할 수 있다. 또한 단기 자본이동의 효과를 상쇄할 수 있다. ③ 자금의 효율성 제고와 금리의 평준화를 이룩하여 각 자본시장은 기능적인 관계를 갖게된다. ④ 유로 본드시장에서 기채되는 통화는 모두 교환성 통화로서 무역의 증진을 갖고 있을 뿐만 아니라. 그 나라의 외환보유액을 증가시켜 무역액을 증대시킬 능력이 있다. 이와 같은 것은 바로 세계 무역량을 신장시켜 주게 된다. 이 외에도 이자율, 환시세에 미치는 작용도 있다.

6. 유로 금융시장에 한국 진출과 그 활용

1) 진출 현황과 차입규모

우리 나라가 유로 금융시장에 본격적으로 진출하기 시작한 것은 1972년에 1억$ 이상을 차입한 것이다. 모건 캐런티 은행의 추계에 의하면 유로 크레디트시장에서 1972년부터 1922년까지 차입한 금융은 모두 29.7억$에 달하고 있다. 그러면 이제부터 우리나라의 총괄적으로 외자도입에 있어 유로 금융시장은 어떤 역할을 수행하였으며 이용하기 전까지 주로 외자차관은 공공차관에 의존하였고 공급자 신용(suppliers' credit)인 사업차관에 의해서만 이루어졌다. 동 시장에 차입으로 진출한 현황을 고찰해 보면 <표 11-12>에서 나타난 것과 같이 1972년부터는 공공차관의 비중이 크게 감소하여 왔으며 조건 역시 불리한 공급자 신용에 의한 사업차관에서 은행신용인 유로 크레디트에 의한 상업차관으로 대체되어 왔는데 이와 같은 경향은 특히 1975년 오일쇼크 이후부터 두드러지게 나타나고 있다. 또한 1968년부터 소규모로 도입된 은행차관은 대부분 유로 크레디트에 의해 차입되었다.

그 뿐만 아니라 1972년~77년까지 5년 간 외자도입에 있어서는 차입비중이 거의 5배 정도로 크게 증가하였다. 즉 1972년에는 도입차관 약 8억$ 중 유로 금융시장에서 차입한 총액은 1억$로 12.4%였던 것이 1977년에 이르러서는 총액 20.4억$로 그 중 유로 금융시장에서 조달한 13.3억$은 65.5%의 높은 증가를 나타내고 있다. 한편 유로 금융시장과 전혀 관계없는 공공차관을 제외한 순수한 상업 베이스 외자도입만 고려한다면 동 시장에 차지하는 비중은 더욱 높아질 것이다. 즉 공공차관을 제외한 외자도입총액 가운데 유로 금융시장에서 차입한 총액의 비중은 1972년 26.5%의 수준에서 1977년에는 무려 93.4%로 급격히 증가하고 있다. 즉 최근 들어 우리 나라의 비공공차관외 거의 대부분은 유로 금융시장을 중심으로 도입되었다고 볼 수 있다.

<표 11-12> 우리 나라의 외자도입과 유로 금융시장

(단위 : 백만 달러)

규모 \ 년도	1972	1973	1974	1975	1976	1977	합 계
유로 금융시장으로 부터의 차입							
(A) 유로 크레디트	100	205	133	347	738	1,265	2,788
(B) 유 로 본 드	0	0	0	0	49	69	118
(C) 합 계	100	205	133	347	787	1,334	2,906
외자도입총괄							
(1) 공 공 차 관	431	390	374	481	709	608	2,993
(2) 상 업 차 관	307	476	615	806	845	1,260	4,309
(3) 은 행 차 관	70	83	218	100	197	100	768
(4) 국 제 본 드	0	0	19	0	75	69	163
(5) 합 계	808	949	1,226	1,387	1,826	2,037	8,233
(Ⅰ) - (1)/(5)	53.3%	41.1%	30.5%	34.7%	38.8%	29.8%	36.4%
(Ⅱ) - (C)/(5)	12.4%	21.6%	12.4%	25.0%	43.1%	65.5%	35.3%
(Ⅲ) - (C)/[(5)-(1)]	26.5%	36.7%	17.8%	38.3%	70.4%	93.4%	55.5%

지금까지 우리나라의 유로 금융시장과의 관계를 보면 다음과 같다. <표 11-13>에서 보는 바와 같이 1976년과 1977년에 각각 2건씩 모두 4차례에 걸쳐 총계 1.18억$의 유로 본드를 기채 한 바 있는데 이들은 모두 정부의 지불보증 하에 산업은행에 의해 공모로 발행되었다. 이와 같이 우리 나라의 유로 본드시장에 진출은 매우 최근의 일이며 그 규모 역시 극히 낮은 수준에 머물 뿐만 아니라 민간기업에 의한 직접기채는 아직 미미한 상태에 있다.

<표 11-13> 우리나라의 유로 본드 발행실적

발 행 자	산업은행(4차)	산업은행(5차)	산업은행(6차)	산업은행(7차)
발 행 액	Kuwait Dinar 7백만 (23.8백만 불 상당)	US $ 25백만	US $ 25백만	DM 100백만 (44백만 불 상당)
액면이자율	$8\frac{3}{4}$%	$9\frac{1}{2}$%	$9\frac{1}{2}$%	$9\frac{1}{4}$%
기 간	3년	5년	5년	7년
상 환	만기 일시상환	만기 일시상환	만기 일시상환	만기 일시상환
발 행 가 격	$99\frac{3}{4}$	$99\frac{3}{4}$	$99\frac{1}{2}$	100
채 권 형 식	무기명식	무기명식	무기명식	무기명식
보 증	공모	공모	공모	공모
발 행 방 법	정부의 무조건 취소불능의 보증	정부의 무조건 취소불능의 보증	정부의 무조건 취소불능의 보증	정부의 무조건 취소불능의 보증
간 사 은 행	Kuhn Loeb & Co., The National Bank of Kuwait. The Arab Investment Co.	Yamdichl Securities. Merrill Lynch International 외 9개 금융기관	Westdeutche Landesbank 외 5국 금융기관	Deutsche Bank 외 4개 금융기관
인 수 기 관	인수국 (32개 기관)	인수국 (57개 기관)	인수국 (75개 기관)	인수국 (120개 기관)
적 용 법 률	영국 법률	영국 법률	영국 법률	영국 법률
스 프 레 드	$2\frac{1}{4}$%	$2\frac{1}{4}$%	$2\frac{1}{4}$%	$2\frac{3}{4}$%
실 비 반 려	150천 불 이내	100천 불 이내	100천 불 이내	-
계약 체결일	76. 10. 16	76. 12. 8	77. 2. 15	77. 12. 2
상 장	런던 증권거래소	런던 및 싱가폴 증권거래소	런던 증권거래소	프랑크푸르트 증권거래소

한편 우리 나라의 외국본드시장에 진출은 1974년에 아랍토호국 통화 75백만 다르함(약19백만$)을 기채한 것이 최초로 77년까지 모두 3차에 걸쳐 45백만$를 기채 하였다. 발행자는 모두 산업은행이었고 정부 지불보증이라는 조건 하에서 기채 된 것이었다. 이는 유로 본드와는 달리 사모에 의해 발행되었다. <표 11-14>참조

<표 11-14> 우리나라의 외국 본드 발행실적

발 행 자	산업은행(1차)	산업은행(2차)	산업은행(3차)
발 행 액	UAE Dirham 7백만 (19백만 불 상당)	UAE Dirham 60백만 (16백만 불 상당)	US $ 10백만
이 자 율	8.5%	9.5%	9.5%
기 간	6년 거치 포함 15년	5년	3년
상 환	거치 후 10년 균등상환(1977년부터 Premium부로 임의 상환가능)	만기 일시상환	만기 일시상환
발 행 가격	100	100	100
채 권 형식	기 명 식	기 명 식	기 명 식
보 증	정부의 무조건 취소불능의 보증	정부의 무조건 취소불능의 보증	정부의 무조건 취소불능의 보증
발 행 방법	사 모	사 모	사 모
계약체결일	74. 10. 10	74. 04. 20	76. 07.15
상 장	-	-	-

지금까지 현황에서 다음과 같이 분석해 보면 첫째 우리나라의 외자도입에 있어 유로 금융시장의 역할이 최근 들어 급격하게 증가하고 있고 앞으로 더욱 가속화할 전망이다. 그 이유는 중진국으로 부상한 우리나라는 1986년에는 사상 유례 없는 흑자를 가져온 해였으며 국제수지 45억$ 흑자는 신인도가 크게 제고되어 차입이 매우 용이하게 될 것이다. 그러나 앞으로는 공공차관의 도입은 점차 어려움이 있다고도 볼 수 있다. 둘째 우리 나라는 지금까지 지나치게 유로 크레디트시장에 편중되어 있다. 즉 1972～77년 동안 우리 나라가 유로 금융시장으로부터 차입한 총액 29억$ 가운데 약 96%인 27.9억$는 간접 금융시장인 유로 본드 시장에서 조달되었다. <표 11-15>참조

이와 같이 유로 크레디트시장으로부터의 차입은 오일 쇼크 이후 국제수지의 위기를 극복하는데 큰 도움이 되었다. IMF의 한 연구에 의하면 유로뱅크(Euro-Bank)들이 차입국의 신인도(credit worthiness)를 측정하는데 있어서 가장 중요하게 생각하는 요인은 ① 수출규모와 수출신장전망 ② 경제성장률 ③ 외채잔고 및 부채상환비율에 대한 전망 등인데 유로뱅크들은 이들 제요인을 고려하여 차입국별 대출한도를 결정하고 이를 엄격하게 시행하고 있다고 한다. 이와 같이

볼 때 우리나라가 개도국 가운데 비교적 거액의 차관을 유로・크레디트시장으로부터 도입할 수 있었던 것은 한국 경제의 잠재력이 국제 금융기관에서 인정을 받았기 때문이다.

<표 11-15> 선진국 개도국의 국제금융시장에서의 차입구조

(단위 : %)

국제금융시장		1970	1971	1972	1973	1974	1975	1976	1977
선진국	국제본드	47	65	64	30	21	68	68	57
	유로・크레디트	53	35	36	70	79	32	32	43
	합 계	100	100	100	100	100	100	100	100
개도국	국제본드	14	7	19	8	3	5	10	15
	유로・크레디트	86	93	31	92	97	95	90	85
	합 계	100	100	100	100	100	100	100	100

그 동안 유로・크레디트시장으로부터 차입이 비교적 순조로웠지만 우리 나라의 경제실적에 비해 그 차입조건은 반드시 만족스러웠던 것은 아니었다. LIBOR에 대한 스프레드(spread)는 1976년까지의 2% 그리고 77년에는 대부분 1.75%라는 매우 높은 수준이었다. 이는 우량차입자 보다는 11%가량이 높은 것이지만 다른 비산유국에 적용된 스프레드보다 결코 높은 것은 아니었다. 유로 크레디트시장에의 진출은 비교적 활발하였으나 우리 나라의 유로 본드시장에 진출은 아직 매우 저조한 상태에 있다고 볼 수 있다.

2) 유로 금융시장의 활용화 대책

이상과 같이 유로 금융시장에서의 그 동안 차입 채널이 지나치게 단일시장에 편중되어 있었다고 한다면 이제부터는 유로 금융시장에 대한 새로운 접근 방법의 방향을 분명하게 제시할 때이다. 즉 현재까지는 미개척시장으로 방임되었던 유로 본드시장 등 국제금융시장에 적극적으로 진출하여 외자도입에 있어 채널을 다양화 및 다원화한다면 필요로 하는 외자를 보다 좋은 조건으로 무리 없이 조달할 수 있을 것이다. 선진 외국의 경험과 주요 개도국의 외자조달 패턴을 비교해 보면 앞으로 필요로 하는 외자도입에 있어서는 과거와는 달리 간접 금융시장인 유로 본드시장보다는 유로 본드시장과 외국 본드시장 등의 직접 금융시장이 차지하는 비중이 크게 증대해야 하리라고 본다. <표 11-15>에는 보는 바와 같이 1973년~74년까지에는 국제 본드시장의 침체기를 제외한다면 선진제국은 1970년대를 통하여 평균적으로 소요외자의 약 60% 이상을 직접 금융시장인 국제 본드시장에서 조달하였다. 또한 1970년대를 통하여 전체 개도국들이 국제금융시장으로부터 차입한 총액 가운데 국제 본드시장이 차지하는 비율은 평균 10% 정도 수준을 유지하여 일반적으로 우리나라의 경우보다 2배정도 높았다. 선진제국과 주요 개도국의 국제 본드시장을 통하여 조달하는 수준을 볼 때 앞으로 국제 본드시장에 진출을 적극적으로 모색해야 할 것인데 그 의의는 다음 3가지 면에서 고찰해 볼 수 있다.

첫째 한국 경제의 대외 신용도를 제고할 수 있다. 그것은 전통적으로 국제 본드시장은 우량차입자의 시장이다. 따라서 우리나라 경제가 세계 무대에서 확고한 기반을 확립하기 위해서는 국제 본드시장에서의 인정이 선행되어야한다. 이와 같은 인정은 우리나라가 국제적으로 유명한 본드시장에서 지속적으로 기채에 성공할 때 비로소 확고하게 얻을 수 있다.

둘째 국제 본드시장에서 직접 진출하여 외자조달 채널을 통하여 다원화시킬 수 있다. 우리나라의 외자도입 조달방식은 앞서 논한 바에 의거 공공차관과 장기연불의 플랜트수입 방식인 물자 차관에 주로 의존해 왔고 74년 이후에는 유로크레디트시장에서의 신디케이트론의 도입에 의해 이루어졌다. 그러나 과거와 같이 국제 시설재 도입을 위한 차관보다는 앞으로 플랜트수출, 장기 연불수출 그리고 해외 자원개발 등 해외투자를 위해서 막대한 외자조달이 필요하게 될 것이다. 이를 무리 없이 조달할 수 있기 위해서는 국제 본드시장에 직접 진출함으로써 외자도입 채널을 다원화시킬 필요가 있다.

셋째 국제 본드의 발행은 궁극적으로 차입조건을 개선시키게 된다. 비록 초기에는 국제 본드 발행의 코스트가 유로 크레디트보다 다소 비싸다는 문제가 있지만은 장기적으로 볼 때 국제 본드 발행은 유로 크레디트보다는 유리한 몇 가지 장점을 가지고 있다. 즉 유로 크레디트는 금리가 유동적인 반면 국제 본드는 금리가 고정되어 있다. 또 유로 크레디트는 대개 중기이지만 국제 본드 발행은 이에 익숙해질수록 장기화할 수 있으므로 차입조건을 개선시킬 수 있다. 우리 나라가 앞으로 유로 본드시장에서 적극적인 진출을 모색하기 위해서는 여러 가지 측면에서 대응 방향을 정비하지 않으면 안될 것이다. 그러나 이 가운데 거시적인 측면에서 가장 중요한 문제는 대외적으로는 시장의 선택 문제이고 대내적으로는 차입자의 선정문제에 있다고 말할 수 있다. 그뿐 아니라 흑자 시대에 접어든 우리 경제 여건을 보아 90년대까지 국제 금융시장에 들어가 보다 효율적인 자유금융 시대를 대비할 시점에 와 있다고 볼 수 있으며 일본의 유로시장에 진출을 미루어 보아 공급자 신용공여의 창출효과도 고려해 볼 만 하다.

12-2 국제수지와 국제수지조정

1. 국제수지의 개관

국제수지(international balance of payments)란 국제 간에 발생하는 각종 수입과 지불에 관한 것을 집계한 종합대조표를 말한다. 따라서 일정기간을 전제로 한 국제수지는 일정 시점을 전제로 한 국제수지는 일정 시점을 전제로 한 국제대차(balance of international indebtedness)와는 다르며, 국제수지를 손익계산서에 해당한다고 하면 국제대차는 대차대조표에 해당한다고 하겠다. 국제수지는 통상 1년을 기준으로 하여 작성하여 발표하고 있으며, 우리 나라의 경우 한국은행이 연도별 및 월별 기준으로 작성하여 대외에 발표하고 있다.

국제수지는 모든 대외경제거래를 체계적으로 총괄하여 표시하고 있으므로, 이를 통하여 일국의 경제정황이나 경제활동의 내용을 측정하는 자료가 됨은 물론 외환시세에 대한 예측까지 할 수 있다. 한편 수취액이 지출액보다 많아 수지차액이 수입초과로 되는 경우 순조 또는 흑자라고 말하고 지불초과로 되는 경우 적자라고 말한다.

국제수지에 나타난 제항목은 국제거래 관계의 다양성으로 말미암아 여러 가지로 구분되는 데 그들 항목 중 자금유입을 발생시키는 것을 국제수지의 수취계정(credit)에 자금유출을 발생시키는 것을 지불계정(debit)에 계상되며 여기에서 매년 정상적으로 발생하는 경상계정과 임시적으로 발생하는 자본계정으로 구분하는 것이 보통이다. 경상계정에서 가장 중요한 것은 상품수출입이며 이는 세관을 통과할 때 눈에 보이는 형태를 취하기 때문에 눈에 보이는 항목(visible item)이라 한다. 한 편 해운 · 보험 · 은행 업무 등 서비스의 이동과 같이 눈에 보이지 않는 항목(invisible item)으로 인한 자금 유출입도 있다.

2. 국제수지표의 구성

IMF 방식에 의한 국제수지표는 크게 세 가지의 기본항목으로 구성되어 있음을 알 수 있다. 즉 ① 재화 및 용역의 거래 ② 이전수지 ③ 자본거래로 구성되는데 ①과 ②를 합계해 경상거래라고도 한다. 경상거래는 국민소득의 경상적 순환에 영향을 주기 때문에 소득 계정이라고도 말하며 자본거래는 대외자산에 변화를 가져오는 거래와 화폐용 금의 거래를 밝히는 계정이다.

재화 및 용역계정에서 대변은 수취항목(credit)으로서 재화 및 용역의 수출이 기록되고 차변에는 지급항목(debit)오로서 재화 및 용역의 수입이 기록된다. 그리고 이전지급계정의 경우 대변에는 거주자가 취득한 이전수입을 기록하고 차변에는 거주자가 출연한 이전자금 총액을 기록한다. 또 자본 및 화폐용금의 계정에는 금융상의 청구권과 화폐용금의 흐름을 기록하게 된다.

이상의 세 가지 기본적 거래항목 외에 조정항목으로서 오차 및 누락계정이 있다. 이 계정은 여러 가지 통계를 하나의 표로 작성하는 데서 발생하는 통계적 불일치를 조정하는 항목이므로 사후적인 국제수지 대차항은 항상 일치하게 된다.

<표 11-16> 국제수지표의 항목분류

	계정항목		수취 Credit	지급 Debit	
Ⅰ. 재화 및 용역		(①~⑧)			Goods and Services
(무역수지)	①	상품			Merchandise
	②	비화폐용금			Non-Monetary Gold
(무역외수지)	③	운수 및 보험			Freight & Insurance
	④	기타운수			Other Transportation
	⑤	여행			Travel
	⑥	투자수익			Investment Income
	⑦	정부거래			Government Transaction
	⑧	기타용역			Other Services
Ⅱ. 이전수지		(⑨~⑩)			Transfer Payments
	⑨	민간			Private
	⑩	정부			Central Government
Ⅲ. 자본 및 화폐용금		(⑪~⑯)			Capital and Monetary Gold
	⑪	민간장기			Private Long-Term Capital
	⑫	민간단기			Private Short-Term Capital
	⑬	지방정부			Local Government
	⑭	중앙정부			Central Government
	⑮	중앙통화기구			Central Monetary Institutions to IMF
	⑯	기타통화기구			Other Monetary Institutions
Ⅳ. 오차 및 누락				Net Errors & Omissions	

3. 국제수지표의 계정항목

국제수지표의 기장내용을 항목별로 설명하면 다음과 같다.

(1) 상품 - 유상거래와 무상거래를 막론하고 수출은 수취란에, 수입은 지급란에 기록하는 것이 원칙이다. 통관통계를 기초로 산정하면, IMF방식은 수출입 모두 F OB(free on board)가격으로 집계하므로 수입재는 CIF(cost, insurance & freight) 가격으로 계산하는 것이 일반적이기 때문에 이를 조정해야 한다.

(2) 비화폐용금 - 상품거래와 같이 간주되고 있는 금의 거래를 기록한다.

(3) 운수 및 보험 - 수출입 화물의 수송에 따른 운임의 수급과 화물의 보험 및 재보험에 의해 보험료와 보험금의 수급을 기록한다.

(4) 기타 운수 - 화물수송 이외의 선박, 항공기의 수리, 운항에 따른 항만 경비와 용선료 등의 수급을 기록한다.

(5) 여행 - 거주자의 해외여행에 의한 지출은 지급란에, 이와 반대로 외국인의 지출은 수취란에 기록한다.

(6) 투자 수익 - 해외투자나 자본도입에 따른 이자 ·배당금의 수급과 공채·차관 및 연불신용 등에서 발생하는 이자의 수급을 기록한다.

(7) 정부거래 - 군사적 거래와 비군사적 거래가 있다. 비군사적 거래에는 공간의 운영경비, 외교관의 개인지출 등의 수급이 기록되고, 우리나라 개인지출 등의 수급이 기록되고 우리 나라의 경우 군사거래 가운데 달러 매입(원화 매도), 물품 및 용역의 군납, 공익사용료 등을 기록한다.

(8) 기타 용역 - (7)에서 기록되지 않는 용역의 수급, 예를 들면 각종 수수료, 통신료, 광고선전비 등을 기록한다.

(9) 민간 이전수지 - 이민송금, 종교단체에 의한 물품 및 현금의 구매를 기록한다.

(10) 정부이전수지 - 물품·용역 및 현금에 의한 배상 또는 해외원조 등을 기록한다.

(11) 민간장기 - 장기자산 및 장기부채의 변동을 기록한다. 여기서 장기라 함은 자산과 부채의 만기일이 1년을 초과하는 기간을 말한다. 여기에는 개인 및 법인에 의한 직접투자, 장기연불신용 등의 장기대부금, 외화차입금, 외화주식 등이 포함된다.

(12) 민간단기 - 직접투자 이외의 민간부문의 단기자산과 단기부채의 증감을 기록한다.

(13) 지방정부 · 중앙정부 - 각각 대외자산 및 부채의 증감을 기록한다.

(14) 중앙통화기구 - 통화부문의 금보유 및 대외자산, 부채의 증감을 표시한다.

(15) 기타 통화기구 - 외국환은행의 대외자산과 부채의 증감을 기록한다.

4. 국제수지의 균형과 조건

1) 국제수지의 균형과 불균형

국제수지의 균형을 말할 때 마흐럽(F. Machlup)은 다음과 같은 개념을 들고 있다.

첫째 국제수지표상의 특정한 계정과목을 골라서 균형 · 불균형을 판정하려는 것이며 이는 균형을 의미한다.

둘째 외환의 수요와 공급이 일치하는 점을 국제수지가 균형 된 상태라고 보는 관점이며 이 균형을 시장개념에서 균형을 의미하는 것이다.

셋째 일정한 경제계획의 달성과 관련하여 국제수지를 논의할 때 계획개념으로서 균형을 의미한다.

일국의 국제수지가 균형이냐 불균형이냐 하는 문제는 국제수지표의 구성항목을 살펴봄으로써 파악할 수 있다. 재화 및 용역과 민간자본이동 및 민간증여 등의 항목은 다른 국제거래와 관계없이 독립적으로 발생하므로 자발적으로 항목(autonomous item) 이라 한다.

이에 대하여 화폐용금 및 민간 단기신용의 이동과 외화보유액의 증감 등은 타항목의 변동에 의해 발생하므로 조정 항목(compensatory item)이라고 한다. 그러므로 국제수지의 균형이란 자발적 항목의 차변과 대변이 일치되어 조정항목으로 수급의 차를 조정할 필요가 없는 상태를 말한다.

2) 국제수지의 균형형태

국제수지의 균형형태는 국가마다 다소 다른 형태의 균형도 유지하고 있다. 이에 따라 복수(T. H. Boggs)는 국제수지의 균형형태를 대체로 다음과 같이 4가지로 분류하고 있다.

(1)미성숙채무국 - 미성숙채무국(immature borrower)은 일반적으로 저개발국에서 흔히 볼 수 있으며, 이는 무역수지나 무역외수지의 적자를 자본수지의 조정으로 균형을 이루는 형태이다.

(2)성숙채무국 - 성숙채무국(mature borrower)은 미성숙채무국이 차차 성숙하여 국제수지의 균형상태가 조금 좋아진 단계에 이르게 된다. 수출은 증대하여 무역

수지는 균형을 이루거나, 다소 수출초과를 나타내는 나라도 있다. 그러나 무역외수지는 누적된 자본차입에 의한 이자지급 등으로 적자를 면치 못한다.

(3)미성숙채권국 - 미성숙채권국(immature lender)은 성숙채무국이 경제발전을 이룩하게 됨으로써 무역수지와 무역외수지의 출초는 커지며, 자본수출을 통하여 채무국에서 채권국으로 전환된다. 경상수지는 흑자를 실현하나 자본수지는 해외직접투자 등으로 인하여 지급초과가 되어 국제수지는 균형을 이루게 된다. 또한 경상수지와 자본수지의 차액만큼 화폐용금 및 외화의 유출로 인해 조정됨으로 균형을 이루게 된다.

(4)성숙채권국 - 성숙채권국(mature lender)은 미성숙채권국이 해외투자를 증대시켜서 이자수입 등의 증가로 인해 무역외수지에서 수취초과가 되는 것을 말한다.

3) 국제수지조정

국제수지 불균형은 그 성질에 따라 적절한 조정정책이 강구되어야 한다. 일국의 국제수지조정에 대한 필요성이 느껴질 때는 경상수지와 장기자본수지에서 불균형이 심화될 경우이다. 일국의 국제수지가 불균형상태에 놓이게 되면 다시 균형상태로 회복하고자 하는 힘이 작용하게 되지만, 그러한 힘을 어디에서 구하느냐에 따라 두 가지 이론으로 구분된다. 첫째 가격기구에 의한 조정으로 설명하는 고전학파이론이고 둘째 케인즈학파의 이론에 의해 설명되는 근대이론이다. 고전학파이론은 금본위제도를 전제로 하였는데 이는 국제수지불균형을 무역수지의 불균형으로 보고, 그러한 불균형은 금본위제도 하에 있어서는 자동적으로 조정된다는 것이다. 이러한 과정을 물가 정화유출입기구(price-specie flow mechanism)라 한다.

그러나 케인즈학파이론에서는 고전학파이론이 가격기구에 의해서 국제수지불균형을 조정한다는 것을 현실에 적합하지 않다는 것이다. 이 이론은 국민소득 변동이 국제수지에 미치는 영향을 중시하고 있다. 즉 물가변동이 없어도 국민소득의 변동에 의해서 국제수지 불균형이 조정된다는 것이다. 예컨대 일국이 수취초과현상이 발생한다면 이는 수출산업이 왕성하다는 것을 의미하므로 완전고용이 아닌 한 수출산업이 확대되어 소득이 증가하고 고용량이 증대된다. 또한 국민소득이 증가하면 국내 생산품에 대한 수요도 증가시킬 뿐만 아니라 외국생산품에 대한 수요도 증가시키는 무역승수이론이 분석도구로서 원용되었다.

한편 수입재에 대한 수요가 증대하면 수취초과액을 감소시켜 국제수지 불균형은 조정되는 것이다. 그러므로 케인즈학파에서는 무역과 국민소득과의 관계에서 국제수지조정정책을 제시하고 있다.

5. 국제자본이동

1) 국제자본이동의 전개

(1) 국제자본이동의 개념

외국에 자본을 대부하면 자본수출이라고 하고 수용하는 나라에서 볼 때는 자본수입이 된다. 자본수출은 외국에 대한 투자이므로 해외투자라고 하며, 자본수입은 외국의 자본을 수용하기 때문에 외자도입이라고 한다.

국제자본이동을 분석하는 경우, 이를 단기자본이동과 장기자본이동의 두 가지로 분류하며, 또 장기자본이동은 직접투자와 간접투자로 구분된다.

여기에서 언급한 국가 간에 이동하는 자본이란 개념에는 두 가지 의미가 포함되어 있다. 즉 자본의 본질이 직접투자와 간접투자는 서로 상이하기 때문이다.

간접투자의 경우 자본은 대부자금(loanable fund)의 이동 또는 구매력의 이동을 의미한다. 즉 이는 화폐자본의 이동만을 가리킨다. 이 경우 A국에서 B국으로 자본이 이동한다는 것을 A국이 B국에 자본을 대부하는 것을 말한다. 이는 바로 A국이 B국에 구매력을 수출하는 것이 되고, 대신에 B국을 A국에 일정한 이자지불과 자금상환을 약정한 증권을 판매하는 것을 의미한다.

그러나 해외에 대한 직접투자의 경우는 다르다. 투자는 현지국에서 차입한 경우라든가 주식이나 증권취득 대신에 특허기술의 공여와 같은 출자형식을 취하거나, 기계 등을 제공하는 현물투자를 한다든가, 현지국에서 이윤을 재투자하는 것 등이다. 따라서 직접투자는 화폐자본 이동은 물론 실물자본 이동조차 수반하지 않고 무형의 용역제공(특수기술, 경영능력)만으로 이루어지는 경우도 있다.

2) 국제자본이동의 기능

(1) 민간투자가 공공투자

자본의 투자자가 민간인가 혹은 공공 기관인가에 따라 국제투자이동은 민간투자(private investment), 공공투자(public investment)로 구분된다. 민간투자는 개인 및 사기업이 투자하는 것을 의미하고, 공공투자는 정부기관이나 세계은행 등 국제기관에서 투자하는 것을 의미한다.

(2) 국제 단기 자본이동

단기자본이동은 IMF의 국제수지편람에 의거하여 발표한 기준에 의하면 1년 미만인 경우를 의미하며, 일국의 국제수지가 불균형인 경우 그 불균형을 보전하기 위하여 자본의 국제적 이동이 발생한다. 한편 일국의 국제수지변동과 관계없이 자본이국가 간에 자율적으로 이동하는 경우도 있다. 전자를 국제단기 자본의 유발적 이동이라 하고 후자를 자발적 이동이라고 말한다.

자발적 단기자본이동에는 통상 세 가지 형태가 있다.

첫째 단기자본은 금리수준이 낮은 나라로부터 높은 나라로 이동하는 경향이 있다.

둘째 단기자본은 자본도피(capital flight)를 목적으로 이동하는 경우가 있다. 자본도피의 성격을 지닌 단기자본이나 투기성 단기자본을 막론하고 이러한 국제단기자본은 유동적이며, 신출귀몰하기 때문에 이를 핫머니(hot money)라고 부른다.

핫머니는 자본이동의 자유화에 따라 국제적으로 규제를 받지 않고 경기변동에 민감하게 이동하며 때로는 국제금융 질서를 크게 교란시키고 있다는 점에서 주목되고 있다.

셋째 유발적 이동은 국제수지의 타항목이 변동함에 따라 유발되는 단기자본의 이동을 의미한다. 이는 ① 국제수지의 흑자 및 적자의 조정을 위하여 이동되는 것인데 국제유동성의 변동이 이에 해당한다. ② 수입에 의해 발행하는 기한부 어음 (usance bill)도 이에 해당된다.

(3) 국제장기자본이동

국제장기자본이동이란 1년 이상의 상환기간을 가진 외국의 채권, 주식, 실물자산을 획득하는 것을 의미한다. 이 장기자본의 이동은 직접투자와 간접투자로 분류된다.

① 직접투자 - 직접투자는 기업경영에 직접 참여하여 그 기업을 지배하기 위한 투자형태인데 이는 기업진출이라는 의미와 같다. 직접투자의 중요한 형태는 외국에 있어서 기업활동, 외국기업에 경영참여, 외국에 지점 · 지사의 설치 등을 들 수 있으며 이를 구체적으로 열거하면 다음과 같다.

첫째 기업경영에 직접 참여하기 위하여 외국의 기존기업의 주식을 취득하거나 혹은 기존 기업 그 자체를 인수, 합병하는 경우

둘째 외국에 자회사나 합병형태의 법인을 새로 설립하고 그 주식을 소유하는 경우

셋째 사업활동을 위하여 사업용의 실물자산을 취득하는 경우, 지점 · 지사 · 영업소 · 공장을 새로 설립하고, 기존공장을 매수하던가, 기존의 지점 · 공장 등을 확장하는 경우를 들 수 있다.

② 간접투자 - 간접투자는 기업영업에 직접 참여하지 않고 배당이나 자본수익을 추구하기 위한 투자형태이다. 간접투자의 주요한 형태는 외국기업의 주식 및 사채매입, 외국정부의 공채매입 또는 외국정부와 기업에 대한 장기자금의 공여 등이다. 따라서 간접투자는 증권투자(포트폴리오)로 불리어 진다.

간접투자가 국제자본이동에 있어서 압도적인 비중을 차지했던 시대는 대체로 19C였다. 그 당시 증권투자가 활발해짐에 따라 런던을 각 국의 정부 및 기업의 기채시장으로 주요한 역할을 했다.

그러나 1차 대전 이후 국제경제가 재편성됨에 따라 세계의 주요한 기채시장은 런던에서 뉴욕으로 이전되었고 더욱이 2차 대전 이후 뉴욕을 기채시장으로 중요한 역할을 수행하였다.

3) 국제자본이동의 효과

① 외환시세 - 국제 간의 자본이동은 외환거래를 매개로 하여 이루어진다. 따라서 국제자본이동은 외환의 수요량과 공급량에 영향을 미칠 뿐만 아니라, 외화시세에 대해서도 영향을 미친다. 이와 같이 국제자본이동에 의하여 외환시세가 변동된다면 수출과 수입도 변동된다. 일반적으로 자본수출국이 외환시세를 인상하면 수출이 증가하고 수입이 감소하는 효과가 발생하며 자본수입국에 있어서는 이와 반대의 효과가 발생된다. 그러나 외환시세가 고정되어 있는 고정환율제도 하에서는 이러한 효과가 발생하지 않는다.

국내자본이 자국에서 외국으로 이동되면 자국 내에서 외환시세는 등귀되고 이에 따라 수출이 증가하고 수입은 감소하는 효과가 발생한다. 그러나 자본수입국에서는 이와 반대의 효과가 발생하게 된다. 이와 반대의 효과가 발생하게 된다. 자본수입국에서는 외화의 국내유입으로 말미암아 외환의 공급량이 증가되면 외환시세는 하락하고 이에 따라 수출이 감소되고 수입은 증가하게 된다.

이와 같이 변동환율제도 하에서 자본이 이동하면 외환시세의 변동을 통하여 실물의 이동이 이루어지게 된다.

② 수요의 변동 - 국제자본이동을 경제학적으로 보면 이는 일종의 화폐적 구매력의 이전을 의미한다. 따라서 자본이동에 의하여 자본수출국의 구매력은 감소되고 이와 반대로 자본수입국의 구매력은 증가됨에 따라 상대가격이 변동된다.

결국 국제자본이동은 1차적으로 소득효과를 발생시키고 2차적으로 상품의 대체효과를 발생시킨다.

③ 생산량의 증가 - 자본이동은 일반적으로 세계의 총생산량을 증가시킬 뿐만 아니라 당사국의 소득을 재분배한다. 가령 자본이 A국에서 B국으로 이동된다면 A국의 자본은 그 만큼 감소되기 때문에 A국의 생산량은 감소되며, 이와 반대로 B국에서는 그 만큼 자본이 증가되기 때문에 생산량은 증가된다. A국에서는 자본수출에 의하여 생산량이 감소되지만 B국에서는 생산량이 증가되므로 결국 세계의 총생산량이 증가되므로 결국 세계의 총생산량은 증가된다. 그리고 자본이동에

의하여 양국의 소득 즉 자본에 대한 보수와 노동에 대한 보수는 재분배되고 그리고 양국간에 이해관계가 발생하게 된다.

4) 국제자본이동의 모형

(1) 국제자본이동의 생산효과

국제적으로 자본이 자유롭게 이동한다면 자본의 한계생산력은 국제적으로 균일하게 하고 세계의 총생산과 각 국의 후생을 증대시키게 된다.

① 자본이동 전 - 투자국은 OA의 자본이 노동과 결합하여 OCBA만큼 생산을 하게 된다. 수입국은 O′mHA의 생산이 이루어진다. 자본가격은 투자국의 경우 AB로서 수입국의 AH보다 낮다. 그러므로 전자에서 후자로 자본이동이 이루어진다. 즉 양국의 자본의 한계생산력이 균등하게 되는 점까지 이동하게 된다.

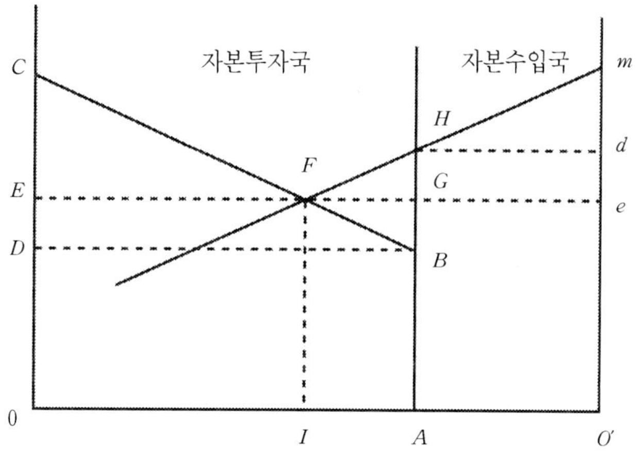

[그림 11-3] 국제자본이동의 생산효과

② 자본이동 후 - 생산량은 투자국이 OCEI, 수입국은 O′mFI가 된다.

③ 생산량증대 -양국생산량 OCBA+O′mHA와 비교하면 FHB만큼 생산량이 증대되고 있다. 즉 세계 전체의 생산량은 상승한다.

④ 투자국의 경우

ⓐ생산은 IFBA만큼 감소되지만 국민소득은 감소하지 않는다.

ⓑ대외투자를 통해 획득하는 수익은 대외투자량에 자본의 한계생산력을 곱한 IFGA를 수령할 수 있다.

⑤ 수입국의 경우 - 생산은 AHFI만큼 증가하나 AHFI만큼 증가하나 AGFI만큼

투자국에 지출하기 때문에 FGH만큼 총국민소득의 증가를 가져온다. 따라서 자본이동의 자유화에 의하여 세계전체의 생산량이 증가하고 동시에 이익은 투자국과 수입국 양국에 발생한다.

⑥ 이질적 영향

ⓐ 투자국의 경우 - 자본소득은 자본이동이 있기 전에 OABD에서 이동 후 국 내에서 수익 OEFI와 해외로부터 수익 IFGA의 합계인 OEGA로 DEGB만큼 증가한다.

노동은 DCB를 이동전에 수령하였다가 이동후에는 ECF로 감소한다. 결국 DEFB만큼의 노동소득이 감소되고 자본소득의 재분배를 통해 근로자에게는 불리하게 자본가에는 유리하게 된다.

ⓑ 수입국의 경우 - 자본소득은 O′dHA에서 O′eGA로 edHG만큼 감소하고 노동소득은 dmH에서 emF로 edHF만큼 증가하는 결과가 된다. 즉 외국자본이 유입되면 근로자에게 유리한 영향을 미친다.

12-3 외국환시장과 국제금융시장

1. 외국환의 개념

외국환(foreign exchange)이란 화폐제도가 서로 다른 나라와 나라 사이에 대차관계를 정화(금)의 이동이 없이 외환어음(foreign of exchange) 또는 이와 같은 작용에 의하여 결제하여 조정하는 기능을 말한다. 국제 간에 있어서 대차관계가 발생하는 원인의 대부분은 외국무역에 있으나 무역 외의 원인으로서는 다음과 같은 것이 있다.

즉 화폐나 금·은의 수출입, 기채 상환이자의 수요, 주식이나 사채 등 유가증권의 대외매매, 이자나 배당금의 수취와 지불 운임 보험료, 외국 여행자나 거류민에 대한 송금 등이라 하겠다. 이러한 원인에 의해서 발생하는 국제 간의 대차를 결제하기 위하여 그때 그때 채무자로부터 통화나 금, 은을 수송하도록 한다는 것은 많은 불편과 위험 및 비용이 발생하게 되므로, 보다 안전하게 결제할 수 있는 방법을 강구하게 되었다. 예를 들면 채무액에 상당한 가격만큼 물품을 채권국에 수출해서 결제하게 하고, 공채나 사채 등을 외국에 매각하여 그 수취금으로 채무를 지불하는 것과 외국의 공채나 사채 등의 채권을 송부하여 그 채무를 반제하게 하는 것 외국에서 일시 차입하여 채무의 지불을 이행하는 것 등을 고려할 수 있다. 실제 이런 방법은 그 실행에 어려움이 있기 때문에 국제 간의 대차는 외국환은행을 통해 국제 간의 대차를 결제시키고 있다.

2. 외환관리

1) 외환관리의 의의

외환관리(exchange control)는 일국과 다른 국가와의 경제거래를 광의의 외환거래라고 할 수 있는데 외환관리는 외환거래에 대하여 국가가 직접적인 규제 또는 조정을 가하는 것을 말한다. 이와 같은 외환관리의 목적은 일반적으로 환율의 안정과 국제수지의 균형을 달성하는데 있다고 할 수 있는데 국민경제가 국내적으로나 국제적으로 균형을 유지하기 위해서는 재정·금융정책만으로는 불충분하므로 부득이 직접적인 정책수단에 의하여 대외거래를 규제·관리하게 된다. 또한 이러한 외환관리의 목적을 달성하기 위한 정책수단으로 외환의 집중, 자본이동의 제한, 대외지급의 제한 등이 있다.

2) 우리나라 외환관리

우리나라 외환관리법 제1조에서는 그 목적을 외국환과 그 거래 기타 대외거래를 관리하여 국제수지의 균형, 통화가치의 안정과 외화자금의 효율적인 운용을 기함에 있다고 규정하고 있다. 외국환관리는 외국환거래라는 국제거래를 제한하는 것이므로 자국의 임의대로 작성될 수 없으며 국제적으로 인정될 수 있는 내용이어야 한다.

GATT나 IMF의 근본정신을 보면 국제거래 상 각 국의 제한조치를 철폐하고 국제 간에 차별적 대우를 제거하여 세계무역을 확대시키는데 공헌하겠다는 취지이며 또한 IMF의 동의 없이는 경상거래의 지급이나 자본의 이동에 대한 제한을 금지하고 있다. 우리나라에서도 이러한 외국환관리의 국제성을 존중하여 국제조약 중 법에 저촉되는 규정은 법의 규정에도 불구하고 그 효력을 가진다라고 규정하고 있다.

더욱이 합리적이고 계획적인 외국환관리를 위하여 외국환 수급계획제도를 채택하고 있다. 우리나라는 외국환관리법을 모법으로 하여 외국환관리법 시행령 및 외국환심의위원회 규정 등의 법체제로 위임입법의 형식을 갖추고 있다. 또한 이와 간접적으로 관련된 관련 법규로는 대외무역법, 외자도입법, 외환관리법, 한국은행법, 국내재산 도피방지법, 한미 행정협정 등이 있다.

3) 외국환의 관리방법

외국환의 관리는 환의 수급조절 기능을 하는 외환시장을 대신하여 정부가 직접 간접으로 개입하여 외환집중제도에 의한 통제방법을 채택하게 된다. 외환관리 방법은 대체로 다음과 같다.

(1) 환시세의 조정 - 외환투기 또는 외환의 수급에 불균형이 발생하는 경우 중앙은행은 보유하고 잇는 자금 및 외환평형기금을 가지고 외환시장에 직접 개입함으로써 환율을 조작하려는 것이다.

(2) 환율의 적정선 유지 - 환율의 변동폭을 국가가 직접 개입하여 공정환율제를 실시함으로써 중앙은행의 집중관리의 효율성을 높이려고 하는 것이다.

(3) 환투기의 억제 - 외환이 중앙은행에 의해 집중 관리되도록 되어 있기 때문에 환율변동을 조작함으로써 환투기를 억제하려는 것이다.

(4) 자본의 해외유출방지 - 자본이 해외에 유출됨을 방지하기 위하여 자본의 해외 유출을 엄격하게 통제하려는 것이다.

(5) 외화소지의 제한 - 개인이 소지하고 있는 외환을 제한이나 금지함으로써 외환의 중앙은행 집중제도를 강화하려는 것이다.

(6) 대외지급의 제한 - 국제수지가 악화되는 경우 대외지급을 제한함으로써 국제수지의 균형을 달성하려는 것이다.

(7) 외환거래의 집중 - 외환거래를 국가가 중앙은행에 집중시킴으로써 외환의 부정거래를 방지하려는 것이다.

(8) 외환거래의 정지 - 외국과의 비상사태가 발생하는 경우 국가는 외환거래를 정지시킴으로써 국제수지의 안정을 도모하려는 것이다.

3. 외국환시장

외국환시장(foreign exchange market)은 외국환은행, 외국환의 실수요자나 투기자의 쌍방을 포함하는 무역업자, 환 중개업자 등의 한 집단이 환수급의 종합체를 이루는 추상적 시장을 의미한다. 원래는 외환시장에 관계업자가 일정한 기간에 일정한 거래소에 집합해서 매매를 행하였으나 오늘날 이러한 환거래는 국제적 성격을 가지고 있으며, 시장도 세계를 대상으로 하게 되었다. 제1차 세계대전 이전까지는 런던이 그 후에는 미국의 경제력에 의해서 달러화가 부상하여 런던과 뉴욕 등이 국제금융시장의 중심적인 역할을 하게 되었다. 또 제2차 세계대전 후에는 외환관리가 보편화되고 IMF와 같은 기구가 탄생되어 마치 세계은행의 역할을 하고 있다.

4. 외국환은행

1) 외국환은행의 개념

외국환은행(foreign exchange bank)은 외국환 업무에 종사하는 금융기관을 말한다. 이 은행의 경제적 기능으로서는 자신의 위험과 계산 하에서 실행하는 외환매매, 무역금융, 신용장 발행에 의한 신용공여 및 이와 관련된 금융적 편의를 제공하는 것이다.

2) 외국환은행의 기능

외국환은행의 기능은 일반적으로 3가지로 나눌 수 있다.

(1) 외환관계의 기능 - 외환시장의 중심적 존재로서 다른 시장구성자 사이에 현물환·선물환 등을 매매하며, 외환시세를 형성하는 기능이다.

(2) 금융기능 - 외환거래와 관련된 자금의 지불을 비롯하여 수입 유산스(import usance)와 기한부 수출어음의 매입과 같은 국제금융을 담당하며, 또 내외금융시장에서 자금거래를 하여 국제결제를 원활하게 수행하는 기능이다.

(3) 수속기능 - 신용장의 발행과 수수, 그 밖의 대외거래에 필요한 수속절차를 감독하는 기능이다.

5. 외환시장과 환율

1) 환율의 표시방법

(1) 직접표시법과 간접표시법

환율은 자국통화와 외국통화의 교환비율을 의미하므로 이는 표시하는 방법에 따라 직접표시법(direct quotation)과 간접표시법(indirect quotation)으로 나누어진다.

직접표시법(direct quotation)은 외국통화 한 단위와 교환되는 자국통화단위 수로 환율을 표시하는 방법으로 자국통화표시법이라고 말한다. 예를 들면 1달러에 ₩1200원이라는 원화환율 U$1=₩1200 또는 $\frac{₩}{U\$} = 1200$으로 고시하는 방법을 의미하는데 이러한 방법이 자국통화표시법 또는 직접표시법이다.

이와 반대로 간접표시법(indirect quotation)은 자국통화 한 단위와 교환되는 외국통화 단위 수로 환율을 표시하는 방법을 간접표시법 또는 외국통화표시법이라고 말한다. 예를 들면 $₩1 = U\$\frac{1}{1,200}$ 으로 표시하는 방법이다.

2) 환율의 종류

⑴ 매입환율과 매도환율

외환시장에서는 매도환율과 매입환율이 매일 고시되고 있다. 매도환율(offered rate)은 은행이 고객들에게 외환을 매도하는 가격을 의미하며 매입환율(bid rate)은 은행이 고객으로부터 외환을 매입하는 가격을 의미한다.

⑵ 현물환율과 선물환율

환율은 외환매매계약을 체결하고 언제 결제하느냐에 따라 현물환율(spot exchange rate)과 선물환율(forward exchange rate)로 구별된다.

외환거래를 체결한 이후 둘째 영업일 이내에 외환결제가 이루어지는 거래를 현물환거래라고 하며 이때 적용되는 환율을 현물환율(spot rate)이라고 말한다. 또한 선물환거래는 외환매매계약을 체결한 날로부터 둘째 영업 일이 경과한 후 특정 일에 외환을 결제하기로 약정한 거래를 말하는데 이때 적용되는 환율을 선물환율이라고 말한다.

6. 외환의 본질

1) 외환과 외환거래

⑴ 외환의 의의

국제 간에 경제거래가 발생하면 외환거래가 발생하게 되는데 이 때 자금결제 수단으로서 외환이 필요하다. 오늘날 국제 간의 채권 채무는 대부분 외환을 이용하여 결제하고 있다.

외환은 외국과 국제대차를 결제하는 환거래를 의미한다. 외환에 의한 결제방법은 크게 두 가지로 나누어지는데 하나는 송금환(remittance draft)에 의한 방법이고 다른 하나는 추심환(collection draft)에 의한 방법이다.

⑵ 외환거래의 특징

외환거래는 국제경제거래에서 경제주체 간에 발생하는 거래이며 각 국의 화폐제도가 서로 다르기 때문에 다음과 같은 특징을 가지고 있다.

첫째 외환거래는 일국의 국제수지에 영향을 끼치고 있다. 왜냐하면 경제주체간에 발생하는 채권 채무는 국제수지 흑자나 적자의 원인이 되고 있다.

둘째 외환거래는 일국의 환시세변동과 밀접한 관계를 가지고 있다. 왜냐하면 외환거래는 이종통화간에 교환이 이루어지는 것을 의미하므로 환시세가 어떻게 결정되고 변동하는가에 따라 국민경제는 영향을 받을 수 있다.

셋째 외환거래는 외환이 부족하여 외환위기가 발생할 때 이를 조정하는 과정이 대단히 어렵다. 즉 IMF와 같은 국제기구를 통해서 구제금융을 요청하거나 국제금융시장을 통해서 차용해야 하는데 이때 국가신용등급이 문제가 된다.

7. 환율의 결정

1) 외환의 수요와 공급

환율은 외환시장에서 외환의 수요와 공급에 의해 결정된다. 외환의 수요와 공급은 주로 무역수지 무역외수지 자본수지에 의해 영향을 받고 있다. 일국의 국제수지가 불균형을 유지하면 외환에 대해 초과수요나 초과공급이 발생하여 외환시장을 교란시키게 된다.

외환시장에서 외환의 수요곡선을 우하향하는 곡선을 그리며 이와 반대로 외환의 공급곡선은 우상향하는 곡선을 그리게 된다. 그러므로 균형환율은 외환의 수요곡선과 공급곡선이 만나는 점에서 결정된다.

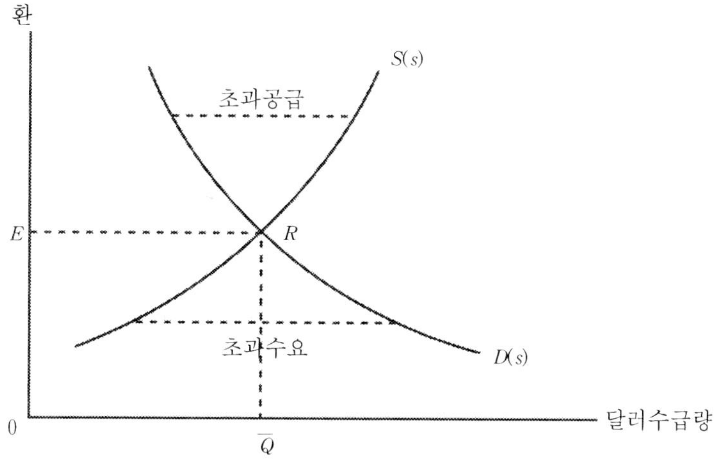

[그림 11-4]

[그림 11-4]에서 도시된 바와 같이 미달러화에 대한 원화환율이 달러당 ₩1200에서 결정되고 있다고 가정하자. 경제여건이 변화하여 환율이 ₩1300으로 상승하면 우리나라의 수출품가격은 달러화로 전환하여 싸게 되고 수입품가격은 상대적으로 비싸기 때문에 수출량은 증가하고 수입량은 감소하게 된다.

그러나 수출량이 증가하면 외환의 초과공급이 발생하여 환율은 하락하기 시작하여 균형환율로 수렴하게 된다. 한편 환율이 ₩1200보다 인하되면 수입량이 증가하므로 외환의 초과수요가 발생하여 환율은 상승하기 시작하여 균형환율로 수렴하게 된다.

8. 외환시장의 당사자

1) 고객

외환시장에 참여하는 고객은 수출업자, 수입업자, 해외여행자, 해외투자자와 외환투기자들로 외환을 공급하기도 하고 수요하기도 한다.

2) 외국환은행

외국환은행은 고객이 요구하면 외환을 매입하기도 하고 매도하기도 한다. 그리고 외국환은행은 환시세 차익을 얻기 위해서 환재정거래나 환투기거래도 한다.

3) 외환중개인

외환중개인은 외국환은행과 고객간에 또는 외국환은행간에 이루어지는 외환거래를 중개하는 업자를 말한다.

4) 중앙은행

중앙은행은 일국의 외환시장을 안정시키기 위해 외환을 매입하고 매출하는 역할을 하고 있다.

9. 외환거래의 방법

1) 외환의 결제방법

외환은 무역상대국가와 자금대차를 결제하는 환거래를 의미하며 이는 현금을 직접 현송하지 않고 은행의 자금중개에 의해 환어음이나 전신환과 같은 신용수단을 이용하여 자금결제가 이루어지고 있다.

외환에 의한 결제방법은 크게 두 가지로 구분할 수 있다. 하나는 송금환(remittance)에 의한 방법이고 다른 하나는 추심환(collection)에 의한 방법으로 나눌 수 있는데 전자를 순환(송금환)이라 하고 후자를 역환(추심환)이라고 말한다.

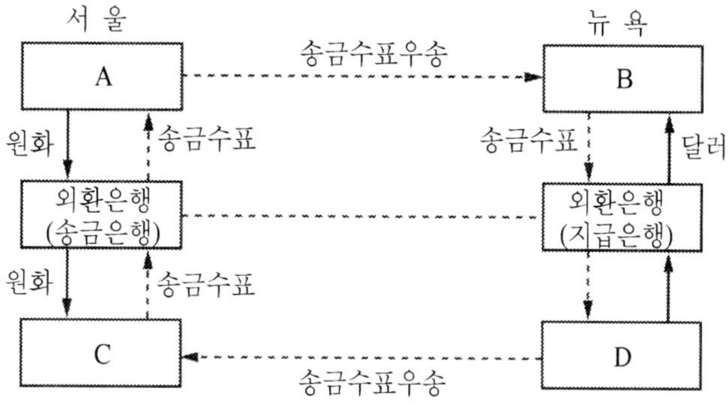

[그림11-5]

먼저 순환의 경우를 설명하면 다음과 같다. 서울에 거주하는 A가 뉴욕에 거주하는 B에게 수입대금 10만 달러를 지급하기 위한 채무가 있으며 뉴욕에 거주하는 D가 서울에 거주하는 C에게 수입대금 10만 달러를 지급하기 위한 채무가 있다고 가정하면 다음과 같다. 이 때 서울의 A가 서울의 C에게 10만 달러에 상당하는 원화를 지급하고 뉴욕의 B가 뉴욕의 B에게 10만 달러를 지급하면 한국과 미국간의 채권채무는 현금을 보내지 않고 결제할 수 있다. 그러나 실제로 A가 C를 D가 B를 찾아낸다는 것은 불가능하기 때문에 은행이 중개하여 A가 C를 D가 B를 찾아내는 역할을 하고 있다.

[그림 11-5]에서는 외환은행이 중개하여 두 국가 간의 채권 채무가 어떻게 결제되고 있는가를 설명하고 있다. 여기서 서울의 외환은행과 뉴욕의 외환은행은 본지점(inter-office)관계에 있거나 아니면 환거래계약을 체결한 코레스은행(correspondent bank)관계에 있다고 가정하자.

서울에 거주하는 A는 미화 10만 달러에 상당하는 원화를 외환은행에 가지고 가서 수취인을 B 지급은행을 뉴욕에 소재하고 있는 외환은행으로 하는 10만 달러의 송금수표(demand draft)를 발행하여 뉴욕에 거주하는 B에게 보낸다. B는 이 송금수표를 뉴욕에 있는 외환은행에 제시하고 10만 달러를 수취할 수 있다. 뉴욕에 거주하는 D는 뉴욕에 소재하고 있는 외환은행에 10만 달러를 지급하고 수취인을 C, 지급인을 서울에 소재하고 있는 외환은행으로 하는 송금수표를 발행하여 이를 서울에 거주하는 C에게 보낸다. C는 이 송금수표를 외환은행에 제시하고 10만 달러에 상응하는 원화를 수취하게 된다.

3) 역환

순환은 주로 개인간의 송금이나 서비스거래에 자주 이용되고 있지만 무역거래는 역환추심환)에 의한 방법이 주로 이용되고 있다. 여기서는 역환에 의해 국가간에 자금이동이 어떻게 이루어지는가를 살펴보기로 하자.

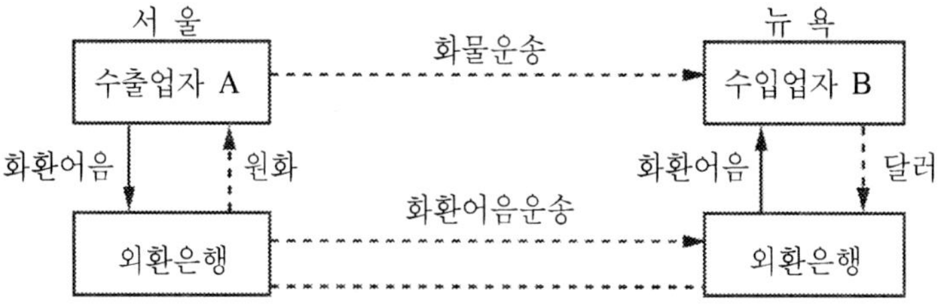

[그림 11-6]

[그림 11-6]에서는 수출업자 A가 수입업자 B로부터 수출대금을 추심하는 과정을 도표로 설명하고 있다. 먼저 서울에 거주하는 수출업자 A는 수출상품을 선적함과 동시에 선박회사로부터 받은 선화증권(bill of lading)을 첨부하여 뉴욕에 거주하는 수입업자 B를 지급인, 수출업자 A를 수취인, 서울에 소재하고 있는 외환은행을 지급은행으로 하는 환어음을 발행하여 이를 외환은행에 가지고 가서 추심을 의뢰한다. 외환은행은 수출업자 A로부터 받은 환어음을 뉴욕에 소재하고 있는 외환은행에 우편으로 보내면서 수입업자 B로부터 추심을 의뢰한다. 추심을 위탁받은 외환은행은 환어음을 수입업자 B에게 제시하고 수입대금을 요구한다. 수입업자 B는 외환은행에 10만 달러에 상당하는 원화를 지급하고 동시에 선화증권을 인도 받는다. 선적서류를 인도 받은 B는 선박회사에 이를 제출하고 수입상품을 인수하게 된다.

10. 환어음

1) 환어음의 의의

외환이란 국제경제거래에서 발생하는 채권 채무를 결제하는 수단을 의미하며 여기서는 환어음에 관하여 고찰해 보기로 한다.

환어음은 발행인이 지급인에게 일정한 금액을 일정한 일자에 지급할 것을 위탁하는 유가증권을 말한다. 환어음은 재산적 가치가 표시된 유가증권이므로 그 권리가 발생할 때나 양도할 때는 반드시 증권을 소지해야 한다. 일반적으로 환어음을 발행한 국가와 지급하는 국가가 서로 다른 어음을 외국환어음이라고 한다.

환어음의 당사자는 다음과 같다.

① 발행인(drawer) - 환어음을 발행하는 자이며 수출업자를 말한다.

② 지급인(drawee) - 환어음 상에 일정한 금액을 지급하도록 지정되어 있는 자이며 통상 수입상이 된다.

③ 수취인(payee) - 환어음 상에 일정한 금액을 수취하도록 지정되어 있는 자이며 이는 발행인이나 발행인이 지정하는 제3자가 될 수 있다.

④ 인수인(acceptor) - 환어음 상에 표시된 금액을 지급하겠다는 의사표시를 한 자를 인수인이라고 하며 이는 반드시 환어음 상에 지급인이 아닌 제3자에 의해서 이행될 수 있다.

⑤ 배서인과 피배서인(endorser and endorsee) - 환어음은 배서에 의해서 제3자에게 양도될 수 있는데 이 때 배서인과 피배서인이 발생하게 된다. 환어음 상에 최초의 배서인은 수취인이 된다.

2) 환어음의 종류

환어음은 몇 가지 관점에 따라 다음과 같이 구분할 수 있다.

① 송금어음과 수출어음

송금어음(bill of remittance)은 자국내에 있는 외국환은행이 발행인이 되고 외국에 있는 외국환은행이 지급인이 되는 은행어음(bank bill)이다. 이 환어음은 자금결제가 송금방식에 의해 이루어지기 때문에 순환어음이라고 말한다.

수출어음(export bill)은 수출환 대금을 결제받기 위한 환어음으로 이는 대부분 추심방식에 의해 결제가 이루어지기 때문에 역환어음이라고 말한다.

② 일람출급어음과 기한부어음

일람불어음(at sight bill)은 소지인이 어음을 제시할 때 곧 지급해야 하며 이를 요구불어음(on demand bill)이라고 말한다. 그러나 어음을 제시하고 일정한 기간이 지난 후에 지급이 이루어지는 어음을 기한부어음(time bill, usance bill)이라고 말한다.

③ 하환어음과 무하환어음

하환어음(documentary bill)은 선적서류가 첨부되어 있는 환어음을 말하며 무하환어음(clean bill)은 선적서류가 첨부되지 않는 어음을 말한다.

④ 외화어음과 방화어음

외화어음(foreign currency bill)은 외국의 통화로 표시된 환어음을 의미하며 방화어음(Home Currency bill)은 자국통화로 표시한 환어음을 의미한다.

⑤ 은행어음과 개인어음

은행어음(bank bill)은 지급인이 은행으로 기재되어 있는 어음을 은행어음이라고 하며 개인어음(private bill)은 수출업자가 수입업자를 지급인으로 하여 발행한 환어음으로 은행어음보다 안정성이 낮다.

참 고 문 헌

金時慶, 貿易學演習, 서울 : 三英社, 1997.
金信行, 國際經濟論, 서울 : 法文社, 1981.
김인철, 국제무역경제학, 서울 : 博英社, 1997.
박수伊, 國制貿易論, 서울 : 博英社, 1973.
박장환, 국제무역론, 서울 : 문영사, 1997.
徐根太, 國制經濟論, 서울 : 三英社, 1995.
손정식, 국제무역론, 서울 : 문영사, 2002.
申鉉種, 世界通商論, 서울 : 法文社, 2000.
李俊求, 微視經濟學, 서울 : 法文社, 1995.
李孝求, 現代外換論, 서울 : 博英社, 1994.
오근엽, 국제무역론, 서울 : 學現社, 1999.
鄭道泳, 國際經濟, 서울 : 博英社, 1997.
지호준, 외환관리, 서울 : 經文社, 2001.
建元正弘, 外國貿易と國際收支, 東京 : 創文社, 1978.
小島淸, 外國貿易, 東京 : 春秋社, 1976.
渡邊太郞, 國際貿易と經濟發展, 東京 : 創文社, 1980.
土屋六郞, 國際經濟學, 東京 : 東洋經濟新報社, 2000.
多和田眞, 國際經濟學, 東京 : 創成社, 2001.
川尻武, 國際經濟學, 東京 : 有斐閣, 1978.
西川潤, 經濟發展の理論, 東京 : 日本評論社, 1980.
北川一雄, 經濟發展と外國貿易, 東京 : 有斐閣, 1986.
楊井克己, 現代國際經濟, 東京 : 東京大學出版社, 1986.
岩根典夫, 國際貿易政策理念史論, 東京 : 所書店, 1974.
岡地勝二, 國際經濟學, 東京 : 多賀出版, 1988.
池田善行, 海外貿易論, 東京 : 八千代出版, 1990.
原正治, 外國貿易, 東京 : 嵯峨野書院, 1987.
內田勝敏, 貿易政策論, 東京 : 晃洋書房, 1989.
尾崎正延, 新保護貿易主義, 東京 : 學文社, 1996.
佐勝秀夫, 國際經濟の理論と現實, 東京 : 創風社, 2002.

木村吉男, 經濟成長と技術進步, 東京 : 中央經濟社, 1986.
小島淸, 經濟成長と貿易構造,東京 : 經草書院, 1975.
P.B. Kenen, The International Economy, Cambridge University press, 1994.
D. Salvatore, International Economics, Macmillan, 1990.
C.P. Kindleberger, International Economics, Irwin, 1982.
P.R. Krugman, International Economics, Harper Collins, 1997.
D.R. Appleyard, International Economics, Irwin, 1995.
B. Södrsten, International Economics, Haper&Row, 1970.
M. Chacholiades, International Economics, Mcgraw-Hill, 1990.
D. Salvatore, International Economics, Macmillan, 1991.
W.M. Corden, Trade Policy and Economic Welfare, Clarendon Press, 1984.
M.E. Kreinin, International Economics, Harcourt Brace, 1980.
S. Edwards, Real Exchange Rates, The MIT Press, 1992.
S. Husted, International Economics, Addison-Wesley, 1995.
J.N. Bhagwati, International Trade, The MIT Press, 1986.
R.W. Jones, World Trade and Payments, The Macmillan Press, 1980.
R.B. Johnston, The Economics of the Euro-Markets,
The Macmillan Press, 1985.
W.M. Corden, Trade Policy and Economic Welfare,
Oxford University Press, 1981.
R.A. Mundell, International Economics, The Macmillan, 1978.
R. Pomfret, International Trade, Basil Blackwell, 1992.
R.J. Carbaugh, International Economics, Wad sworth, 1992.
J.S. Hogendorn, Economics Development, Harper Collins, 1993.
R. Dornbush, International Economics Policy, The Jorns Hopkins, 1980.
K. Friedrich, International Economics, Mcgraw-Hill, 1975.
R.E. Caves, World Trade and Payments, Little Brown, 1980.
G.M. Meier, Problems of Trade Policy, Oxford University, 1986.
D. Greenaway, International Trade Policy, The Macmillan, 1987.

찾 아 보 기

■ 저자소개 ■

- 著者略歷 - 이 원 복 (李元福)

- 대구대학교 산업복지학과(문학사)
- 영남대학교 대학원 경제학과 졸업 (경제학 석사 및 경제학 박사)
- 영남대학교 상경대학 강사
- 경북대학교 사범대학 강사
- 대구대학교 경상대학 무역학과 교수
- 대구대학교 경상대학 무역학과장 역임
- 대구대학교 경상대학 경제 무역학부장 역임
- 대구대학교 사회과학연구소 소장 역임
- 대구대학교 경제경영연구소 소장 역임
- 평화통일자문위원 역임
- 한국무역학회이사 역임

국 제 통 상 론

1판 1쇄 / 2006년 2월 28일
1판 4쇄 / 2011년 2월 25일
저 자 / 이 원 복
발 행 인 / 홍 덕 률
등 록 / 경산 제11호
발 행 처 / 대구대학교출판부
주 소 / 경북 경산시 진량읍 대구대로 201
전 화 / (053) 850-5661~5663
팩 스 / (053) 850-5669
인 쇄 처 / 동아문화사
정 가 / 12,000원
ISBN 89-7794-366-3-93320